Jogschies / Wo, bitte, geht's zu meinem Bunker?

Rainer B. Jogschies

Wo, bitte, geht's zu meinem Bunker?

Von einem, der auszog,
sich vor dem Atomtod zu schützen

Mit einem Nachwort
von Horst-Eberhard Richter

ERNST **KABEL** VERLAG

© 1985 Ernst Kabel Verlag GmbH, Hamburg
Umschlagentwurf: Theodor Bayer-Eynck
Gesamtherstellung: Clausen & Bosse, Leck
ISBN 3-921909-04-X

Inhaltsverzeichnis

Im vierzigsten Jahr nach Hiroshima, vierzig Jahre nach dem Zweiten Weltkrieg
Vor-Sätzliches

Dies ist eine wahre Reportage. Sie handelt von einer Fiktion: daß wahr werden könnte, was mit immer neuen Bomben verhindert werden soll – der Atomkrieg.

Deshalb klingt vieles Beschriebene unwahr-scheinlich. Und manch eine der auftretenden Personen wird sich vielleicht nicht mehr an das erinnern wollen, was gesagt wurde, obgleich es mitge-schrieben, auf Tonband aufgenommen oder unmittelbar danach in Gedächtnisprotokollen festgehalten wurde.

Dabei ist kaum etwas anderes an der bundesrepublikanischen Verteidigungspolitik so real und unbemerkt im täglichen Leben gegenwärtig wie der sogenannte Zivilschutz.

Dem auf den Grund zu gehen, wo und wozu Bunker im Bund gebaut werden, diente die Nachfrage: »Wo, bitte, geht's zu mei-nem Bunker?«

Darum sei jedem, der das nicht glaubt, was hier aufgeschrieben wurde, geraten, selber nachzufragen. Dazu finden sich im Anhang Hinweise.

Der Tag davor · *Alarmierendes*

Heute morgen war Alarm. Erst wußte ich gar nicht, wie mir geschah. Der Heulton lag quer im Hinterhof und hallte noch, als die Sirenen zwei knappe Pausen machten. Dann stimmten andere aus der Ferne wie im Kanon ein.

Eine Minute lang lag ich starr im Bett. Das Heulen schnitt durch die Fenster und überlagerte das Rauschen der Straße, das ebene Brummen der Autos und das Ächzen des Krans auf der nahen Baustelle.

Im Haus war es ruhig geworden. Das Kind in der Nachbarwohnung schrie nicht mehr, kein Klirren klang mehr vom Abwasch im ersten Stock, der Fön war abgestellt.

Ich zog die schwere Decke über den Kopf. Die Katastrophen-Kakophonie würde sich gleich wiederholen. Es wurde schnell stickig im wohligen Dunkel des Zudecks. Aber so klang das Heulen wattig im Ohr.

Dann kam die Stille, das atemlose Warten auf Entwarnung. Ich lugte aus dem Bett hervor, um auf die Uhr zu sehen. Kurz nach halb zehn, das mußte ein Probe-Alarm sein, wie so oft in den vergangenen Jahren – auch wenn ich nirgends davon gelesen oder gehört hatte. Ein Atomkrieg würde wohl nicht mit dem Glockenschlag beginnen.

Ein leichter Wind strich mit dem Duft von feuchtem Laub herein. Staub tanzte in der Luft vor dem erdenen Braun auf Rauhfaser. Er glitzerte im matten Licht, das über die Dächer und zwischen den gelben Blättern ins Zimmer fand. Wie sehr sehnte ich mich nach einem einzigen Zwitschern im Garten.

Wenn es nun keine Probe wäre? Ich bekam Angst. Nicht richtig, sondern eben die Angst, die man bekommt, wenn man sich an einen furchtbaren Film erinnert. Bilder von Puppen in gemütlichen Wohnstuben, die in Sekundenbruchteilen kaum mehr zu sehen waren im grellen Blitz und im Donnern danach fortgefegt wurden, paßten nicht in die gerade herrschende Ruhe. Ich lauschte auf das Ticken des Weckers.

Neunundfünfzigmal hörte ich das leise Tack im kleinen Uhrwerk. Endlich heulte es wieder. Es war kein schöner Klang, aber ein ersehnter, eine Minute lang anhaltend.

Ich lag weich und zufrieden im Bett und war ein entwarnter Mensch. Mir sagte das letzte Heulen, daß es höchste Zeit zum Aufstehen sei. Ich hatte verschlafen, nicht nur den Alarm.

In der Küche stellte ich den Kessel Wasser auf die Gasflamme. Der Filter, Größe 100, würde für den Morgendurst reichen. Während ich den Deckel mit der flachen Hand fahrig auf die Kaffeedose drückte, schlug der Meßlöffel innen gegen das Metall. Die Tischdecke zog sich ein wenig und der klobige Trinkbecher stieß an die kleine blaue Keramikkanne. Die drei Gefäße schwangen sacht, über ihrem scheppernden Akkord klangen die Sirenen in meinem Ohr als Flageolett nach.

Es war doch vorbei – nicht das Leben, nicht die Welt, sondern nur ein Alarm. Wir Klippschüler des Katastrophenschutzes waren von den amtlichen Warnern mit dem Zeitzeichen für den gewohnten Fortgang der Dinge in den Alltag entlassen worden. Alles war gut. Sonst würde ich nicht den Kaffee, sondern das Wasser filtern. Meine Angst für Augenblicke war ›unvernünftig‹ gewesen. So tadeln Politiker gerne diejenigen, die sich von der nuklearen Abschreckung abschrecken lassen.

Ich ging mit dem dampfenden Becher zurück ins Schlafzimmer, stellte ihn aufs Fensterbrett und schaute auf den Baum, den meine Vormieterin vor dem Zweiten Weltkrieg gepflanzt hatte. Er verlor seine Blätter. Im Winter würde er wieder mehr Licht ins Zimmer lassen, das er im Sommer mit seinem Schatten kühlte.

Jeden Morgen sah ich ihn aus dem Bett an, ob die Knospen aufgingen, ob die Blätter fielen, ob Regen auf die Blätter platschte oder sich die Äste im Wind bogen.

Nach dem Ersten Weltkrieg glaubten die Menschen, der nächste

Krieg werde ein totaler Gaskrieg, den keiner überleben werde. Der Baum hatte überlebt und auch die Frau, die ihn gepflanzt hatte. Wer sagt denn, daß ein kommender Krieg nur mit Atomwaffen geführt wird und es keine Überlebenschance gibt?

»Ich hätte meinen Bunker aufsuchen müssen«, hörte ich mich sagen. Das war der Zweck der Übung gewesen.

Ich fröstelte. Der Ofen war aus. Ich ging in den Keller. Dort würde ich Kohlen finden, aber keinen Schutz. Als Letzter im Haus bin ich nicht an die Gaszentralheizung angeschlossen. Wo sollte ich mich verbergen, wenn wieder Bomben fielen?

Vielleicht war es der Tag davor, und ich wußte nicht einmal, wohin ich gehen sollte.

»Wo, bitte, geht's zu meinem Schutzraum?«

Hinter einigen alten Bäumen erhebt sich das Einwohneramt. Der Klotz schaut aus, als sei er für die Ewigkeit gebaut. Die wuchtigen Betonplatten sind an ihren Rändern abgerundet, die Oberfläche ist mit Kieseln besetzt. Seitlich am Gebäude ist der Eingang mit hochkant gestelltem rotem Ziegel verkleidet. Von vorne legen die großen Fenster des Treppenhauses das Gerippe des Hauses bloß.

Im ersten Stock ist das Meldeamt. Die Augen des Hereinkommenden haben sich an stumpfes Neonlicht zu gewöhnen. Brauner Filzboden dämpft die Schritte und die wenigen Gespräche in dem weiten Warteraum. Die Zimmer sind mit Holzwänden abgetrennt. Davor stehen Bänke aus hellem Stahlrohr mit ebenen Brettern, je eines für das Gesäß und eines fürs Kreuz. Das harte Sitzen kann mit dem Ausfüllen von Formularen verkürzt werden. Unter dem Formularhalter rechts neben dem Eingang stehen allerdings auch zwei großflächige Holztische zu Schreibarbeiten bereit, ohne Stühle davor. Man kommt in Sachen ›Meldeangelegenheiten, Bundespersonalausweise, Reisepässe, Lohnsteuerkarten, Führungszeugnisse‹. So steht es mit selbstklebenden Buchstaben auf den schaufenstergroßen Verbundglasscheiben, neben deren linker Seite der Eingang ins Zimmer und rechts die Ausgangstür ist.

Nach einer Leerzeile folgen noch ›Bescheinigungen, Beglaubigungen, Wehrerfassung, Lebensbescheinigungen‹. Ferner wurde ›Bedienung nach Straßennamen‹ angekündigt. Da würde keiner bevorzugt.

Ich wartete vor dem Zimmer 102, G–Ma. Durch das milchige Sicherheitsglas waren die Schemen von zwei Personen vorne und zweier weiter hinten zu erkennen. Es dauerte eine ganze Weile, bis die rechte Tür aufging. Ein Mann mit einem neuen Reisepaß hetzte durch den Vorraum, als müsse er noch ein Flugzeug erreichen. Die Tür schnappte sacht ins Sicherheitsschloß. Ein paar Sekunden ließ ich verstreichen, ehe ich zur linken Tür hineinging, die eine Klinke hat und ein Sicherheitsschloß.

Die Büros bekommen Tageslicht, so will es der Arbeitsschutz. Es dauerte einen Augenblick, mich nach dem dunkleren Warteraum daran zu gewöhnen. Schmale Tische und ein Geländer trennen den Besucher vom Beamten.

»Wo, bitte, geht's zu meinem Zivilschutzraum?« entgegnete ich der freundlich nach Formularen greifenden Hand. Die junge Frau hielt in der gewohnten Bewegung inne. Sie sah hilfesuchend nach ihrem Kollegen am Nachbarschreibtisch. Der erkundigte sich gerade barsch bei einem schüchternen jungen Kerl mit einer zu großen Lederjacke für seine schmächtige Statur: »Wozu brauchen Sie das Führungszeugnis?«

»Wohin soll ich in meiner Straße laufen, wenn es Alarm gibt?«

Die zierliche Frau begann zu lächeln. Ich hatte sie schon einmal gesehen, bei einem Open-Air-Konzert im letzten Sommer. Sie mochte wohl fünf Jahre jünger sein als ich. Hinter ihren Karteikästen kam sie mir nun streng und mütterlich vor. Sie stand von ihrem wuchtigen Schreibtisch auf, ging wenige Schritte nach hinten zur Verbindungstür ins Nachbarzimmer 103, auf dessen Tür außen das Erste-Hilfe-Schild haftete. Dann drehte sie sich plötzlich zur Seite und nahm einen dunkelgrünen Din-A 5-Ordner von der Fensterbank. »Warten Sie mal«, sagte sie, »da ist wohl das Wohnungsamt zuständig. Ich seh' mal nach.« Eine Weile blätterte sie hin und her. »Abteilung Wohngeld ist es nicht …«, murmelte sie.

»Ich dachte, in Ihrer Straßenkartei wäre vielleicht der eine oder andere Schutzraum zum Haus registriert.« Sie lächelte verzeihend, suchte und sagte, daß nur die Einwohner jeweils nach Straßennamen einsortiert seien, sonst nichts.

»Das Wohnungsamt ist nach Familiennamen geordnet. Wenden Sie sich dahin«, ermunterte mich die Beamtin, doch dann warf sie noch einmal einen Blick in ihre Mappe. »Oder gehen Sie vielleicht doch besser in Zimmer 220/221. Die sind für ›Allgemeine Fragen‹ zuständig.«

Sie setzte sich wieder vor ihre große Hängekartei. Ich mochte nicht gehen und bleiben erst recht nicht.

Wenigstens war dem anderen ein gutes Führungszeugnis gegeben worden.

»Die schicken einen in die Hölle.«

Im Stockwerk darüber stand ich vor einer Glastür – zur Friedhofsabteilung. Nach dem Treppensteigen hatte ich die Tür neben den Fahrstühlen übersehen, die ins Wohnungsamt führt.

Anders als im Meldeamt war der Vorraum schmal. Gegenüber den Büros lag ein monolithischer Quader, vom Boden bis zur Decke fensterlos gemauert, je Kante wohl fünfundzwanzig Meter lang. Was sich dahinter verbergen mochte, war nicht zu sagen. Das Schild an einer Tür wies das ›Personal-WC‹ aus, das kaum die Ausmaße des sperrigen Raumes im Raum haben dürfte.

Ich war aus Neugier einmal um diese Innenmauer gelaufen, ohne auf die Buchstabentafeln zu achten, die groß von der Decke hingen. Doch das Zimmer 220/221 war mir aufgefallen. Es lag auf halbem Weg, gleich, ob man links oder rechts vom Eingang gegangen war. Die Menschen saßen dicht gedrängt neben und gegenüber der Tür, einige standen.

Ich stellte mich neben eine Bank und rechnete aus, daß es über zwei Stunden dauern würde, bis ich drankäme, wenn jeder der Wartenden nur fünf Minuten im Zimmer bleiben würde. »Entschuldigen Sie, ich suche einen Bunker«, sagte ich zu einem hageren Mann mit Lederhut, der wie gebannt auf das Schild ›Kommunale Wohnungsvermittlung‹ starrte. »Der ist gut«, sagte er müde.

14

»Meine Frau ist gerade drin. Die will uns auch ein Loch zuweisen lassen.«

Es sei nicht mehr auszuhalten in seiner Wohnung, seit ›die Ausländer‹ im Haus immer so laut ›diese Musik‹ hörten. Und dann die jungen Leute, die über die Wohnungsvermittlung in die Sozialwohnungen kämen: kein Geld hätten die, aber jede Nacht eine Feier!

»Die schicken einen hier in die Hölle.« Er jammerte noch ein wenig über die teuren Mieten. Dann sackte er in sich zusammen.

Eine junge, rundliche Frau sprang von der Bank gegenüber hoch. »Ich flipp' gleich aus, wenn ich hier noch lange warten muß. Die halten uns wohl alle für blöd.« Sie habe schon eine Wohnung gefunden, die ihr aber noch nicht ›zustehe‹. »Ich bin schwanger. Ich brauch' jetzt eine Zweieinhalb-Zimmer-Wohnung«, sagte sie so laut, als sollten es ›die da drinnen‹ hören. Sie ging ein paar Schritte zum Notausgang und steckte sich hinter der Glastür eine Zigarette an, während sie uns im Auge behielt, daß sich ja keiner vordrängele.

Auf der Bank unterhielten sich drei junge Jugoslawen hektisch über die Formulare, die sich der in der Mitte auf die Knie gelegt hatte. »Die sind alle immer so laut, die Ausländer«, sagte der Mann neben mir leise. Er kratzte sich an der Hand und starrte wieder auf die Tür 220/221. Die Zeit verging langsam. Minuten lang war nur das Knistern von zwei ›Bild‹-Zeitungen und einer ›Hamburger Morgenpost‹ zu hören. In dem künstlichen Licht, auf harten Bänken zwischen kahlen Wänden wurde das Warten scheinbar endlos, das Gefühl des Ausgeliefertseins mit dem Schweigen immer größer. Ich begann mich zu fragen, warum mich wohl das Meldeamt hierhergeschickt hatte.

Die Tür zum Zimmer ging langsam auf, es gab Unruhe unter den Wartenden. Die Frau schüttelte den Kopf, während sie auf ihren Mann zuging. Wortlos hakte er sie unter. Er sah niemanden mehr an, während ein kurzer und heftiger Streit ausbrach, wer als nächster ins Zimmer dürfe.

Ich sah den beiden nach und dachte daran, wie der Mann mir seine Welt geschildert hatte. Sein Leben schien ihm die ›Hölle‹ zu sein, sein Zuhause ein Ort der Aggressivität und Verteidigung.

15

Wie konnte er da meine Frage nach einem Bunkerplatz ernst nehmen.

Eine erschreckend blasse Frau hatte sich durchgesetzt und war in 220/221 verschwunden. Auf einer Bank war erregtes Getuschel entstanden, ob sie wirklich ›dran‹ wäre. Der Tonfall war frostig und gehässig, man brauchte gar kein Wort zu verstehen. Neben mir zuckte eine Frau mit den Mundwinkeln, als wolle sie etwas sagen.

Ich wollte schnell fort von hier. Für diese Menschen ging es um Lebensfragen, für mich um eine Über-Lebensfrage, die ihnen wie Hohn erscheinen mußte und den Beamten wie Schabernack.

Die Frau kam schon wieder aus dem Zimmer, ihre Augen waren gerötet. Sie ging auf die Frau neben mir zu, die mit bebender Stimme fragte: »Kein Glück gehabt?« Sie brauchte keine Antwort. »Es ist nicht so schlimm. Wir finden noch was für dich. Nach Hause kannst du jedenfalls nicht mehr zurück.«

Ich folgte den beiden mit wenigen Schritten Abstand zum Ausgang. Erst kam mir meine Zeit verloren vor, denn ich hatte keinen Bunkerplatz gefunden. Doch irgendwie war da der Gedanke, es könne ganz unten so eine ähnliche Stimmung sein wie hier, hoffnungslos, kalt, nervös, still und mit einer beißenden Angst in dem Ausgeliefertsein des engen Raumes vor dem Draußen.

Von der Geometrie des Glücks

Es sind nur wenige Schritte vom Wohnungs- zum Bauamt. Gleich auf der Straßenseite gegenüber dem modernen Betonkoloß liegen die verwinkelten Gebäude des zur Kaiserzeit gebauten Rathauses. Selten geht ein Bürger, der keine Wohnung zugewiesen bekam, Wohngeld zur hohen Miete vergeblich beantragte oder ›Meldefragen‹ hatte, dorthin, wo Baugenehmigungen erteilt werden und die Stadt geplant wird.

Ich hastete zwischen den Autos über die Straße und nahm in schnellen Schritten die breiten Stufen zur wuchtigen Eingangstür. Es war still in dem Flur, der fast ebenso lang wie hoch zu sein schien. Das Zimmer 6 der Bauprüfabteilung lag gleich im Hochparterre, schräg gegenüber dem Geschäftszimmer. So schnell stand ich vor dem vollbepackten Schreibtisch des Herrn Dabelstein, daß ich noch nicht den Kragen hinuntergeschlagen und die Windjacke geöffnet hatte. Die Zentralheizungsluft hing dumpf in dem hohen Zimmer und mischte sich atemberaubend mit dem süßlich schweren Geruch von hartem Bodenreiniger. Herr Dabelstein sah fragend auf die Aktenlage vor sich, in die er mich nicht einordnen konnte. Ich setzte mich mit einem ungewohnt kurzen Atem und begann zu schwitzen. Die künstlich wirkende Luft schnürte mir die Kehle zu. Meine Frage schien mir plötzlich absurd.»Ich suche einen Bunker.« Ich wollte raus, an die Luft.

»Ich komme aus Heimfeld«, sagte ich, um die örtliche Zuständigkeit klarzustellen. Herr Dabelstein nickte.»Sie erteilen Baugenehmigungen. Da wissen Sie doch sicher, ob es in meiner Nähe einen öffentlichen oder privaten Schutzraum gibt.« Herr Dabelstein schüttelte den Kopf. Er habe keinen solchen Antrag auf seinem Schreibtisch gehabt. Früher einmal, in einem anderen Wohngebiet, habe er ›so was‹ zu bearbeiten gehabt. Aber in dieser Abteilung sei er erst kurze Zeit. Er lächelte entschuldigend. Die Leute hätten wohl auch nicht mehr genügend Geld für so was. Herr Dabelstein kannte auch keine Baugenehmigungen aus den angrenzenden Ortsteilen. Wie zur Vergewisserung streifte sein Blick über die Akten und zu seinem Kollegen am Schreibtisch gegenüber. Die Tür zum Nachbarzimmer, in dem leise genehmigt wurde, stand offen. Auch von dort kam kein vernehmbarer Widerspruch.

Zögernd stand ich auf.»Ja, dann.«

Ich ging mit einem leisen»Danke« zur Tür. Dabelstein stand schon am Rollschrank bereit, einen neuen Ordner herauszunehmen. Plötzlich wurde mir die Vorstellung fremd, dieser Mann könne sich mit den bautechnischen Vorschriften eines minimalisierten Lebensraumes für den Kriegsfall beschäftigen – als sei es der Schankraum einer Kneipe, der Umkleideraum einer Schule oder der Balkon eines Reihenhauses. Und doch hatte er wohl solche Vorschriften in der Schublade, die ihn eines Tages zwingen würden, als Lebensraum für Menschen zu genehmigen, was nach einschlägigen Baugesetzen selbst für Sozialwohnungen abgelehnt würde.

Dabelstein verabschiedete mich freundlich. Gerne hätte ich ihm noch erklärt, was mich zu ihm geführt hatte. Doch im Bauamt, in dem jeder Winkel der Welt vermessen ist, mochte ich nicht von Angst reden.

Das Ende eines Tanzes

Das Rathaus paßt längst nicht mehr zur Stadt. Als wäre Harburg noch preußische Gemeinde, trutzt der Backsteinbau mit seiner nachempfundenen Renaissance der nüchternen Geometrie der City. Türmchen bewehren das Hauptgebäude gegen die architektonischen Angriffe von allen Seiten. Das Portal mit hellen, breiten Sandsteinstufen sieht aus wie ein aufgerissener Schlund mit blekkenden Zähnen.

Es ist eine andere Welt, die der Besucher betritt. Der hohe Raum läßt Platz für eine breite und nicht einmal steil ansteigende Treppe, auf der es sich noch richtig herabschreiten läßt. Doch der Hereinkommende fühlt sich nur klein, die Halle liegt im Halbdunkel. Durch ein mehr als mannshohes Mosaikfenster oberhalb des großzügigen Treppenabsatzes fällt Licht auf die Stufen. Auf dem bunten Glas steht in großen klobigen Lettern: ›1944 durch Bomben zerstört, 1945–1949 wieder aufgebaut. Möge dieses Haus und die Stadt in Zukunft vor Unheil bewahrt bleiben.‹

Darunter dankt eine Marmortafel denjenigen verdienten Bürgern, die mit Spenden und Engagement dies Aussehen von Repräsentativität ermöglichten. Dem Ratsuchenden steht im Foyer eine Holztafel mit Steckbuchstaben zur Verfügung, die Amtszimmer und ihre Inhaber nennt.

Unter dem Kasten hängt ein langes Ablagebrett mit Informationsblättern, die das Rathaus offenbar für die Bürger als wichtig erachtet.

Ich blätterte im Arbeitsplan 1984/85 der Harburger Volkshochschule. ›Wie wird unsere Zukunft?‹ wurde an zehn Abenden für insgesamt 23,– DM angeboten, mit den Themen ›Massenmedien, Arbeit und Freizeit, Umwelt und Technik, Ernährung, Weltwirtschaft, Demokratie und Religion‹. Dann folgte eine Ankündigung, die der Autor hervorgehoben hatte: ›Eine zentrale Frage wird dabei sein, wie die Menschen auf die Herausforderung sich verschärfender Konflikte reagieren werden.‹

War meine Suche eine Antwort auf eine solche Frage? Die ›Herausforderung‹ schienen mir nicht ›Konflikte‹ zu sein, die sich von selbst ›verschärften‹. Eher hatte ich bei der Spurensuche nach meiner Zukunft das Gefühl, ich würde Konflikte herausfordern.

Was für eine Erfahrung mochte sich hinter der Programmformulierung verbergen, daß es nicht mit der nicht minder inhaltsleeren Floskel ›Krieg und Frieden‹ getan war. Es hatte ja auch ein so ungleiches Paar wie ›Umwelt und Technik‹ als Reiz genügt.

Wahllos packte ich noch einige andere Faltblätter vom Brett in meine Aktentasche. ›Nebenberuf Lebensretter‹ war eines überschrieben. Der Prospekt daneben warb für ein ›Bekenntnis zum Frieden‹, nämlich durch eine Ausstellung: ›Versöhnung über den Gräbern – Arbeit für den Frieden‹.

Ich beschloß, den ›Rechtsdezernenten‹ im Zimmer 112 nach einem Bunkerplatz zu fragen. Es lag im ersten Stock am Ende eines langen Flurs mit hellen Fliesen. Die Schritte hallten. Ich klopfte vergeblich. So verlassen wie der Gang war das Vorzimmer. Der Schreibtisch stand aufgeräumt da, als sei er schon lange verwaist. Die dicke, zusätzlich mit einem Lederpolster beschlagene Tür zum Nebenraum stand offen. Ich blickte neugierig hinein. Das Zimmer sah beängstigend leer aus, hoch, kahle helle Wände, blanker Boden – dann, in der rechten Hälfte, im Türrahmen noch nicht sichtbar, ein dicker Teppich, ein klobiger Schreibtisch, zwei Sessel und ein graumelierter Mann, Dr. Ramthun. »Ich wollte von Ihnen meine Zivilschutzrechte erfahren. Steht mir ein Bunker zu?« Er kam mir entgegen, als wolle er noch schnell die Tür zuschlagen, aber mit meiner Frage hatte ich einen Fuß dazwischen. Mit einer zurückhaltenden Geste forderte er mich zum Gehen auf. »Da müssen Sie sich an die öffentliche Rechtsauskunft wenden. Ich bin nur für die Behörde zuständig, nicht für Bürger.«

Die öffentliche Rechtsauskunft steht in Hamburg Ratsuchenden einmal die Woche abends für wenige Stunden gegen eine Gebühr von fünf Mark zur Verfügung. Richter, Anwälte und Beamte nehmen sich dann, so gut es geht, der Mietsorgen und Kaufvertragsprobleme an, der alltäglichen Fälle. Ich setzte mich und blieb stur, als hätte ich seinen Rat nicht gehört. »Dann möchte ich wenigstens bei Ihnen die einschlägigen Gesetze und dazugehörigen Hamburger Verwaltungsverordnungen einsehen.«

»Die stehen bei Herrn Edeler, dem Verwaltungsdezernenten, Zimmer 107, an diesem Flur.« Jetzt war ich mir fast sicher, daß er mich bloß abwimmeln wollte. Der Verwaltungsdezernent war bestimmt für so manches zuständig, für das Personal, Kompetenzfragen, Weisungen im Hause – aber für Rechtsfragen vor einem Atomkrieg?

»Sind rechtliche Einschränkungen für Bürger im ›Katastrophenfall‹ vorgesehen?« Dr. Ramthun war da ›überfragt‹. »Für den Ernstfall, meinen Sie?« Seine Frage klang für mich, als regierten in diesem unserem Land ganzjährig die Jecken und man müsse es besonders hervorheben, wenn der Spaß aufhört.

Auf meine erstaunte Frage, ob er sich denn nie damit beschäftigt habe, antwortete der Doktor des Rechts, er sei nur für die Verwaltung zuständig.

Daß mich eine junge Regierungsinspektorin loswerden wollte oder ein gesetzter Beamter, der stapelweise Akten aufzuarbeiten hat, gefiel mir nicht sehr, aber ich verstand es. Doch von einem der ranghöchsten im Bezirksamt erwartete ich nicht, daß er »nicht zuständig« sei.

»Wer hat denn das Sagen, wenn es zum ›Ernstfall‹ kommt?«

Das sei die Innenbehörde, eine ganz andere Amtsstelle. Ruhig erläuterte er mir, daß nach dem Katastrophenschutzgesetz der ›Hauptverwaltungsbeamte‹ die Einsatzleitung am ›Schadensort‹ übernehme. Aber die Hamburger Bezirke seien nun mal keine selbständigen Gemeinden, ihr Amtsleiter sei also auch kein Hauptverwaltungsbeamter. Allerdings habe man in Hamburg dem Bezirk in zivilen Katastrophenfällen, aus praktischen Gründen, doch dies Recht zugestanden.

Er war sichtlich froh, mich so aufgeklärt zu haben und blickte mich an, als wäre nun alles geklärt.

Würde dann also beispielsweise in Hamburg entschieden, daß die Menschen in einem zerstörten oder gefährdeten Gebiet zu bleiben hätten, wie ich es einmal gehört hatte. Eine furchtbare Vorstellung: nicht fliehen zu dürfen, keinen Schutzraum zu kennen und von der Bombe bedroht zu sein. »Das wäre doch eine empfindliche Einschränkung der bürgerlichen Freiheitsrechte.«

»Das sagen Sie«, sagte Dr. Ramthun ärgerlich. Er rückte an dem Sessel hinter seinem Schreibtisch und setzte sich endlich, so daß ich nicht mehr zu ihm aufsehen mußte.

»Ich will Ihnen mal ein einfaches Beispiel erzählen. Als die Flut war, wurde ich – damals noch als Regierungsrat – zum Landkreis Harburg geschickt, Unterkünfte bereitstellen zu lassen. Es gab dreißig- bis vierzigtausend Obdachlose. Ich habe damals fünfzehn Gemeinden besucht – mit dem Ergebnis, daß die mir gesagt haben: ›Wir haben keine Handhabe.‹ Für den Landkreis Harburg gab es nämlich keinen Katastrophenalarm. Die konnten nicht einmal eine Tanzveranstaltung abbrechen, um die Leute im Saal unterzubringen. Ein einziger Bürgermeister hat abends mit dem Bus zwanzig Leute abgeholt, eine Tanzveranstaltung ausfallen lassen und dafür die Leute untergebracht. Mit dem Ergebnis: Wer bezahlt das nachher alles? Ja, so einfach oder so schlimm ist das.«

Eine Woche lang hätten den Dr. Ramthun ›Essenportionen verfolgt‹, die er vorsorglich für die Evakuierten bestellt hatte. Wer sollte die bezahlen? Die Verantwortung und die Kompetenzen seien nicht klar gewesen. Das sei inzwischen besser geworden. Aber er wolle davon nun gar nichts mehr wissen.

Da tat es mir einen Augenblick leid, daß ich es unseren Beamten nicht zubilligen wollte, daß sie Flucht verbieten oder evakuieren dürfen, Notwendiges beschlagnahmen und Anordnungen treffen dürfen, die sonst kaum demokratisch gewählten Gremien zustehen – wenn die Leute doch so unvernünftig sind und bei Katastrophen tanzen. Es war für mich faszinierend, daß es immer wieder ›einfache Beispiele‹ für die schwierigsten Fragen gab.

Als stellvertretender Bezirksamtsleiter freilich, so fuhr Dr. Ramthun fort, da müsse er im Katastrophenfall die ›zivile Verwaltung‹ leiten. Das habe sich als ›notwendig‹ erwiesen: der Amtschef kümmere sich dann um die ›Katastrophe‹, er um den Alltag. Über

Mangel an Arbeit könne er sich ohnehin nicht beklagen, da sei keine Zeit mehr für Schutzräume.

Er reichte mir freundlich die Hand. Wir verabschiedeten uns kurz und er fragte noch: »Sie finden doch hinaus?«

»Wie sollte ein General Heldenmut einimpfen?«

Ich ging im Flur auf und ab. Durch die vier Fenster gegenüber den wenigen Bürotüren strömte warmes Licht in den hohen Raum, der trotz der Bögen unter der Decke wie eine lange Schachtel wirkte.

Im Hof sah ich drei graue Anzüge um das Grün spazieren. Von der Höhe der Dachrinne fielen Blätter in taumelndem Flug zu einer bunten Decke auf dem Rasen. Kurze Atemwölkchen schwebten vor den Männern. Sie waren für diese Jahreszeit zu kühl angezogen. Wahrscheinlich waren sie aus dem Nebeneingang der Baubehörde gekommen, um das Rasenkarree zu den Büschen hinter dem Parkplatz gegangen und wollten durch die Hintertür ins Rathaus, wo die Kantine sein soll.

Es waren solche Szenen von Friedlichkeit und Gewohnheit, Ruhe und Entspannung, die mit Vorliebe für aufklärerische Filme gewählt wurden. Sie erinnerten mich an ›Atomic Cafe‹, einem Zusammenschnitt aus US-amerikanischen Propagandafilmen zu Atomwaffen aus den fünfziger Jahren. Immer wieder stellten darin Menschen ›Duck and Cover‹ dar, den einfach zu erlernenden Selbstschutz durch Bücken und Bedecken. Ein kleiner Junge sprang vom Fahrrad, ein Liebespaar drückte sich an eine Hauswand, weil von irgendwoher ein Blitz kam wie von einer Polaroidkamera. Sie waren gar nicht überrascht, brauchten nicht nachzudenken und gingen in Deckung, als sei es ein angeborener Reflex.

Seither sah ich mir solche Szenen in meiner Umgebung an. Lägen die drei im Hof im Bruchteil einer Sekunde platt auf dem Schlips und würden das Jackett über den Kopf schlagen? Oder würden sie sich, wie Unvernünftige bei Gewitter, zu den drei Bäumen flüchten, die sie nicht hätten umarmen können?

Jedesmal ertappte ich mich dabei, daß ich mich bei dieser Übung als Zuschauer fortmogeln wollte aus der Aufgabe, mir das Unvorstellbare vorzustellen. Die ausgemalten Bilder berührten mich wenig. Aber für Stunden erlebte ich meine Begegnungen mit anderen, die Gespräche, meine Arbeit, das Essenkochen mit Antje und meine Liebe genauer, genoß alles, als sei es der Tag davor.

Ich fand das Zimmer 107 im dunklen Teil des Flures, der vom Hauptgang bei den Treppen abzweigte. Die › Vorzimmerdame‹ des Verwaltungsdezernenten Edeler begrüßte mich höflich, aber der Herr Edeler sei nicht zu sprechen. Er habe noch dringende Termine und müsse ab Mittag weg. Sie blätterte bemüht in dem Terminkalender, nahm sich einen Stift, um meine Telefonnummer zu notieren und lächelte, als sie mein › Anliegen‹ dahinterschreiben wollte. Vielleicht hätte sie sogar noch etwas dazu sagen wollen, aber die Tür zum Chef ging auf, direkt hinter dem Stuhl, auf dem ich saß. Ein Mann in den besten Jahren, wie es der Volksmund so nett nennt, lehnte auf der Türklinke, während er noch mit beiden Beinen im Rahmen stand und blickte scharf über die halben randlosen Brillengläser. Er zögerte einen Moment. »Tag.« Es schien ihn zu ärgern, daß da jemand saß, der keinen Termin hatte.

»Können Sie bitte Frau Weber, Herrn Preuß und Herrn Jockel Bescheid sagen.« Die Sekretärin sagte kurz »Mach ich« und hatte die Hand auch schon am Telefon. Er schlug die Tür zu. Während ich mich bemühte, meinen Satz wiederaufzunehmen, wählte sie. Die Tür ging wieder auf. Ein Mann verließ schnell das Zimmer und war sofort grußlos im Flur verschwunden. Zwei weitere kamen gemächlich hinterher und warteten auf irgend etwas. »Können Sie jetzt bitte hochkommen«, sagte sie am Telefon knapp. Herr Edeler sah ins Vorzimmer, ob die drei Bestellten schon da seien, und verabschiedete die Verbliebenen, die wie aufgescheucht gingen.

Die › Vorzimmerdame‹ machte eine verschämte Handbewegung in meine Richtung. Edeler blickte über die halbe Brille. Ich drehte mich auf dem Stuhl ganz zu ihm und schob meine helle Hornbrille auf der Nase höher. Damit sehe ich zwar eher frech als ernst zu nehmen aus, aber seine Brille gewann mir auch bloß ein Lächeln ab.

23

Ich fragte zur Auflockerung, ob mir denn der Amtsleiter verbieten könne, im ›Katastrophenfall‹ Harburg zu verlassen. »Es gibt ganz genaue Anweisungen«, sagte Edeler barsch und belehrend und erzählte, daß in dem von mir ›gedachten Fall der Verteidigung‹ die Innenbehörde zuständig sei, ansonsten der Bezirksamtsleiter.

Die Sekretärin geriet in Hektik. Sie hatte zwei Beamte noch immer nicht zu ihrem Herrn Edeler bestellt, und der stand schon im Türrahmen bereit. Sie versuchte am Telefon unsere Stimmen zu übertönen, während ich fragte, ob denn im ›Ernstfall‹ niemand vor Ort für meinen Schutz zuständig wäre, etwa um meinen Bunker aufzuschließen.

»Im Ernstfall? Ja, wozu denn? Sie können doch nichts mit einem Bunker anfangen! Ich kann Ihre Fragerichtung gar nicht verstehen. Ich kann Ihnen nur eines sagen: In Hamburg gibt es eine Zuständigkeitsregelung für Katastrophenfälle, die man auf den Verteidigungsfall anwenden könnte. Aber ansonsten ist man nicht in irgendwelche Details eingestiegen.«

Herr Edeler zupfte an seinem groben grauen Baumwollanzug herum, er wurde spürbar ungeduldig, wippte von einem Bein auf das andere, sah über meine Schulter auf den Vorzimmer-Schreibtisch und runzelte die Stirn unter seiner kurzgeschnittenen, aber nicht strengen Frisur.

»Wenden Sie sich wegen eines Bunkerplatzes an das Bundesamt für Zivilverteidigung in Bonn.« Er wiederholte ein drittes Mal die Zuständigkeiten im Katastrophenschutz und wollte in sein Zimmer gehen.

»So etwas wie ein öffentliches Recht auf einen Schutzplatz gibt es also nicht?« Mit einem Gesprächspartner wie Herrn Edeler mochte ich allerdings ohnehin nicht zwei Wochen unter der Erde zubringen. Plötzlich fiel mir auf, daß dies eine recht knappe Beurteilung neuer Bekanntschaften möglich machte: die Frage, ob man es mit dem Menschen im Bunker aushalten könnte.

»Warum auch?« Sein Ton war beißend und schnippisch geworden. »Man kann es doch ganz deutlich sagen. Es gibt keine Möglichkeit, in einer atomaren Auseinandersetzung die Bevölkerung zu schützen, weder in der Sowjetunion, noch in den USA, am allerwenigsten bei uns. Es gibt sie vielleicht in der Schweiz. Ist das nicht der berühmte Beitrag zur Friedenssicherung: wir können doch gar keinen Krieg führen. Oder wie sollte irgendein General seinen Soldaten Heldenmut einimpfen, wenn er sagt: ›Nun kämpft mal schön. Dann können die Amerikaner vor und zurück und so weiter. Um eure Brüder, Schwestern, Söhne, Töchter braucht ihr euch keine Gedanken zu machen. Die existieren nicht mehr.‹«

Tassen schepperten. Die Sekretärin war zum Aufräumen in das Zimmer gehuscht.

»Alles mehr oder minder hypothetisch«, sagte Herr Edeler mit leichtem Aufatmen. »Ich bin der Meinung, wenn wir hier anfangen, Bunker zu bauen, dann machen wir Kriegsvorbereitung.«

Die Flurtür öffnete sich und er wies die Hereinkommenden mit einer knappen Armbewegung in sein Zimmer. »So, ich muß jetzt ...«, sagte er, drehte sich zur Seite und zog die Tür hinter seiner Vorzimmerdame zu.

»Dann ist das auch erledigt«, sagte sie fröhlich zu mir und verabschiedete mich.

Ordner einer Evakuierung

Ich stand wieder draußen vor der Tür.

Mit den Fragen, was mit meinem Leben geschehen könnte, paßte ich nicht in eine Nachkriegsgesellschaft voller Geschäftigkeiten.

War ich ein Kriegsvorbereiter, indem ich fragte, was im Krieg mit mir geschehen würde. Die daran dachten, Frieden mit ›immer weniger Waffen zu schaffen‹, so der Bundeskanzler Kohl im Nachrüstungsjahr 1983, mußten sich doch überlegt haben, was nach der Abschreckung kam. Die Bunkernachfrage zur Kriegsvorbereitung zu deklarieren, hatte etwas von der Logik des Bundesfamilienministers und CDU-Generalsekretärs Heiner Geißler, die Pazifisten der zwanziger Jahre hätten erst Auschwitz ermöglicht.

Im Hauptgang sah ich wieder in den Hof. Es lagen keine drei

25

Männer bäuchlings im nassen Laub. Im Grunde hatte der Verwaltungsdezernent recht: Ich bereitete mich auf den Krieg vor – allerdings nicht darauf, daß er geführt würde, sondern falls er stattfand. Warum sollte ich unvorbereitet sein?

Das Büro des Bezirksamtsleiters lag als einziges am anderen Ende des Hauptganges, rechts von der Treppe. Die Frau im Vorzimmer sortierte Unterlagen in eine Mappe, auf der in großer, ungelenker Schrift ›Sofort vorlegen‹ stand. Ihr Zimmer 103 schien geräumiger als die beiden vorhergegangenen. Aber es wirkte nur leerer, weil der Schreibtisch in der Mitte und nicht am Ende des Raumes stand.

»Ich suche meinen Bunker«, sagte ich und setzte mich. »Haben Sie einen Termin?« fragte sie mit einem strengen Blick in den vor ihr liegenden Kalender. Ich verneinte und sagte, es würde nicht lange dauern, weil ich ja nur Bescheid wissen wolle. »Fragen Sie Herrn Edeler, der weiß bestimmt Bescheid«, sagte sie und hob das klingelnde Telefon ab.

Ich suchte im Raum nach einem Punkt für das Auge, doch ich fand keinen. Im halbhohen Bort neben der Sekretärin standen nur wenige Aktenordner, zwei in Griffweite: ›Moorburg-Räumung‹.

Die Evakuierung des Harburger Stadtteiles war Weihnachten vor fünf Jahren bekannt geworden. Zum Weihnachtsfest 1979 hatte der Hamburger Senat die Moorburger mit dem Plan überrascht, daß Dorf zum Hafenbecken umzubauen. Zwar widersprach die Wirklichkeit inzwischen den Prognosen, ging doch der Container-Umschlag im Hamburger Hafen zurück, statt sich zu steigern. Aber an den Räumplänen wurde akribisch festgehalten.

Ich überlegte, ob die Evakuierung der Bevölkerung im Kriegsfall wohl auch so gründlich vorbereitet ist.

Die Vorzimmerdame hängte ab. »Gehen Sie zu Herrn Edeler! Wenn dann noch Fragen offen sind, können Sie sich ja noch mal melden.« Mich ärgerte die verlorene Zeit. Sie notierte meine Telefonnummer freundlich. Als ich die Treppen hinab zum Ausgang ging, bemerkte ich eine Inschrift an dem darüberliegenden Flur: ›Kummst ut'n Rathus, bist veel klöker.‹

Die Sicherstellung von Schmuck

Ich hatte mir noch einen weiteren Prospekt in die Aktenmappe gesteckt: ›Nachbarn schützen Nachbarn. Wir wollen, daß Sie sicher wohnen. Ihre Polizei.‹ Eine schützend gewölbte Hand, glutrot leuchtend und auf dem Handrücken so grelle Lichter reflektierend, daß augenscheinlich hinten irgendwo ein Atomblitz gewesen sein mußte, ruhte auf dem Titel über zwei Häusern. Der Inhalt sprach jedoch von einer anderen Art des ›Wohnungseinbruchs am hellichten Tag‹ als durch Atomexplosion, von ›Ganoven‹ mit ihrem ›schmutzigen Handwerk‹ war die Rede, nicht von Generälen mit ihrem blutigen Handwerk.

Dennoch schien mir das Thema zweifelsfrei der Zivilschutz zu sein, und die Polizei, also die Innenbehörde, war mir ja auch als Ansprechpartner vom Rechts- und vom Verwaltungsdezernenten genannt worden.

Mit der Sanierung der Stadt waren die alten Polizeireviere aufgelöst und zur Zentrale am überbreiten Innenstadtring zusammengelegt worden. Das dunkelrot geziegelte Haus hat eine streng gleichförmige Fassade, deren lange Reihen engstehender einflächiger Doppelglasfenster in die Mauer eingelassen sind wie Schießscharten.

Der Eingang liegt entgegen der sonstigen Symmetrie des Gebäudes nicht in der Mitte, sondern an einer Seite. Ein lang vorgezogenes schmales Regendach führt zu einer fernsehüberwachten Schleuse aus zwei gläsernen Doppeltüren. Der Wachraum ist dunkel, ein Holztresen im hinteren Drittel versperrt den Weg zum Erdgeschoß-Korridor mit seinen Dienstzimmern. Das Treppenhaus zum ersten Stock liegt hinter einer weiteren Glastür mit Schnappschloß neben dem Tresen.

Ein Uniformierter kam aus dem Funkraum, der ein schaufenstergroßes Glas zum Wachraum hatte. Vor mir wartete schon ein junger Mann, der nervös von einem Bein aufs andere wippte und auf das Holz trommelte. Mit einer eingeübten Handbewegung ruckte er sich seinen Binder zurecht und fragte: »Was gibt's?« Der Mann begann umständlich und unkonzentriert zu erzählen, daß er keine Zeit habe, nur kurz von seinem Arbeitsplatz weg sei, um einen Fund zu melden. Beim Spazierengehen in ›Meyer's Park‹, einer ›Grünanlage‹ am Rande der Stadt, habe er in einem Gebüsch Schmuck und Brieftaschen entdeckt. Eine hätte er geöffnet und gelesen, daß der Besitzer ganz in der Nähe wohne, im feinen Haselhain. Sonst habe er alles unberührt gelassen in dem Gebüsch neben dem privaten Familienfriedhof der Meyers.

»Es wäre gut, wenn Sie uns die Stelle zeigen würden. Ich rufe einen Wagen.« Der Wachhabende drehte sich um, hielt jedoch knapp vor der offenstehenden Tür zum Funkraum inne. »Und Sie?« Ich wollte ihm sagen, daß er nur erst die Streife rufen solle, die Sicherstellung des Schmucks sei gewiß wichtiger. Doch dann ärgerte ich mich, wie wenig ich mir wert war. »Ich suche meinen Bunker.« – »Was?« – »Meinen Schutzraum.« – »Wozu???« – »Ich wollte wissen, wo der ist.« – »Moment mal«, sagte er freundlich und verschwand im Funkraum.

Ich hatte genügend Zeit, zu überlegen, ob er mir auch gleich einen Wagen rufen würde, der mir den Bunker zeigte, oder einen Irrenarzt, so mitleidig hatte er mich angesehen. Es war komisch mit der Bombe: Die Drohung mit ihrer allesvernichtenden Kraft ließ die Frage nach einem Schutz vor ihr absurd erscheinen, obwohl die Angst vor ihr doch gerade ihr Zweck war. Selbst wenn es denn keinen baulichen Schutz vor der atomaren Zerstörung gibt, ich also unweigerlich Opfer der Bombe würde, so wollte ich mich weder fatalistisch mit der als gesellschaftlich normal akzeptierten Zwangsläufigkeit abfinden, noch darüber hinaus den abwegigen Heldenmut demonstrieren, mich mit meinem stillschweigenden Einverständnis töten zu lassen, nicht nach dem Überleben zu fragen.

Der Wachhabende blickte beim Telefonieren mit faltendurchfurchter Stirn zum Tresen. Ein sehr junger Polizist, schlaksig und mit unsicherem Blick, kam hastig aus dem Treppenhaus in den Wachraum, klopfte kurz an die Scheibe und ging irgendwo nach hinten in den Flur.

Der Wachhabende kam mit freundlichem Lächeln zurück, bat den Finder um Geduld und mich Suchenden um weitere Anhaltspunkte. »Mir wurde gesagt, die Innenbehörde sei für Zivilschutz zuständig. Es muß doch jemanden bei Ihnen geben, der sich darum kümmert.«

Er begann in einem kleinen Ringordner zu blättern, eher unsystematisch, hier und da. Zur kommunalen Wohnungsvermittlung würde ich mich nicht mehr schicken lassen.

Der Finder wurde nervöser. »Ich habe mir nur kurz freigenommen.« Er trommelte laut auf den Tresen. Der Beamte sah nicht aus dem Telefonbuch hoch. Hinter ihm durchquerten ab und an Uniformierte den Raum, guckten neugierig und verschwanden hinter einer Tür am dunklen Korridor. Schließlich ging er mit dem Ordner in den Funkraum. Ein Kollege, der sich gerade hineingesetzt hatte, hörte sich seinen Kummer an, blickte durch die Scheibe abschätzend auf mich und vertiefte sich dann ebenfalls in das Nummernverzeichnis.

Ein hereinkommender Polizist fragte, ohne einen von uns beiden anzusehen: »Wollen wir losfahren?«

Ich blieb zurück und wartete. Es mochte wohl inzwischen weit über sechs Minuten gedauert haben, die Flugzeit einer Mittelstreckenrakete über ihre maximale Reichweite.

Der Wachhabende kam wieder, klappte das Telefonbuch zu und sagte: »Das ist der Herr Gerdts. Der gehört aber nicht zu uns. Ist auch nicht da.«

Ich bat ihn, mir noch einmal die Nummer herauszusuchen. Mürrisch notierte er sie und murmelte dabei, daß ›man‹ in einem ›großen Hause‹ schließlich nicht ›jeden‹ kennen könne.

Als ich gehen wollte, erinnerte ich mich an die Baustelle für das Polizeirevier 72, an der ich lange Zeit vorbeigegangen war. »Haben Sie nicht hier drunter einen Bunker?« Der Wachhabende lächelte unsicher: »Wir haben einen Schutzraum, aber der ist nicht öffentlich.«

Gewehr bei Fuß

Ich hatte mir einen Kaffee gekocht, der auf dem Stubentisch dampfte und das Zimmer schnell mit seinem Duft erfüllte. Unruhig ging ich zur Schreibmaschine beim Fenster, blickte auf ein eingespanntes leeres Blatt, ging wenige Schritte zurück, um die

Asche durch den Rost zu rütteln, bis die Glut im Ofenfenster leuchtete, am Fenster fühlte ich dann an der Blumenerde, ob die Pflanzen noch Wasser bräuchten, in der Küche holte ich zimmerwarmes Wasser, das immer in einer früheren Milchkanne bereitsteht, goß, wo es notwendig war, und suchte mir eine Platte aus dem Stapel neben dem Nähmaschinengestell, auf dem die IBM Platz hat.

»Du findest immer einen Stacheldraht und Scherben in der Suppe und im Tee. Da geht die Mauer durch den Küchentisch, am Schirmständer lehnt ein MG. Tiefe Gräben unterm Teppichboden, die Fliesen sind aus kaltem, dünnem Eis. Und von wegen fließend Wasser, aus den Hähnen kommt nur kalter, fremder Schweiß. Glaubt nicht, daß Ihr kneifen könnt, wenn Ihr in die Eigenheime flieht. Wer sich auf sich selbst zurückzieht, kommt erst recht in feindliches Gebiet. Panzerkreuzer, U-Boot oder Flugzeugträger kommt mir nicht ins Haus. Wenn im Fernsehen einer Hunger hat, und sei es nur auf Süßes, schalt ich aus.«[*]

Ich stellte den Plattenspieler ab. Bisher war ich sicher gewesen, das Lied habe nichts mit mir zu tun. Die Illusion der Idylle am Stadtrand, die Fiktion der Friedlichkeit im Familienkreis, war mir fremd. Doch meine, nicht einmal bewußte, Absonderung von der ›großen Politik‹ hatte mich eingeholt.

Ich war auf feindliches Gebiet geraten, inmitten eines unerklärten Kriegs, in einem demokratischen Rechtsstaat: denn meine physische Existenz, die mir eben noch einfach durch Dasitzen sicher zu sein schien, war sekündlich durch die Bombe in Frage gestellt.

Das Nachfragen, wo und ob ich Schutz für mein Sein finden würde, stärkte mich trotz der Antwort, daß jeder Schutz zu spät komme – immerhin lebte ich noch genug, um zu fragen. Zu spät war es nur, wenn ich akzeptieren wollte, daß mir bereits in der augenblicklichen Verteidigungspolitik die Rolle eines Toten zufällt.

Das war schwierig auszusprechen. Es gab auch keine ›Feinde‹, denen ich das hätte vorwerfen können. Aber das Thema tot-

[*] Thommie Bayer, Feindliches Gebiet. Metronome GmbH, Hamburg 1980

schweigen, würde mich um die Erfahrung bringen, was es im Denken und in der Sprache war, das diese ungeheuerliche Wirklichkeit möglich machte: eine immer perfekter werdende atomare Rüstung zur Verteidigung der ›Freiheit‹ oder des ›Sozialismus‹. Das Telefon klingelte. Es war die Sekretärin des Bezirksamtsleiters, die zu Herrn Fiedler ›durchstellte‹. Er begrüßte mich mit einer leisen und warmen Stimme. Ob wir uns schon einmal getroffen hätten, es käme ihm so vor. Ich kippelte mit dem Sessel vor dem Nähtisch, um den Kaffee vom Tisch zu angeln. »Sie sind Journalist?« fragte er. Jetzt verstand ich. Er meinte nicht mich zu kennen, sondern meinen Beruf, den Grund, weshalb ich ihn sprechen wollen könnte.

»Ich habe Sie vor einigen Wochen angerufen, als beim Daimler-Benz-Werk in Harburg die Arbeiter wegen des Streiks in Hessen ausgesperrt wurden. Die Bundesanstalt für Arbeit hatte durch ihren Präsidenten Heinrich Franke Zahlungen aus der Versicherung der Arbeitnehmer abgelehnt. Sie als Aufsichtsratsmitglied in der BfA und Ihr Sozialdezernent hatten ›unbürokratische Hilfe‹ zugesichert.« Fiedler, dessen Blitzkarriere in Kolportagen immer wieder mit seiner Wortschöpfung des ›Zweiten Arbeitsmarktes‹ für Klaus von Dohnanyi's Wahlkampf im Winter 1982 erklärt wird, hatte ruhig ›Ja‹ zu jedem Punkt meiner Darstellung gesagt, als müsse er sich schwierig erinnern. »Ja, da waren wir Gewehr bei Fuß«, sagte er schließlich knapp. »Aber es ist ja nicht nötig gewesen.« Es gab eine kurze Pause, und ich überlegte, ob er wohl gerade nachlud oder schon am Entsichern war.

»Ich suche meinen ›Zivilschutzraum‹.« Das hatte gesessen. »Was heißt ›meinen Zivilschutzraum‹?« fragte er verwirrt. Ich erzählte ihm von dem Alarm und meiner Suche. »Ach so, Sie als Bürger suchen, jetzt versteh' ich das«, atmete er auf. Doch er schwieg. Ich erzählte vom Einwohnermeldeamt, vom Bauamt und, daß es anscheinend keine Bunker gäbe. »Sie fragen mich das jetzt als Journalist oder als Bürger? Ich meine, machen Sie ein Interview mit mir?«

Ich war genervt. Neben der Schreibmaschine lag meine Brille. Ich setzte sie auf und sah auf die Straße. Eine junge Mutter im Jeansanzug hatte sich zu ihrem niedlich altbacken gekleideten

Kind hinabgebeugt und schrie. Ihre kurzen blondgefärbten Haare sahen aus, als würden sie zu Berge stehen. Das Mädchen wurde noch kleiner.

Dann erklärte ich Herrn Fiedler, daß beide dieselben Fragen hätten, der Journalist und der Bürger. Draußen fuhr ein Omnibus vorbei.

Ich fragte, ob es denn so sinnnlos sei, sich um Zivilschutz zu kümmern, wie ich den Verwaltungsdezernenten Edeler verstanden hatte.

»Ich gehe mal davon aus, daß wir überall in der Bundesrepublik nicht annähernd die Zivilschutzraumkapazität haben, die man eigentlich braucht. Inwieweit Harburg da ein Sonderfall ist, habe ich mir noch gar nicht ausgerechnet. Aber mit dem Ansatz gehe ich also heran, und wenn wir das ändern wollten, dann jedenfalls nicht von Harburg her. Und mit der Grundsatzfrage, sollen wir das überhaupt anstreben – was also hieße, soll nicht nur Harburg, sondern auch Hamburg und bundesweit die Zivilschutzkapazität ausgedehnt werden –, habe ich mich jetzt hier in diesem halben Jahr noch nicht abschließend beschäftigt.«

Der Kaffee war kalt geworden.

»Die Gesichtspunkte sind klar. Es gibt Länder, die das machen, wie die Schweiz. Es sind enorme Kosten drin, und es ist auch die Frage, wie das eigentlich politisch verstanden wird. Da kommt eine ganze Reihe von Gesichtspunkten zusammen. Ich nehm' erst mal das, was hier ist: Wir werden vom Bezirk her keine Initiative ergreifen, um diese Grundsatzfrage hochzubringen, ob wir Schweizer Verhältnisse anstreben sollen, die nicht auf den Bezirk beschränkt sind, jedenfalls schon gar nicht in nächster Zeit.«

Der Bus aus der Gegenrichtung kam. Sie fuhren jetzt seltener, seit die Schnellbahn unterirdisch durch die Stadt führte. Ich war müde geworden von den ›klaren Gesichtspunkten‹, die sich zu Grundsatzfragen verdichteten, um dann gar nicht erst ›hochgebracht‹ zu werden.

»Also Ihre Meinung ist, es müßten mehr Zivilschutzräume bereitstehen, aber Sie können nicht von unten ...« Er unterbrach hastig: »Ne, auch da bin ich mir gar nicht ganz sicher. Ich sage nur: Ich weiß, daß es Länder gibt, die das machen, aber – das hatte ich eben angedeutet – mit dieser Grundsatzfrage, die für die ganze Bundesrepublik gilt, habe ich mich noch nicht genügend befaßt, um zu bewerten, was dafür und was dagegen wär'. Sind da Riesenkosten drin? Ob man die an der Stelle richtig einsetzt oder nicht lieber dafür, um bessere Dinge in der Gesellschaft zu machen als das gerade? Was ist der Preis einer Achtzig- oder Hundertprozent-Ausstattung? Wie viele Milliarden? Sind die nicht im Umweltschutz besser angelegt? Das sind doch die Fragen, um die es da geht.«

Auf dem großen Pfennigbaum, der vor dem mittleren der unteren Reihe Sprossenfenster steht, krabbelte ein Marienkäfer. Ich hatte ihn im Sommer im Garten aufgesammelt, weil eine Zimmerblume von Läusen befallen worden war, die er abfressen sollte. In den folgenden Monaten hatte ich ihn nur zweimal gesehen. Die Läuse blieben. Von Zeit zu Zeit spülte ich den Topf ab, bis sie verschwanden. Die Ofenwärme hatte ihn anscheinend aus seinem Versteck hervorgelockt.

Ob ich denn eine Antwort habe, fragte der Herr Fiedler.

Ich antwortete, mir scheine das eben nachdenkenswert zu sein, daß es im vergangenen Jahr, vor der Nachrüstung, in vielen Gemeinden und sonstwo von unten eine Diskussion um die Einrichtung von ›atomwaffenfreien Zonen‹ gegeben habe, aber nach der Nachrüstung keine Fortsetzung über den Schutz vor Atomwaffen folge.

»Die kann man auch nicht unbedingt von unten her anzetteln, weil sie so unglaublich viel mit Geld zu tun hat«, sagte Fiedler froh. Das hatte ich vergessen: sich atomwaffenfrei zu reden, kostete nichts – auch wenn die Raketen viel kosteten, die man damit fernhalten wollte, aber die brauchte ein Kommunalpolitiker ohnehin nicht aus dem Säckel zu bezahlen, daß er vom Bürgergeld bekam. Ein komisches Demokratieverständnis war das, sich die Diskussion über ein existenzielles Thema zu versagen, weil sie ein Ergebnis haben könnte, für das – übrigens nicht von den Lokalpolitikern – gezahlt werden müßte.

Jetzt kam Jobst Fiedler in Form: »Gehört das denn als automatische Folge zusammen: atomwaffenfreie Zone zu fordern und Bunker zu bauen?« Er wußte, daß ich verneinen mußte. ›Automatische

Folge‹ war das nicht. Die Diskussion um ›atomwaffenfreie Zonen‹ hatte vor allem symbolischen Wert. Die Strategie des Atomkrieges war öffentlich ausgesprochen worden. Mit der Erklärung zur ›Atomwaffenfreien Zone‹ sollte nicht nur die Lagerung und der Transport von atomaren Sprengköpfen vor Ort vermieden werden, sondern eine Willenserklärung abgegeben werden: Wir wollen nicht an diesem Wahnsinn teilhaben. Wenn es Bunker gab, die Beamte verwalteten und genehmigten, gleichzeitig aber dies Tun für sinnlos hielten, dann war das angesichts der Kosten schon kaum mehr symbolisch zu nennen: hier würde eine Diskussion um den Schutz in einem Atomkrieg Politikern, jenseits aller Bündnisfragen, eine klare Aussage abverlangen.

Ich erzählte dem Bezirksamtsleiter, daß sein Verwaltungsdezernent Edeler den Bunkerbau für Bürger als Kriegsvorbereitung abgetan habe, und ich fragte, ob das die Überlegung des Bezirksamtes sei oder seine Privatmeinung.

»Wie ist denn die Debatte in der Friedensbewegung? Läuft die auf mehr Schutzräume hinaus?« fragte Fiedler zurück. Ich verneinte, und er sagte: »Ja eben.«

Die Diskussion in den letzten Jahren hätte Bunkerbau der ›Machbarkeit eines kleinen Atomkrieges‹ zugeordnet, rekapitulierte der Bezirksamtsleiter. »Ich war gar nicht sicher, wer alles dieses Argument vertritt, weil ich mir auch selber solche Fragen stelle. Insofern sehen Sie ja, daß es wahrscheinlich sogar berechtigt ist, wenn wir uns diese Frage auch stellen, ob wir das überhaupt fordern sollten. Oder haben Sie das Interesse, uns sozusagen in die Ecke zu stellen, daß wir so was fordern?«

Ich erschrak ein wenig. Jetzt stand ich nicht mehr als Bürger da, der bei seiner Verwaltung nachfragte, sondern als böser Außenseiter, der übel nachreden wollte. Dabei hatte der Bezirksamtsleiter doch gesagt, er habe sich noch gar nicht mit der Frage beschäftigt, im letzten halben Jahr seit Amtsantritt, jedenfalls nicht abschließend. Andererseits hätte es aus Kostengründen keinen Sinn, die Frage überhaupt ›hochzubringen‹, und dennoch hatte er sich nun ›abschließend‹ doch ›selber‹ mit der ›Erweiterung der Zivilschutzraumkapazität‹ beschäftigt – und war zu demselben Ergebnis gekommen wie die Friedensbewegung und viele andere. Er zeigte sogar Bunkermentalität: ob ich ›das Interesse‹ habe, ›uns‹ in eine ›Ecke‹ zu stellen.

Ich sah den Marienkäfer krabbeln, mitten auf der Scheibe, weit ab von den Blumen. Die Sonne schien ihm von unten gegen den Körper. Ich beschloß, ihn Anton zu nennen – wegen der Pünktchen.

Auf dem Notizblock neben dem Telefon hatte der Kaffeebecher einen braunen Kreis hinterlassen. Vorsichtig kippte und drehte ich ihn; ein munteres Muster entstand, bis der Becherboden trocken war.

Wir plauderten noch gequält über Katastrophenschutz, ›Stabsarbeit‹ und den ›direkten Zugriff des Bezirksamtsleiters auf die Feuerwehr und andere Einsatzkräfte‹. Ich dürfe mir gerne mal den Krisenstabsraum ansehen, es gäbe nichts zu verbergen.

Ich bat den Bezirksamtsleiter, mir die technischen Daten des S-Bahnhofs ›Rathaus‹ zu übergeben, weil ich daraus ein Szenario entwickeln wolle. Die Grün-Alternative Liste in Harburg hatte bei der Einweihung der Station darauf aufmerksam gemacht, daß es sich um einen Atombunker handele.

War der Bezirksamtsleiter gerade noch freundlich und aufgeschlossen für eine Zivilschutzraumbesichtigung gewesen, so wurde er zum Bunker übergangslos verstockt. Er könne mir als Journalisten nicht verbieten, darüber zu schreiben. Aber mir dabei auch noch zu ›helfen‹, müsse er aus ›grundsätzlichen‹ Überlegungen ablehnen, da dabei ja eine ›Horror-Vision‹ herauskommen könne.

So ist das mit dem Verständnis von Pressefreiheit. Und mit der Konsequenz: denn wenn Fiedler Bunker als sinnlose Investition gegenüber der alles zerstörenden Kraft der Atombombe und als Kriegsvorbereitung abtat, warum wollte er dann nicht, daß Bilder von einem Bunkerleben im Krieg gezeichnet würden, die nach dem Sinn fragten.

Wir verabschiedeten uns höflich, aber merklich kühl. Anton saß ganz ruhig, als sei er wieder eingeschlafen. Der Hörer lag in der Gabel.

In der Küche setzte ich den Zinkkessel auf das Gas und stellte mich ans Fenster, um in den Garten zu sehen, bis das Wasser für den Kaffee kochte. Es war Herbst.

»Heut' ist doch gerade keine Katastrophe« · *Vor-Schriftliches*

Den klein gefalteten Zettel in meiner Hosentasche hatte ich vergessen. ›Allgemeine Abteilung, Zivilschutz, Herr Gerdts‹ stand über der Telefonnummer. Erst ging niemand 'ran. Dann sagte jemand, auf dem ›Apparat Gerdts‹, ich solle am Nachmittag wieder anrufen. Er sei bei der Innenbehörde zu einer wichtigen Besprechung.

Im Polizeirevier 72 kannte der Wachhabende ›keinen Herrn Gerdts‹. Er telefonierte in den zweiten Stock, als ich im Treppenhaus hinter der Glastür einen schlanken jungen Mann mit grauem Anzug und Aktenkoffer hastig vom Hof kommen sah. Ich kannte Herrn Gerdts. Es war Achim, wir hatten jahrelang die Schulbank gedrückt.

Mürrisch rief der Wachhabende noch einmal an und zeigte mir den Weg. Das Treppenhaus war nackt, die Stufen strahlten Kälte ab, und die Wände sahen stumpf aus. Nur die Feuerlöscher auf jedem Treppenabsatz waren ein Farbtupfer. Neben den Glastüren, die in den beiden Stockwerken in den Korridor führten, hingen grüne Schilder, die einen Flüchtenden auf dem Weg nach unten stilisierten.

Das Zimmer 206 lag direkt am Aufgang. ›Zivilschutz‹ stand schlicht auf dem kleinen Plastiktürschild. Achim Gerdts grüßte mich freudig. Wir schüttelten einander die Hände, er lächelte und lockerte seinen Schlips. Ihm ginge es soweit ganz gut. Was mich zu ihm führe nach all den Jahren, die wir uns nicht gesehen hatten?

Er war nicht erstaunt, als ich erzählte. Geduldig hörte er. Das erste Mal hatte ich bei meiner Suche das Gefühl, ernstgenommen zu werden. Wir blieben nicht in seinem Zimmer, auf dessen Schreibtisch er den Aktenkoffer gelegt und einige Unterlagen ge-

ordnet hatte. Auf der anderen Seite des Vorzimmers lag ein großer Konferenzraum, der beinahe von zwei Reihen zusammenge-
stellter Arbeitstische ausgefüllt wurde. In der Mitte war eine
Schiene mit zwölf Steckdosen für Telefonanschlüsse ins alte,
bleich gewordene Holz integriert. Die Tische waren leer, an den
Wänden hingen einige Karten vom Bezirk.

»Ist das euer Katastrophen-Raum?« Achim Gerdts nickte:
»Einer unserer Räume. Hier würde der ›Stab‹ in kleiner Besetzung arbeiten – für ›kleine Katastrophen‹, beispielsweise kleinere
Hausbrände mit geringfügiger Evakuierung.« Hier würde er auch
gelegentlich Einsatzbesprechungen für die Stabsarbeit organisieren. Ob ich bei der Bundeswehr gewesen sei und den Begriff
›Stabsarbeit‹ kenne?

Ich war nicht bei der Bundeswehr. Achim holte einen Aktenordner aus seinem Zimmer, um meine Frage nach einem Bunker zu
beantworten. Er klappte ihn auf und wurde plötzlich sehr trocken.
»Es gibt Bunker zweierlei Rechtsnatur …«, begann er einen kleinen Vortrag über Finanzierung, Zweck und Nutzen, so als habe ich
eine Schulstunde versäumt und müsse die Lektion nachholen.

Die ›Mehrzweckanlage‹ S-Bahnhof ›Rathaus‹ sei berechnet für
den Schutz von fünftausend Menschen, sie sei zentral gelegen.
Aber als sie im vergangenen Jahr dem Verkehr übergeben wurde,
gab es keine Verhandlungen zur Übergabe des Schutzraumes an
das Bezirksamt. Der Bund habe die Mehrkosten für die Zusatz-
bauten und Ausrüstung des Bahnhofs zum Schutzraum getragen,
die Hamburger Baubehörde habe die Federführung für den Bau
der Anlage gehabt und sei auch noch zuständig für die verwal-
tungsmäßige Betreuung der Anlage. Dies solle nun auf das Bezirksamt übertragen werden. Doch für die Stelle eines ›Bunkerwartes‹ fehle es an Geld; 1984 habe schon genug, vor allem im
sozialen Bereich, eingespart werden müssen. Mehr könne er mir
im Moment nicht sagen, weil das Bezirksamt nicht zuständig sei
und daher die notwendigen Informationen fehlten. Darauf könnten wir nach der ›Übernahme der Anlage‹ zurückkommen. Auf
jeden Fall sei es der einzige öffentliche Schutzraum, den ich im
›Ernstfall‹ aufsuchen könne. Für die Funktionsbereitschaft der
verschiedenen technischen Anlagen des Schutzraumes habe die

noch zuständige Baubehörde mit privaten Wartungsfirmen Verträge abgeschlossen. Nachdem viele Millionen für den Bau des Schutzraumes aufgewendet wurden, könne man nicht an einer Stelle für einen in technischer Hinsicht verantwortlichen Mitarbeiter sparen.

Achim Gerdts stöhnte ein wenig. »Schließlich bin ich nur Verwaltungsmensch. Ich kann mich um Bewirtschaftung und Unterhaltung kümmern. Aber ich bin kein Ingenieur oder Maschinenschlosser oder was man dazu braucht, uns fehlt einfach das technische Know how. Da kann ich mich nicht alleine mal einen Tag um die technische Betriebsbereitschaft kümmern oder zweimal im Jahr die Bunkeranlage anlaufen lassen. Die sogenannte Mehrzweckanlage muß ständig einsatzbereit sein. Es muß jemand da sein, der beispielsweise weiß, wie die ABC-Filteranlage bedient und welches Tor zuerst geschlossen werden muß und wie man die Stromschienen ausbaut. Wir müssen auch so eine Art kombinierten Betriebs- und Betreuungsdienst haben, der die soziale Betreuung und Ordnungsfunktionen zur Aufrechterhaltung der Disziplin – oder wie man das auch immer bezeichnen will – innerhalb der Anlage wahrnimmt: es müssen die Essenszeiten organisiert werden, die Wasserausgabe, die Benutzung der sanitären Einrichtungen und anderes.«

Er klang müde, als habe er das schon hundertmal und ausführlicher erzählt. Ich versuchte mich an die Schulzeit zu erinnern, an den Achim, den ich kannte. Es gelang mir nicht recht.

Seine Sprache war mir fremd geworden. Ich mochte mir nicht vorstellen, welche Gedanken, welche Bilder hinter Wörtern wie ›Betreuungsdienst‹ und ›Ordnungsfunktionen‹ steckten. Achim war nun über zwölf Jahre in der Verwaltung, seit anderthalb Jahren auf diesem Posten, als ›Abschnittsleiter des Abschnitts Zivilschutz‹: weil ihn nach fünf Jahren in der Personalabteilung eine neue Aufgabe gereizt habe, die zudem mit einer Beförderung zum Regierungsamtmann verbunden war.

»Sicher kann man die Anlage in einem möglichen Einsatzfall auch sofort in Betrieb nehmen. Die Kräfte der Bundesbahn werden besser eingewiesen sein als die des Bezirksamtes, weil wir den Bunker noch nicht verwalten. Zumindest werden sie wissen, welche Stromschienen und Stromversorgungskabel unterbrochen werden müssen. Das Konzept sieht so aus, daß auf den Bahnsteigen Betten und Decken und Liegemöglichkeiten errichtet werden, drei eingefahrene S-Bahn-Züge bieten Sitzmöglichkeiten, es gibt zwei Notküchen und zwei Behandlungsräume. Aber es gibt keine Belegungslisten. Am Eingang könnte bis fünftausend gezählt werden, und dann liegt es bei dem Bediener der ›Personendosierungsanlage‹, ob er die Tore schließt oder noch weitere Menschen reinläßt. Wir können ja nicht Ärzten Leistungsbescheide schicken und sagen, ihr müßt euch im Ernstfall immer im Bunker aufhalten. Das ist nicht wie bei einem Luxusliner, daß tausend Mann oder hundert oder auch nur fünfzig Betreuungspersonal da sind. Sozialarbeiter, Ärzte, Köche – das muß sich alles innerhalb dieser Personengruppe selbst organisieren.«

Auf der Straße wurde der Feierabendverkehr lauter. Die Autos fuhren auf der breiten Einbahnstraße Innenstradtring, die den Verkehr in weitem Kreis kanalisiert, an dieser Stelle auf drei Spuren, dicht an dicht und schnell. Mehr Busse waren eingesetzt, die die Menschen ab der S-Bahn-Station ›Rathaus‹ aufnahmen und nach Hause brachten. Es hatte du dämmern begonnen. Der Raum war an seiner langen und einer kurzen Seite durch Reihen von Fenstern noch nicht auf künstliches Licht angewiesen. Achim Gerdts saß still in seinem Stuhl, hatte den Aktenordner vor sich auf den Knien liegen, sah aber nicht hinein.

»Ich wohne hier in der Nähe, ich kann zu Fuß zur Arbeit gehen und auch der Bunker wäre nicht weit. Aber ich würde mir das überlegen wollen.«

Es war seine Aufgabe, für das Überleben anderer zu sorgen. Er hatte sich in diese Position gedient. Vielleicht war es konsequent: wenn man sich tagein, tagaus mit dem selbst in der eigenen Verwaltung für unmöglich gehaltenen Schutz der Menschen auseinandersetzte, keinen Einfluß auf die Ursachen ihrer Gefährdung, die Atomrüstung, hatte, dann mußte ein Verwalter solches Wahnwitzes wohl mit traumatischer Schwere seinen Weg im Verwaltungsdschungel suchen.

»Man muß sich andererseits auch mal überlegen, ist das überhaupt noch reizvoll, in einem Schutzraum mit fünftausend Personen oder mehr vierzehn Tage oder länger untergebracht zu sein. Ich weiß schon, daß ich das für mich persönlich nicht als erstrebenswert ansehen würde.« Achim sprach langsamer, unsicherer als vorher, aber ich hatte das Gefühl, daß er erst jetzt mit mir sprach.

Es war schon halb sechs geworden.

Achim Gerdts bat mich, ein wenig zu bleiben. Wir plauderten über alte Zeiten und was ich so machte. Achims Erzählung war sparsam. Er sei verlobt, wolle heiraten und Kinder. Irgendwann müsse man Verantwortung zeigen.

Im ersten Jahr seiner Tätigkeit habe er einen Mitarbeiter gehabt, dann sei er neun Monate allein gewesen.

Erst kurz sei jetzt ein Regierungsinspektoranwärter an seiner Seite. Der Abschnittsname ›Zivilschutz‹ gefalle ihm ganz und gar nicht, weil er sich hauptsächlich um den Katastrophenschutz kümmere, denn mehr als die Hälfte der Hamburger Deichflächen lägen im Bezirk Harburg. Da sei genug zu tun. Irgendwie hatte ich das Gefühl, Achim wollte sich indirekt dafür entschuldigen, daß er mich nicht stärker ermutigen konnte.

Ich fragte, ob ihn die Aufgabe gereizt habe, weil er am Deich aufgewachsen sei. Achim sah mich verwundert an. Der Posten sei frei gewesen. Er habe sich beworben, weil man eine gewisse ›Verwendungsbreite‹ zeigen müsse. Hier könne er einige seiner Fähigkeiten unter Beweis stellen. Das werde auch zum Teil anerkannt. Nur manchmal, da rufe der Verwaltungsdezernent oder ein anderer Vorgesetzter an, beispielsweise, wenn eine Sonderaufgabe zu erledigen sei, und bitte um seine Mitarbeit, als habe er gar nichts zu tun: »Heut' ist doch gerade keine Katastrophe, Herr Gerdts.«

»Tierschutz ist für alle, Zivilschutz nur für die Katz.«

Ich stieg an der Station ›Harburg-Rathaus‹ in die Schnellbahn. In einem auf die Verkehrspitzenzeiten abgestimmten Rhythmus fährt sie über diese Endstation hinaus in meinen Stadtteil, Heimfeld, und weiter nach Neugraben.

Mir fiel mitten im Tunnel ein Film mit dem britischen Komiker Marty Feldman ein: Ein sehr strenges Elternpaar lebte mit seiner heranreifenden Tochter nach einem Atomkrieg, der Großbritannien bis auf die Königinmutter und einige Irre ausgelöscht hatte, in einer noch vom Computer betriebenen U-Bahn. Ab und zu durfte die Tochter ausgehen – sie nutzte den kurzen elektronisch gesteuerten Halt auf einer Station, um in einen nachfolgenden Waggon umzusteigen. Dort liebte sie sich mit einem jungen Mann, von dessen Überleben die Eltern nichts wußten.

Mit der Fahrt hatte ich sonst nie etwas verbunden. Meist las ich eine Zeitung oder ein Buch, schon um mich von dem durchdringenden Kreischen der Stahlräder auf den Schienen abzulenken. Manchmal, wenn die Bahn oberirdisch fuhr, sah ich auf die Straßen hinaus, auf das zähe Fließen des Verkehrs.

Jetzt wurde mir bewußt, daß der ganze Zug plötzlich Duck and Cover machen könnte, während draußen nur Stop and Go möglich war. Autofahrer hatten keine Chance im Atomkrieg.

Es war eine merkwürdige Vorstellung: eine Fahrkarte zu lösen für die S-Bahn und nie anzukommen, sondern in einer Station zu verschwinden, während oben die Menschen verglühten, zersplitterten, brachen, zerrissen, brannten, erblindeten, stumm und taub wurden.

Und doch war dies von Menschen geplant und gebaut worden. ›Mehrzweckanlagen‹ für diesen Alptraum gab es. Täglich wurden sie benutzt, ohne daß die Fahrgäste daran dachten, vielleicht eines Tages jenseits vom Leben auszusteigen.

Ich hatte meinen Bunker gefunden, die S-Bahn-Station. Er funktionierte nicht. Aber das erste Mal war ich von dieser Gesellschaft nicht benachteiligt, weil ich keinen Führerschein besaß. Ich hatte immer befürchtet, ein Auto würde mich unter die Erde bringen.

Ich sah auf die Uhr, wie viele Minuten ich von der S-Bahn-Station Heimfeld bis zu meiner Wohnung brauchen würde. Es war keine Minute.

Auf dem Stubenofen war ein Kessel Wasser heiß geworden, das leicht dampfte. Mir fiel es schwer, mich in der Wohnung häuslich zu fühlen. Erst langsam wurde mir deutlich, daß mein Unwohlsein in einer plötzlich bedrohlich statt vertraut empfundenen Wirklichkeit durch ein Wechselspiel aus Täuschung und Selbsttäuschung ausgelöst wurde: Den von Landes- oder Bundesregierungen immer wieder behaupteten Schutz der ›Zivil-Bevölkerung‹ in einem Atomkrieg gab es überhaupt nicht. Was, wenn diese Illusion des Schutzes zerbrach? Sprang dann nicht an die Stelle des selbstvergessenen Sicherheitsgefühls die Selbsttäuschung, das ohnehin nicht nötig zu haben?

Warum sollte ich mich mit weniger als meinem Leben abfinden, mit einer Wirklichkeit arrangieren, die den Atomkrieg zum Alltag, zumindest der Verwaltung, machte?

Ich saß am Telefon. Das Zyperngras bewegte sich von der kalten Luft am Fensterglas, die sich mit der Wärme des Zimmers austauschte. Unter dem Hauptbahnhof gab es einen Bunker, das wußte jeder in Hamburg. Er lag an meiner Linie, die S-Bahn fuhr von dort aus noch einige ›Mehrzweckanlagen‹ an – ›Stadthausbrücke‹, ›Landungsbrücken‹, ›Reeperbahn‹. »Antonius«, meldete sich der für diese Bunker zuständige Zivilschutzbeauftragte im Bezirk Hamburg-Mitte mit einer freundlichen, alten Stimme. Ich erzählte ihm von meinem Besuch bei Achim Gerdts und daß für mich in Harburg kein Bunker bereitstehe. Ob ich mir nun in seinem Bezirk einmal so einen Raum ansehen dürfe.

»Ich würde das gerne machen, sehr gerne sogar. Wir haben das auch viel gemacht, wir haben ganze Gewerbeschulklassen da durchgeführt und diskutiert. Aber wir sind personell so knapp besetzt. Wir sind hier nur zu zweit und können einfach nicht mehr die Zeit für Führungen aufbringen. Im öffentlichen Dienst soll ja auch noch mehr abgebaut werden. Aus diesem Grunde ist uns das untersagt worden, von der obersten Leitung. Verstehen Sie das nicht verkehrt: Wir haben das für eine gute Sache gehalten, und wir finden das auch heute noch gut.«

Der Herr Gerdts habe ja bloß einen Bunker, aber in Hamburgs Zentrum gebe es immerhin zweiundzwanzig zu warten. »Da sind Sie ja in einer glücklichen Lage«, sagte ich. »Nein, warum? Das wissen Sie ja bestimmt auch: Insgesamt haben wir ja nur für 3,5 Prozent der Bevölkerung Luftschutzräume. Ich weiß nicht, ob man darüber glücklich sein kann. Aber stellen Sie sich mal vor, man wäre gleich nach dem Krieg angefangen und hätte Bunker gebaut. Dann hätten die anderen gesagt: das sind schon wieder die Kriegstreiber. Und nun kann man das finanziell nicht mehr übers Knie brechen. Daß es woanders, in Schweden oder der Schweiz, besser aussieht, darüber sind wir uns ja im klaren. Es ist ja mal Gesetz gewesen, daß jeder, der eine Baugenehmigung haben wollte, verpflichtet war, Schutzräume einzubauen. * Wie das so ist in der Demokratie – damit sind wir ja nicht durchgekommen. Zuschüsse für Privatinitiativen gibt es aber. Ich kenn' das ja von unseren Wartungsfirmen, die in den Bunkern am Hauptbahnhof oder so die Klimaanlage und Notstromaggregate warten, damit das nicht verrottet, daß das ein dolles Geschäft ist. Gibt ja wohl doch noch genügend Leute, die sich so was erlauben können.«

Herr Antonius stellte sich dabei einen Bauern vor, der weit ab von der Stadt genügend Land habe und sich einen Schutzraum baue, ohne es ›an die große Glocke zu hängen‹, nämlich ohne staatliche Zuschüsse. Dann brauche er auch niemanden sonst bei sich aufzunehmen. Ich sah auf die Straße. Ein schweres Motorrad raste vorbei. Herr Antonius war kaum noch zu verstehen. Der Fahrer trug eine blaue Ledermontur mit Integralhelm. Wenn er so weiterfuhr, würde er sich das Genick brechen.

Einen Opa wie Herrn Antonius hatte ich mir früher immer gewünscht. Er sprach ruhig, mit einem breiten Hamburger Slang und ohne Schnörkel.

»Ich mach' das jetzt acht Jahre. In der Zeit haben wir vier oder fünf Bunker neu übernommen – ohne daß da Personal zugekommen ist, nech. Und nun haben wir den Salat. Wir sind so im Streß, also, wir kommen kaum zum Luftholen, nech, um die Dinger so in Ordnung zu holen, da is' ja soviel dran, nech. Da müssen Probebetriebe gemacht werden, Wartungen, einer muß immer mit dabei sein und sich darum kümmern. Ja. Wir haben das gerade erst wieder gemacht in ›Stadthausbrücke‹ und ›Reeperbahn‹ – wir haben

---

* Das Schutzbaugesetz vom 9. September 1965 sah die Baupflicht vor. Doch schon am 20. Dezember 1965 wurde der Paragraph im Haushaltssicherungsgesetz wegen der Finanzanforderungen an den Bund ausgesetzt. Seit dem Finanzänderungsgesetz vom 21. Dezember 1967 ist er auf unbestimmte Zeit suspendiert. Ein im Juni 1984 vom Bundesinnenministerium entworfenes Zivilschutzgesetz soll die Baupflicht wieder aufnehmen.

ja schon zwei von diesen Dingern in Betrieb, nech – nachts zwischen ein und vier Uhr, danach muß die Bahn wieder durchrollen können. Wenn die letzte Bahn durch ist, werden die Stromschienen abgeschaltet – nech, sonst kriegst ja einen gebaggst da, fällst ja tot um, nech. Das muß ja alles vorschriftsmäßig gemacht werden. Das kost' alles viel Geld, natürlich.«

Ich unterbrach die hemdsärmelige Erzählung: »Da war doch gerade dieser scheußliche Brand in ›Landungsbrücken‹, den die Feuerwehr kaum löschen konnte, weil die S-Bahn brannte wie Zunder. Wie wollen Sie das verhindern, wenn tausend Menschen da tagelang eingeschlossen wären und einer einen Koller kriegt und zündelt.« Ein bißchen klang seine Stimme ärgerlich, aber er hatte sich gleich wieder gefangen: »Das hat ja nichts mit unseren Bunkeranlagen zu tun. Das war doch bestimmt 'ne elektrische Sache gewesen, ich weiß das nicht. Sehen Sie, das ist ja so vorgesehen: die S-Bahn-Züge, die fahren da noch mal rein, dann wird vorne ein Gleistor geschlossen, dann hinten, dann wird der Strom abgeschaltet – und Kabelbrand und so was kann da alles nicht mehr passieren. Die S-Bahnen werden regelrecht nur als Sitzplätze benötigt. Ein so'n Bunker ist immer zu einem Drittel mit Liegeplätzen ausgestattet und zwei Dritteln Sitzplätze, nech.«

Ich dachte an meine Fahrt nach Hause. Sie hatte nicht einmal zwei Minuten gedauert. Die schwarze Enge des Tunnels, das schattenlose Licht, das mir in den Augen stach, und die glatte Leere der aufgereihten orangefarbenen Plastiksitzschalen auf grauem Boden hatten mich bei dem Gedanken, die Fahrt könne nie enden, fast verschluckt.

Es war draußen dunkel. Ich hatte mir kein Licht angemacht. Bald würde Antje nach Hause kommen und denken, ich sei noch nicht zurück. Eigentlich war ich auch noch unterwegs.

»Ich hab' einen reißerischen Artikel im ›stern‹ über Zivilschutz gelesen, in dem Hamburg-Mitte als Beispiel sehr oft vorkam. Haben Sie da keinen Ärger von Ihren Vorgesetzten bekommen? Das war doch alles ziemlich hart?«

Ein bißchen war Herr Antonius stolz. »Das hat mein Kollege mitverfaßt, der Herr Piuntek, also jedenfalls ist der befragt worden. Ja, hätte man ja nich so zu machen brauchen, das ist alles wischiwaschi geworden. Aber Piuntek hat wenigstens gesagt, was Sache ist. Ach, warum sollte es da Ärger mit der Innenbehörde geben. Er hat doch gar nicht mal unrecht gehabt, ist doch gut so, jaja. Er nennt das Kind beim Namen. Und, äh, dann soll'n die doch mal was besseres bringen, nech.«

Der ›stern‹-Artikel endete: ›Zuckende Fleischbündel‹, die sich auf der Erde wälzen, hat der Katastrophenschützer für Hamburg-Mitte, Ernst Piuntek, in einem Film an der ›Akademie für zivile Verteidigung‹ in Bonn gesehen. ›Furchtbar.‹ Da möchte er einen Witz erzählen: »Kennen Sie den Unterschied zwischen Tierschutz und Zivilschutz? Der Tierschutz ist für alle da«, sagt er. »Der Zivilschutz ist für die Katz.«

Vom Kochen des Frosches

Auf dem Marktplatz traf ich Hilde Hercher. Sie ist eine gemütlich runde Frau in den Fünfzigern, die auffällig jung und sportlich gekleidet ist. Sie sah blaß aus. Gerade sei sie von einer Kur in der Schweiz gekommen. Ihr Asthma hatte sich verschlimmert.

»Es kommt mir hier alles so fremd vor«, sagte sie. Überall lägen Alkoholiker an den Ecken. Die Menschen seien ärmlicher gekleidet als früher. »Das ist die Wende«, sagte sie bitter. Eine alte Frau blieb im Vorbeigehen stehen: »Es ist unerhört, wie die uns plündern.«

Ich erzählte Hilde von meiner Suche. Stolz erzählte sie von ihrer Tochter Jutta, die inzwischen Filmemacherin geworden sei. Erst im letzten Jahr habe auch sie sich auf die Suche gemacht. Abends würde sie ihr von mir erzählen.

Vergnügt fuhr ich nach Hause. Ich könnte meine Erfahrungen mit jemandem teilen. Jutta Hercher, das hatte Hilde erzählt, hatte ihren Bunker gesehen und gefilmt. In Harburg konnte ich mit Achim Gerdts keinen Bunker besuchen und in Hamburg durfte ich nicht.

Ich richtete den Salat an, den ich gekauft hatte. Antje hatte Wurzeln gedünstet und Pellkartoffeln vorbereitet. Mittags mögen wir gerne leicht essen. Es läßt sich so besser arbeiten und denken. Ich wusch ab.

Den Nachmittag brachte ich mit einem Report für das ›Deutsche Allgemeine Sonntagsblatt‹ zu, für den ich in den letzten Tagen recherchiert hatte. Es ging um den Abschied von kindlichen Spielen wie Halma und Mensch ärgere Dich nicht. Bei der Nürnberger Spielwarenmesse waren Anfang des Jahres erstmals deutsche ›Konflikt-Simulations‹-, ›Rollen‹-, ›Phantasy‹- und ›Science-Fiction‹-Spiele vorgestellt worden, wie sie unter Insidern schon lange in ihren amerikanischen Originalausgaben nachgefragt waren. Ich hatte bei einem ›Norddeutschen Rollenspielertreffen‹ ganze Obersekundas den Krieg der Köpfe spielen sehen, da wurden – alles mit der Kraft der Phantasie – Milchstraßen erobert, mit Laserkanonen Außermenschliches zerschmolzen, aber auch der Zweite Weltkrieg war auf dem Spielbrett Anlaß, es strategisch besser zu machen. Nur die amerikanischen Vernichtungsspiele zum Schlachtfeld Europa fehlten, wie das realistische ›Fulda Gap‹.

Ich feilte an Formulierungen, während ich mich immer mehr wunderte, daß Menschen Spaß an solchem Spiel fanden. Plötzlich hatte mich die Wirklichkeit wieder: Jutta war am Telefon und erzählte von ihrem Film ›Fröhliches Sterben‹. Beim ›Zweiten Altonaer Selbstschutz- und Katastrophentag‹ in der Ottensener Fußgängerzone hatte sie bei Blasmusik des Polizeiorchesters, Bier und Spanferkel gefilmt, wie Menschen gelöscht werden. Sie hatte die widersprüchlichen Eindrücke bei ihren Interviews und Recherchen zunächst kaum verarbeiten können. Erst als sie mehrere Ausgaben der ›Sirene‹, der Zeitung des ›Reichsluftschutzbundes‹ während der NS-Zeit, gelesen hatte, sei ihr klargeworden, daß die Leute sich sehr langsam, Schritt für Schritt, an das Unvorstellbare gewöhnt hatten. Jutta Hercher hatte auch zwei alte Menschen gefilmt, die kurz vor den Tränen erzählten, daß sie, wie sie es hunderte Male geübt hatten, beim ersten Mal mit Feuerpatschen auf Phosphorgranaten zuliefen und von der Explosion die Gasmaske ans Gesicht gebrannt bekamen.

Erst waren wir uns mit unseren Beobachtungen einig. Ich erzählte Jutta von einem alten chinesischen Gleichnis, das Eingang in die amerikanische Psychologie gefunden hatte – als Boiling-

Frog-Principle: Ein Frosch, der in kochendes Wasser geworfen werde, sucht zappelnd unter Schmerzen das Weite. Erhitze man aber das Tier zusammen mit dem kalten Wasser, bis beide kochen, so kommt der Tod ohne auffällige Gegenwehr.

Doch dann erzählte ich, daß ich nach meinem Bunker fragte. Jutta verstand nicht recht, denn sie lehnte den Bau von Bunkern rundheraus ab. Sie riet mir, ihren Film doch einmal bei ihrem Verleih, dem ›Medienpädagogischen Zentrum‹ (MPZ), anzusehen.

Ich hatte eingehängt. War ich ein Frosch, weil ich aus Angst um mein Leben nach meinem Schutzraum fragte – statt einzusehen, daß alles längst am Kochen war?

Es war schon wieder dunkel geworden. Die Tage wurden kürzer. Draußen schnurrte der Feierabendverkehr.

Ich war nicht abgebrüht, das stimmte.

Das MPZ lieh mir übers Wochenende eine Video-Kassette mit dem Film, einfach so, als sei ich ein alter Freund. Ein Abspielgerät wurde mir angeboten, aber ich war mit der S-Bahn nach Altona gekommen und hoffte, bei einem Bekannten den Film sehen zu können.

Hans sieht sehr viel Video. Er kann nicht ›raus‹, weil er zu Hause seine schwerkranke Frau Margit versorgen muß. Dann holt er sich die Welt ins Haus, was er gerade kriegen kann, ›Rambo‹ mit Sylvester Stallone als einsamer Vietnam-Veteran oder ›Die unheimliche Begegnung der dritten Art‹. Er sagte: »Komm' man um drei, dann hab' ich Margit schon gefüttert.«

Margit lag an diesem Samstag auf einer beliebig verstellbaren Liege im Wohnzimmer. Bei meinem letzten Besuch war sie abgemagert bis auf die Knochen. Vom Liegen war die Haut bis tief ins Fleisch durchgescheuert. Sie war zeitweilig blind gewesen. Es ging ihr besser. Margit erkannte mich, formte ein paar Laute in ihrem Mund, die nur Hans verstehen konnte, und lächelte. Ihr Gesicht war von Medikamenten aufgeschwemmt.

Das Leiden hatte vor einigen Jahren plötzlich eingesetzt. Margit verfiel von einem Tag auf den anderen. Multiple Sklerose lautete die Diagnose, eine jener neuzeitlichen ›Zivilisationskrankheiten‹, für die die Wissenschaft weder Ursache noch Abhilfe kennt. Hans hatte es auf seine Weise versucht. Er hatte die

Frau, die er liebte, geheiratet und seither nichts unversucht gelassen, ihr zu helfen. Es wurde ein einsames Leben für das junge Paar. Viele Freunde blieben aus. Sein Überlebenskampf, so sagten sie, sei sinnlos.

Hans kochte mir Kaffee, während ich erzählte, worum es in dem Film ging. »Ich würde mir auch so ein Ding hinsetzen, wenn ich ein Haus und das Geld hätte«, sagte er.

Mit der Fernbedienung ließ er das ›Fröhliche Sterben‹ ablaufen. Wir saßen vor dem flimmernden Schwarz-Weiß und hatten doch dieses eigentümliche optische Gefühl, das Magnetaufzeichnungen den Einzelbildern voraus hat, ›dabei‹ zu sein. Margit zappelte nervös, wenn die Sirenen heulten.

Der Bunkerwart führte Jutta Hercher und ihre Kamerafrau Carola Martin stolz durch sein Reich. Vor einem Schlüsselbrett blieb er stehen: »Ich bin überall, wenn er in Betrieb ist.« Bei seinem Job habe er eine ›gewisse Freiheit‹: »Wenn's mir nicht mehr paßt, geh' ich raus, wenn Schön-Wetter ist.« Eine Führung irrte gerade irgendwo im Beton herum. »Jetzt woll'n wir die mal in Angst versetzen«, sagte der alte Herr verschmitzt und schaltete an einem Pult mit Krachen alle Sicherungen aus. Normalerweise würde jetzt das ›Batterienotlicht‹ angehen, aber das sei nicht angeworfen: »Wenn der Kraftstoff ausgeht, ist Feierabend.«

Margit lag mit dem Rücken zum Bildschirm. Es beunruhigte sie, was sie verstand. Hans setzte sich auf die Kante der Liege und sprach auf sie ein. Ich schlug vor, abzustellen. Aber mitten im Film wollte Hans das nicht.

Der Bunkerwart erzählte den beiden jungen Frauen ganz vertraut, daß vier bis fünf Mann für ›Ruhe und Ordnung sorgen, wenn mal was ausbricht‹. Er glaube nicht dran, daß er nach vierzehn Tagen raus könne. »Was nützt mir das, wenn alles verseucht ist?«

Ich bekam Magenschmerzen von dem starken Kaffee. Hans streichelte Margit ein wenig. Er sah mit einem halb gedrehten Kopf auf den Schirm. Es mußte sehr anstrengend sein. Die Scheiben vor dem Balkon klirrten leicht. Der Bus an der Haltestelle vor der Tür habe im Stand so eine unangenehme Motorfrequenz, daß Glas schwang, erklärte Hans. Er hatte sich damit abgefunden.

»Ich komm' nich hier her. Is' doch nix«, sagte der Bunkerwart stolz. Zum Öjendorfer Park wolle er dann. Jutta hatte ihn nicht verstanden. Sie fragte: »Ein letzter Spaziergang?« Nein. Er habe einen schönen Garten da draußen. Seiner Familie habe er dort einen Atombunker eingerichtet. »Den hab' ich selber ausgegraben.«[*]

»Ich kann nur hoffen, daß es sinnlos ist, was ich tue.«

Die Hamburger Innenbehörde liegt auf dem halben Weg zwischen dem Bunker am Hauptbahnhof und dem Bezirksamt Hamburg-Mitte. Es ist ein dunkel geziegelter hoher Bau mit der geborgten Gotik der Jahrhundertwende, die so stilecht ist wie die Überwachungskameras.

Nach zwei klobigen Eichentüren käme man in eine große Empfangshalle mit Paternoster. Aber der Weg ist durch eine mit Holz und Sicherheitsglas eingezogene Wand versperrt.

Der alte Pförtner in seinem Verschlag neben der elektrisch zu öffnenden Tür beachtete mich gar nicht. Er plauderte mit einem Mann in grauem Arbeitskittel. »Ich suche meinen Schutzraum«, sprach ich mit dem Mund so dicht wie möglich an der Scheibe. »Schutzraum? Wozu?« Ich hatte mich verdächtig gemacht. Er musterte mich von oben bis unten, während er hinter mir ein paar schwarze Lederjacken mit Dienstausweis passieren ließ. Er telefonierte dreimal, aber ich konnte draußen nicht hören, worum es ging. Dann klopfte er an die Scheibe. Hinein dürfe ich nicht, aber der zuständige Herr würde gleich kommen.

Herr Mohr trug eine braune Breitcordhose und einen braunen Strickpullover. Endlich mal kein grauer Anzug. Er grüßte locker und bat mich auf die völlig durchgesessene Sitzecke mit Skai-Überzug im rechten Teil des Vorraums. Zeitschriften aus dem letzten Jahr lagen auf dem langen, niedrigen Tisch.

[*] Jutta Hercher, Carole Martin, Fröhliches Sterben. Hamburg 1983, Verleih Medienpädagogisches Zentrum, Thadenstraße 130 a, 2 Hamburg 50, 040-43 97 2 59 (Mo.–Do., 18–19 Uhr)

Ich sagte meinen Satz auf und Herr Mohr lächelte schnippisch: »Sorgen haben Sie!« Dann wurde er aber doch ernst. Eigentlich sei er nicht zuständig. Ich erzählte von Achim Gerdts und Herrn Antonius. »Ja, der Gerdts hat seine fünfzig Sirenen, Antonius seine achtzig, und ich habe dafür zu sorgen, daß es in Hamburg tausend gibt.«

Wir ruckelten auf der alten Couch hin und her. Es zog. »Das sehen wir nicht so schwarz wie Sie«, sagte er. »Zivilschutz genießt eben nicht die Priorität. Das ist nun mal so.«

Herr Mohr ›bestellt‹ zwar neue Mehrzweckanlagen, aber es sei eben alles zu teuer. »Ein Schutzraum kostet tausend Mark pro Person, also für tausend Leute eine Million. Und wenn sie sich dann die Arbeitslosigkeit ansehen!« Die Hereinkommenden sahen uns kurz an. Es schien selten zu sein, daß hier mal jemand abgefertigt wurde. Mir wurde kalt.

»Wir gehen davon aus, daß es durch die Abschreckung nicht zum Ernstfall kommt«, sagte Herr Mohr mit festem Ton. Der Satz kam mir fremd vor, nach denen, die er vorher über seine Arbeit geklagt hatte: »Für Musikgruppen in Bunkern wird eher mal Geld ausgegeben, damit die Nachbarn geschützt sind vor deren Üben. Wir müssen praktisch erst die Mieter kündigen, wenn wir einen Bunker aus dem Zweiten Weltkrieg, den wir herrichten könnten, freihaben wollen, da sind ja Möbelläger und alles mögliche drin.«

Er tat mir leid. Anders als Achim Gerdts, der sich mit persönlicher Distanz seiner Aufgabe sachlich trocken annahm, und Herrn Antonius, der in die Hände spuckte und versuchte, das Chaos der täglich vorbereiteten Krise ohne Fragen zu bewältigen, wirkte Herr Mohr verzweifelt. Es gäbe keinen Schutz, sagte er traurig, keine Evakuierung, keine Vorwarnung. »Wir könnten höchstens alle Ampeln auf Rot stellen, wenn die Menschen in Panik aus der Stadt fliehen wollen.« Sich im Bunker ›verkriechen‹ könne er niemandem raten: »Wir können die Bunker nicht achthundert Meter tief bauen, dann erst wären sie sicher.«

Der Pförtner sah uns aus seiner Loge ungläubig an. Er blickte immer wieder, vielleicht, weil er rechtzeitig den Knopf für die Eingangsschleuse drücken wollte, wenn Herr Mohr bereitstand.

»Ich habe Sie nicht sehr beruhigt. Das tut mir leid«, sagte er so, daß ich es ihm ohne weiteres abnahm.

»Sind Sie frustriert?« – Er zögerte. »Ich bin frustriert. Wenn man sich um die Bevölkerung sorgt und da viel für die Vorsorge tun möchte, ist es natürlich zu wenig, was passiert.«

Wir waren aufgestanden und zur Tür gegangen. Nun standen wir voll im Zug.

»Ich kann nur hoffen, daß es sinnlos ist, was ich tue. Aber man will doch vorgesorgt haben.« Am liebsten hätte ich ihm erzählt, daß ich glaubte, mich so ähnlich zu fühlen: Auch wenn ich nichts tun könnte, wollte ich nachfragen.

Doch dann kam da wieder so ein Satz im Pluralis Majestatis dazwischen, der Gedanken vertrieb: »Wir hoffen natürlich, daß die Vernunft siegt.«

Der Pförtner stand bereit. »Es tut mir leid, daß ich Ihnen nicht helfen kann.« Die Sicherheitstür schloß sich hinter Herrn Mohr.

Ich ging zum Hauptbahnhof.

»Wir haben unser Leben gelebt.«

Ich hatte mir einen Termin bei dem Leitenden Polizeidirektor Heinz Breuer geben lassen, der in der Hansestadt den Zivilschutz der Innenbehörde leitet. Der ›Hamburger Rundschau‹ hatte er auf die Frage, wie der nächstgelegene Bunkerplatz zu erfahren sei, geantwortet: »Wir haben hin und wieder Anfragen dazu von einzelnen Bürgern. Wir antworten dann immer und teilen demjenigen mit, wo sich sein nächstgelegener Schutzraum befindet. Es gibt zur Zeit keine generelle Unterrichtung der Bevölkerung, wo sich die einzelnen Bunker befinden. Diese Unterrichtung halte ich auch nicht für sinnvoll. Sie wissen, wie kurz die Gedächtnisse heutzutage sind. In einer Zeit, wo sich niemand Sorgen machen muß, daß er morgen mal in den Bunker gehen muß – und da sind die Leute gut beraten, ich mache mir da auch keine Sorgen – würde er schon übermorgen vergessen haben, wenn wir sagen: Du gehörst in den und den Bunker.«

Das wollte ich mir merken.

Bei meiner Suche nach einem Bunker hatte ich schon manche Überraschung erlebt: ich war abgewimmelt worden, aus Unwissen oder Unwillen; mir wurden Döntjes erzählt, die Zweifel an der Ernsthaftigkeit einer Vorsorge für den ›Ernstfall‹ begründen sollten; mir war verständnislose Ablehnung von Beamten entgegengeschlagen, die sich von Amts wegen mit der Ausgestaltung der ›zivilen Verteidigung‹ zu befassen hatten, und ich hatte eine aberwitzige Resignation in den Behörden kennengelernt, von der sonst eher behauptet wird, manche Bürger brächten sie diesem Staat entgegen.

Doch bei alledem war es eher um den Vollzug einer Aufgabe gegangen, tägliche Verwaltungsarbeit eben, die offenbar ungeliebt oder zumindest ein Tabuthema war.

Der Leitende Polizeidirektor Breuer aber hatte, das war mir zum ersten Mal aufgefallen, ein Menschenbild ausgesprochen, von dem er bei seiner Arbeit ausging: Er halte es für ›inhuman‹, den Menschen ›jeden Tag‹ die ›schrecklichen Konsequenzen der Weltlage erneut‹ vor Augen zu führen und sie so in ›Schrecken und Angst zu versetzen‹.

Den Anspruch des Zivilschutz-Gesetzes, Menschen vor der Vernichtungskraft der Waffen zu schützen, legte der Zivil-Schützer Breuer weit aus: Auch vor der erschreckenden Wahrheit, vor der daraus entstehenden Angst, solle der Bürger geschont werden und auch gar nicht erst wissen, wo sein Schutz-Raum ist – den es, wenn es für das Angsthaben im Atomkrieg zu spät war, vielleicht gar nicht gibt.

Ein Zyniker, der sich in der Rolle des Humanisten gefiel, schien – so mein Eindruck aus dem Interview – den Hamburger Zivilschutz zu leiten. Da wunderte mich gar nichts mehr an der Widersprüchlichkeit der Verwalter, die ich erfahren hatte: Bunker zu bauen, sie gleichzeitig als sinnlos anzusehen, den Schutz der Bevölkerung damit zu reklamieren und nur für einen Bruchteil von nicht einmal drei Prozent vorzusorgen.

Es war ein kalter Morgen. Die S-Bahn war überfüllt. Das Gedränge wurde mit jeder Station schlimmer. Wenn die Kälte durch die geöffneten Türen eindrang, schoben Menschen mit langen

Schals, roten Nasen und Rauhreif im Bart herein. Nach kurzer Fahrt war es zu warm in der Enge. Mäntel wurden aufgeknöpft, Hüte abgenommen. Sitzplätze hatten nur die Ersten bekommen, die nun gelangweilt zum Fenster hinaus oder in eine Zeitung sahen. Ich hätte gerne noch etwas gelesen, aber ich war eingequetscht.

Ich hatte einen Zug zu früh genommen, weil der nächste zu knapp vor dem Termin um neun Uhr angekommen wäre. So bummelte ich durch die Tunnel am Hauptbahnhof, sah den Blumenhändlern zu, die sich bei den Eingängen zum Bunker aufbauten und schlenderte durch den ›Kaufhof‹, der hier einen direkten Einstieg in sein Warensortiment hat.

Der Pförtner der Innenbehörde stutzte, als er mich sah. Wenige Tage zuvor hatte ich mit dem zuständigen Sachbearbeiter für Bunker im zugigen Vorraum gesessen, war draußen abgefertigt worden. Auf seinem Schreibtisch lag ein großer Zettel mit meinem Namen. Er runzelte die Stirn, weil das Foto in meinem Presseausweis – der immerhin einen amtlichen Passiervermerk eben jener Behörde trug, in die er mich nun einlassen sollte – nicht zu meiner Brille paßte. Schließlich gab er sich lächelnd einen Ruck und öffnete die Tür mit einem elektronischen Summer.

Der Paternoster brachte mich in den sechsten Stock, höher ging's nicht. Im Zimmer 646 war die Vorzimmerdame überrascht, mich zu sehen. »Herr Breuer ist noch nicht da. Er hat angerufen: wegen des plötzlichen Kälteeinbruchs ist der Verkehr zusammengebrochen. Deswegen kommt er jetzt mit der U-Bahn etwas später.«

Für die ›katastrophalen‹ Verkehrsverhältnisse in Hamburg, wenn es ein bißchen schneit oder friert, ist die Stadtreinigung in der Baubehörde zuständig.

Heinz Breuer kam abgehetzt, mit rotem, schwitzigem Gesicht in sein Dienstzimmer, begrüßte mich herzlich und entschuldigte sich. Er habe das schon kommen sehen, als er in der vergangenen Nacht an der Elbe einen Öl-Alarm geprobt hatte. Mit Hilfe des Bundeswehr-Grenadierbataillons Stade hätten sie einen Gürtel von schweren Pontons um das verseuchte Wasser gelegt und direkt von der Schwimmbrücke absaugen können. Heinz Breuer freute sich. Er war stolz, wie gut dieser Einsatz geklappt hatte. Gegen Morgen hätten sie dann in seinem Büro zusammengesessen und alles noch einmal durchgesprochen. Seine Sekretärin beklagte sich, daß dabei fast der gesamte Kaffee ausgetrunken worden sei.

»So ziemlich alle Katastrophenarten kommen ohne Vorwarnung, bis auf die Sturmflut, die sich in der Großwetterlage abzeichnet. Es ist sehr schwer, die Abwehr aus dem normalen Verwaltungsvollzug der Hamburger Behörden heraus zu organisieren, also umzuschalten auf Einsatz und Führung. Sie müssen bedenken, daß wir die Katastrophenabwehr weitgehend mit Amateuren betreiben müssen. Die politisch Verantwortlichen wie auch die Beamten, die sicherlich exzellente Verwaltungsfachleute sind, müssen umschalten im Denken auf ›Katastrophenbekämpfer‹. Feuerwehr und Polizei sind auf Einsatz gedrillt, aber sonst haben wir in der Innenbehörde das Statistische Landesamt und das Einwohneramt – unsere Abteilung ›Katastrophenschutz, Zivilverteidigung und Grundsatzfragen der Feuerwehr‹ besteht da eigentlich schon fast aus Paradiesvögeln.«

Heinz Breuer war bis zum Oktober 1982 stellvertretender Landespolizeidirektor. Es sei ihm ›schwergefallen‹, nach bald vierzig Jahren dort ›wegzugehen‹, aber der damalige Innensenator Alfons Pawelczyk, Bundeswehrreservist aus Überzeugung, habe ›so eine Art gehabt‹, ihn zu ›bitten‹, daß er nicht widersprechen mochte. Der Tanker Aphran Zenith war im selben Jahr aufgelaufen und hätte beinahe eine Ölkatastrophe im Hafen ausgelöst – dabei hatten sich Mängel bei der Einsatzkoordinierung zwischen den Behörden gezeigt, die Breuer nun ausschalten sollte.

Er erzählte viel, redete gern, und es machte Spaß, ihm zuzuhören. So lobte er die technischen Möglichkeiten, die die Bundeswehr noch für die Gefahrenabwehr böte und welche Vorteile die Verantwortlichkeit der Bezirksämter dem Katastrophenschutz bringe. Aber es störte ihn, daß Amtsleiter auch schon mal Bundeswehr riefen, wenn es noch gar nicht geboten sei, und sich der plötzlichen Machtfülle gar nicht bewußt wären.

Wir tranken gemütlich den sehr starken Kaffee und redeten entspannt darüber, ob es sinnvoll sei, Beamten, die darauf warteten, daß eine ›Schaufel per Dekret aus Bonn ausgemustert‹ werde, dem Entscheidungsdruck einer Gefahrensituation zu überlassen. Das Hamburger Katastrophenschutzgesetz hat den Krieg aus dem

Handlungskatalog ausgenommen. Doch die Instrumente, nicht aber unbedingt die Entscheidungsstrukturen seien im ›Ernstfall‹ einzusetzen.

»Das ist eben, wenn man so will, die leidvolle Verquickung des friedensmäßigen Katastrophenschutzes mit Abwehrmaßnahmen in einem Verteidigungsfalle – das wird uns ja immer wieder vorgeworfen. Meine Antwort darauf ist: Jawohl, das, was für die Abwehr einer normalen Katastrophe – Unwetter oder Chemie oder was weiß ich, ja, bis hin zum Kernkraftunfall – notwendig und organisiert ist, das werden wir, so wir noch können – das muß man immer dazu sagen, das weiß ja vorher keiner –, zum Schutz der Bevölkerung in einem Verteidigungsfall einsetzen. Es ist besser zu sagen: Ob nun der Georgswerder Müllberg explodiert oder dort schlägt eine Bombe ein, es würde die gleichen Maßnahmen auslösen. Die Aussage, daß die Waffentechnik heute so weit fortgeschritten ist, daß es nichts mehr zu retten gäbe, will ich gar nicht abstreiten – ein vernünftig denkender Mensch streitet das einfach nicht ab.«

Es kam keine Trauer auf, als Heinz Breuer das sagte. Nein, er sei überhaupt nicht resigniert. Er nahm einen kräftigen Schluck Kaffee. Wenn es zum Overkill komme – worüber man sich ja allenfalls streiten könne, sei, ob er komme –, dann wäre sein Tun umsonst. Aber die ›schlimmste aller Katastrophen, der Krieg‹, könne eben in vielen Fällen in seinen Konsequenzen gemildert oder zumindest doch nicht verschlimmert werden durch Katastrophenschutzdienste.

»Meine persönliche Philosophie ist in dem Interview mit der ›Hamburger Rundschau‹ zum Ausdruck gekommen, das ist gut so. Jeder Mensch muß mit sich selber fertig werden, und ich hab' die Zeit von 1945 bis heute bewußt erlebt. Ich war noch ein Jahr im Kriege – weiß also, wovon ich spreche; das wissen die meisten, mit denen ich diskutiere, nicht mehr – ich kenne Angst und so weiter. Nach Fünfundvierzig waren wir überzeugt: Jetzt ist der letzte Streitpunkt in der Welt beseitigt, nun gibt es keinen Krieg mehr. Die Enttäuschung, daß es dann doch Kriege überall in der Welt gegeben hat und dabei mehr Bomben geworfen worden sind als im Zweiten Weltkrieg mit mehr Toten – was ich mir nie hab' vorstellen können und auch nicht sehe, wie sich das je ändern sollte –, ist riesengroß. Nun ist es so – das hab' ich vor Kurzem in einer Diskussionsveranstaltung auch gesagt: Hätten wir damals resigniert, wie heute viele junge Leute es glauben tun zu müssen, dann wäre Hamburg nicht wieder aufgebaut worden, dann hätten wir nicht geheiratet, dann wären Sie nicht auf der Welt. Wir haben uns amüsiert, wir haben unser Leben gelebt, wir sind in den Urlaub gefahren, wir haben uns ein Auto gekauft. Man hätte Fünfundvierzig viel mehr Grund haben können, zu resignieren. Wenn wir so unser Leben eingestellt hätten, wie die junge Generation heute zum Teil es tut, hätten wir keine frohe Stunde mehr gehabt, da hätten wir uns gleich aufhängen können. Es ist nicht fair bei Erkenntnis der heutigen Weltlage, die Leute ständig in Angst und Schrecken zu versetzen und sie ständig daran zu erinnern, daß morgen alles vorbei sein kann. Da ist es kein Zynismus zu sagen: Laß' sie doch wenigstens heute noch leben!«

Er wolle niemandem etwas ›vorgaukeln‹, sagte Heinz Breuer immer wieder. Wenn denn jemand käme und nach seinem Bunker frage, würde er sagen, daß es »nun mal so ist«, daß es nicht genügend Plätze gibt und sie vielleicht auch gar keinen ausreichenden Schutz böten. Mehr könne er auch nicht sagen.

Am liebsten hätte er sich wohl wieder der täglichen Katastrophen angenommen. Zwar sah er fröhlich und gelassen aus, aber irgend etwas an dem Thema quälte ihn. Schließlich wurde der dunkle Schatten deutlicher, der über dem Gespräch lastete. Es ärgere ihn maßlos, daß er oft zu Diskussionen eingeladen werde, die Kritik an dem fehlenden Schutz der Menschen vor dem Atomkrieg formulierte und ihm bei seinem Willen zur Verbesserung vorhielten, er betreibe Kriegsvorbereitung, indem er mehr Bunker wolle.

Er sah nicht auf die Uhr, aber ich wußte, daß meine Zeit abgelaufen war.

Die Vorzimmerdame präsentierte nervös die Liste mit Anrufen, die inzwischen aufgelaufen waren, während er mir in den Mantel helfen wollte, der 58jährige dem Dreißigjährigen. Es war Freitag, und da Herrn Breuer in seiner Fünfzehn-Personen-Abteilung nur eine Halbtagskraft zustand, bat er sie verlegen, ob sie noch Kaffee und ein wenig Kuchen einkaufen könne, er habe nachher noch einen ›kleinen Empfang‹.

Ich wünschte dem Pförtner noch ein schönes Wochenende. Die Kälte hatte mich wieder. Ich ging langsam auf dem spiegelblanken Pflaster. Meine Suche würde ich an anderer Stelle fortsetzen müssen: zwar hatte ich mit Menschen gesprochen, deren Alltag der Atomkrieg war, die Verteidigung verwalten mußten, doch die Maßstäbe für ihr Tun waren ihnen durch Gesetz und Politik vorgegeben – auch wenn sie mir, so gut sie es im Amt konnten, zu verstehen geben wollten, wie sie es damit hielten.

Ein Auto versuchte beim Einbiegen vor mir zu bremsen und rutschte lautlos weiter. Die Fahrerin war blaß geworden. Ich hatte sie kaum bemerkt.

Das Wetter war wirklich katastrophal.

»Mit Ihrer Bunkersuche belästigen Sie mich?«
Zuständliches

Oft werde ich gefragt, warum ich noch in meinem Geburtsort Harburg lebe und nicht anderswo, wo es nicht so provinziell zugeht, das Leben nicht so kleinbürgerlich und die Industrie nicht so nah ist und wo mehr Kinos zur Auswahl sind.

Eine Zeitlang habe ich mich redlich bemüht, zu antworten. Es käme mir wie Flucht vor, den Widersprüchen auszuweichen. Den Wald hat die regierende SPD im Stadtteil mit Autobahnen kreuz und quer durchschnitten, der Rest stirbt im Sauren Regen. Die Mülldeponie Georgswerder ist in aller Seelenruhe zur chemischen Zeitbombe aufgetürmt worden, unter sozialdemokratisch geführter Verwaltung. Die Dörfer Altenwerder und Moorburg werden vom Hamburger Senat unter Giftschlamm aus der Elbe begraben. Es gibt die ersten beobachteten Pseudokruppfälle in Wilhelmsburg und Dioxin in der Muttermilch. Alles nur in meinem Stadtteil. Was mich dennoch hält: Ich überblicke Harburg und weiß, daß es woanders nicht anders ist.

Ich muß nicht nach Berlin zu ziehen, weil da die ›scene‹ lebendiger ist, oder nach Freiburg wegen des Klimas. Umweltvergiftung, Kulturkürzungen, Arbeitslosigkeit, Dallas, Filz und Fiesheiten sind ja keine Hamburger Eigenarten.

Kurz: ich bin zu Haus in Harburg.

Die Suche danach, wie bei mir vor der Tür an einen Atomkrieg gedacht und Vorbereitungen getroffen werden, entspricht den Verhältnissen anderswo – sagen wir in Hattenbach, in Bitburg, in Krefeld, in Mörfelden, Lübeck oder Bonn. Der Atomkrieg ist überall gleich, die Geographie schrumpft auf eine Sprengkopfspitze.

Ich war neugierig zu erfahren, was der Vorsitzende der Mehrheitsfraktion im Harburger Rathaus dazu sagen würde, daß wir den zwar größten Bunker in Hamburg haben, er aber nicht ›einsatzbereit‹ ist, weil das Bezirksamt kein Geld für einen Bunkerwart geben wollte.

Der Rechtsanwalt Michael Ulrich ist schon lange Chef der SPD-Fraktion und seither immer blasser geworden. Man sieht ihm Ärger und Engagement an, die er gewissenhaft mit dem Ehrenamt verbindet. »Was kann ich für Sie tun?« fragte er mich freundlich am Telefon. »Ich suche meinen ›Zivilschutzraum‹.« Er sagte »hm« und schwieg. Dann sagte er zögernd und vorwurfsvoll: »Und, äh, damit belästigen Sie mich?!« Michael Ulrich war spürbar verstimmt. Ruhig erzählte ich ihm von meiner Suche.

»Aus welchem Anlaß fragen Sie mich nach der SPD-Haltung zum Zivilschutz?« Wieder erklärte ich, obwohl ich eigentlich der Fragende hatte sein wollen.

»Also, das Thema stand für uns in letzter Zeit jedenfalls nicht im Vordergrund. Wir haben uns verschiedentlich gegen die Reaktivierung von Bunkern ausgesprochen. Es ist noch nicht auf den Punkt diskutiert, aber wir sehen Zivilschutz als Kriegsvorbereitung. Bei mir ist übrigens gerade neulich so ein Herr vom Bundesverband für Selbstschutz gewesen – die scheinen hier einen neuen Bezirksleiter zu haben. Er hat mir schöne Unterlagen dagelassen, neue Broschüren, feiner Tiefdruck. Ich hab den gefragt, auf welche Fälle denn nun eigentlich seine Tätigkeit zugeschnitten ist, das ist doch für die nur der Kriegsfall. Der hat zwar geleugnet, daß es da nur um den Atomkrieg gehen kann, aber so wird ja nun mal der nächste Kriegsfall sein: ein Atomkrieg. Dazu enthalten die Broschüren auch Hinweise – aber so jemand wie ich ist davon schon fast peinlich berührt: Das liegt für mich schon so weit außerhalb sinnvoller Überlegungen zu wissen, wie man bei einem Atomkrieg seine Klamotten ausbürstet und duscht, um den Fall-Out abzukriegen. Nachdem ich das Buch ›War Day‹ gelesen habe, ein Reisebericht aus Amerika fünf Jahre nach einem Atomschlag, wo der elektromagnetische Impuls des Atomblitzes alle Elektronik im Land irreparabel zerstört und die USA ins achtzehnte Jahrhundert zurückgebombt hat, finde ich das BVS-Material verrückt. Hungersnöte, Seuchen und ein menschenwürdiges Leben wären Jahre nach dem Atomkrieg nicht in den Griff zu kriegen. Sie haben recht, ich werde heute abend in der Fraktion mal andiskutieren, daß mich der BVS besucht hat und ein Stimmungsbild von da mitbringen – die Neigung, daß Thema jetzt intensiv zu diskutieren, wird sicherlich kaum bestehen. Selbstschutz ist sinnlos und abwegig. Bei uns besteht die Tendenz zu sagen, daß Wehrlosigkeit der Bevölkerung eines Tages ein besserer Schutz sein kann als Wehrhaftigkeit. Gerade bei der jetzigen Bundesregierung – das ist ja eigentlich ein Bundesthema – ist es wichtig, da auf die Bremse zu treten, bevor der Staat zu einem Igel gemacht wird, der doch nicht überleben kann in einem Krieg. Ich fand es witzig, was die GAL zur Einweihung der Harburger S-Bahn gemacht hat: ein Flugblatt, auf dem stand, man müsse sich beim Bezirksamtsleiter für einen Schutzraumplatz anmelden, die Anträge würden in der Reihenfolge des Eingangs bearbeitet und wenn die fünftausend Plätze weg seien, seien sie eben weg. Das zeigt das Groteske auf, das ist doch alles Kokolores mit dem Zivilschutz. Die haben doch wirklich nur für maximal zwei Prozent der Bevölkerung Schutzräume. Man muß die Risiken wegnehmen und nicht den Schutz steigern wollen.«

Michael Ulrich versprach, mir die Prospekte zur Ansicht zu überlassen und das Thema noch mal anzusprechen in seiner Partei, aber da bestehe sicherlich kein ›Interesse‹. Ich saß am Telefon und versuchte mir klarzumachen, wie er mich abgewimmelt hatte. Daß er es sich leichtgemacht hatte, konnte ich nicht sagen. Aber seine wütende Resignation darüber, was ›die‹ mit ›ihrem‹ Zivilschutz erreichen wollten und was er als ›sinnlos‹ und ›abwegig‹ empfand, widersprach der Tatsache, daß hier auf Wunsch der Baubehörde der größte Bunker im Land gebaut wurde.

Daß das Thema Zivilschutz nicht von ›Interesse‹ für seine Fraktion war, lag nicht nur an der, wörtlich zu nehmenden, Abwegigkeit einer nach strengen ›Sachfragen‹ zergliederten Politik, die aus dem Lebensschutz des einzelnen ressortmäßig eine ›Bundesangelegenheit‹ machte. Immerhin war vor Ort auch über die Einrichtung einer ›atomwaffenfreien Zone‹ diskutiert worden. Dabei hatte der bezirkliche CDU-Oppositionsführer – wie zuvor schon der Hamburger CDU-Fraktionsvorsitzende Hartmut Perschau und der Bundestagsvorturner Alfred Dregger – schlicht zu bedenken gegeben, daß »Hiroshima schließlich auch atomwaffenfrei« gewesen sei.

Harburg–Bonn–Peking

Ich wollte der Fährte folgen, die der Bezirkspolitiker Michael Ulrich (SPD) gelegt hatte, und in der Bundeshauptstadt nachfragen, bei der Wenderegierung, die nach Meinung des Kommunalpolitikers in der Frage des ›Zivilschutzes‹ gebremst werden mußte.

Der Harburger CDU-Bundestagsabgeordnete ist Volker Rühe. In Bonn ist er stellvertretender Vorsitzender der Bundestagsfraktion, der Mann neben Dregger, ein sehr besonnener noch dazu, wie das Deutsche Allgemeine Sonntagsblatt unlängst feststellte – ja, er war sogar als Kanzleramtsminister im Gespräch, als die CDU die Rotation des Bundestagspräsidenten und Flick-Gutachters Rainer Barzel gegen Philipp Jenninger durchdachte. Für mich ist er immer nur mein ehemaliger Deutsch- und Englisch-Lehrer, von dem es unter uns Schülern scherzhaft hieß, er würde sich des Abends die Tolle mit Zuckerwasser versteifen, die Nachbarn durch überlautes Abspielen von Elvis-Platten terrorisieren und auf dem Balkon ab und zu eine Horex durchstarten, um das Motorsummen zu hören. Doch er war ein ernster Mann mit sprödem Witz.

Als ich seine Nummer wählte, belustigte mich, daß wir, vor fünfzehn Jahren ungefähr, auf meine Initiative in seinem Englisch-Unterricht die Songtexte ›The Universal Soldier‹ von Donavan und ›Who needs the Peace Corps‹ von Frank Zappa diskutierten – auf den Tenor kann ich mich nicht mehr besinnen. Es war sicherlich alles furchtbar kritisch.

Er hatte Zeit, obwohl er gleich darauf in die ›Arbeitsgruppe Außenpolitik‹ wollte, um über die China-Reise des Kanzlers zu berichten.

»Die Bundesregierung kann nicht wissen, wie es mit Zivilschutzräumen in Harburg aussieht. Da müssen Sie den Hamburger Senat nach ihrem Bunker fragen«, sagte er gelassen. Ich sagte, es sähe jedenfalls finsterer mit Harburgs Bunker aus als in Peking, das ein ungeheures unterirdisches Wohn- und Straßennetz hat. »Ich hab' mich mit dem Thema bisher nicht beschäftigt. Fragen Sie doch mal die Kollegen im Bezirk, was mit ihrem Bunker ist. Ich bin ansonsten kein ausgesprochener Experte für Zivilverteidigung: aber sie ist ein legitimes Element, wobei die Möglichkeiten, das umfassend zu gestalten, sehr begrenzt sind.« Ich hatte plötzliche Zweifel, ob das wirklich mein Deutsch-Lehrer war.

Von einem neuen Zivilschutzgesetz, gar von einer einzuführenden Bunkerbaupflicht, wisse er nichts. »Wie auch immer. Ich sehe nicht, daß es wegen der dafür erforderlichen Mittel jemals eine große Ausweitung geben könnte. Die Argumentation, das sei Kriegsvorbereitung, ist natürlich Unsinn. Das muß im Zusammenhang mit der Abschreckung gesehen werden und mit allen Defensivmaßnahmen überhaupt. Es ist eine Gratwanderung: Denn andererseits, auch wenn Zivilschutz ein legitimes Instrument einer Gesamtpolitik ist, darf man nicht den Eindruck erwecken, als ob man sich schützen könnte. Sondern es muß klar sein, daß wenn ein Krieg ausbrechen würde, es verheerende und vernichtende Auswirkungen für uns hätte. Deshalb muß alles im Dienste der Abschreckung zur Vermeidung des Krieges getan werden. Aber für die Glaubwürdigkeit dieser Abschreckung ist eben ein Element die Zivilverteidigung. So ungefähr muß man das sehen.«

Wir plauderten noch ein wenig, aber ich war lustlos, denn die stumpfe Sprache der Politiker hatte ihn auch bei belanglosen Themen ergriffen. Er schien es nicht zu merken, daß sich hinter seinen Formeln mehr verbarg, als er sagen mochte: und sei es beispielsweise nur die kurze Wahrheit, daß es auch ihm herzlich egal war, daß ich mich um einen Bunkerplatz gesorgt hatte. Die Logik, daß Zivilschutz nichts und nur der Glaubwürdigkeit nütze, war mir jedenfalls nicht Trost genug.

Ich war vom Bezirk nach Bonn verwiesen worden und von Bonn zum Bezirk. Die Instanz dazwischen war das Land Hamburg. Doch diesmal wollte ich mich keinem Politiker einer großen Partei anvertrauen.

Ein Schweizer Freund

Die grüne Bürgerschaftsabgeordnete Angelika Birk fühlte sich zuständig. Sie habe genügend ›Material‹ für mich, wie ihre Partei, allerdings speziell in Hamburg, das Problem sehe. Es seien eine ganze Reihe Anfragen im Rathaus und schließlich eine Broschüre* gemacht worden. Alles in allem genügend ›Lektüre‹, die sie mir kurzzeitig gerne ausleihen wolle, und dann könnten wir auch miteinander darüber diskutieren.

Angelika Birk telefonierte mit dem Polizeipräsidium, als ich am anderen Morgen vor ihrer Tür stand, um mir ihr ›Material‹ auszuleihen. Sie sauste mit ihren langen wehenden Haaren im Zimmer umher, suchte auf dem völlig mit Papieren bedeckten Schreibtisch, griff zu einem der zahlreichen Ordner, die ihre Holzregale über die ganze Wandbreite beängstigend durchbogen und blätterte in ihrem ›Frauenkalender‹ nach einer Rufnummer. Der Polizist am anderen Ende der Leitung hatte immer neue und streng vorschriftsmäßige Detailfragen zum Verlauf einer Demonstrationsroute, zu mitgebrachten Megaphonen, Kontaktpersonen und dergleichen. Angelika Birk hatte die Arbeit einer Initiative abgenommen, die im Hamburger Freihafen gegen die Verladung von Militärgütern an die Türkei demonstrieren wollte.

Sie kam nicht zur Ruhe. Nachdem sie aufgelegt hatte und sich beklagte, daß wieder einmal alles an ihr hängengeblieben sei, fielen ihr ein Presseartikel hier und ein Brief einer anderen Landtagsfraktion da ein, den sie mit schnellen Schritten durchs Zimmer aus irgendwelchen Ordnern holte oder aus Stapeln und Zettelhaufen ziehen mußte.

Ich streichelte ihre beiden balgenden Katzen und musterte hin und wieder eine der Fotokopien, die sie mir mit kurzem Kommentar neben die Kaffeetasse legte. Es wunderte mich, wie sehr das Zimmer nach Arbeit und wie wenig nach Leben aussah. Wenig später würde Angelika Birk aus der Bürgschaft rotiert werden, doch davon war nichts zu spüren.

* Angelika Birk (Hg.), Der Tag X hat schon begonnen ... – Die Gefahren der Zivilverteidigung, Selbstverlag Karin Dahlke, Bleickenallee 8, 2000 Hamburg 50

»Wir sehen im Zivilschutz Kriegsvorbereitung. Er dient der Illusion, ein kleiner Krieg wäre führbar bzw. ein Konflikt sei überhaupt auf einen kleinen Krieg begrenzbar. Wir haben in zahlreichen Anfragen herausbekommen, wie weitgehend die Vorbereitungen schon sind und daß auf die Bevölkerung keine Rücksicht genommen wird.« Anders als bei der Bonner Bundestagsfraktion der GRÜNEN wehre sich die Grün-Alternative Liste in Hamburg gegen jede Behauptung, es könne eine Schonung oder Linderung der Qualen im Krieg geben. Erst neulich habe sich Otto Schily im Bundestag für eine Ratifizierung des Genfer Abkommens über den Schutz der Zivilbevölkerung eingesetzt. Der Hamburger Bundestagsabgeordnete Jürgen Reents habe daraufhin in aller Schärfe deutlich gemacht, daß das der GAL-Politik widerspreche, wenn nicht gar grüner Politik.

Angelika erzählte schnell, als müsse sie Wissen im Akkord verbreiten. Das Telefon unterbrach zwischendurch; ihre Wohnung war ein Büro.

Ich erzählte ihr von meiner Bunkersuche, und sie runzelte nachdenklich die Stirn. Es kam ihr wohl zu naiv vor. Ihr Freund sei Schweizer. Daher habe sie schon oft von all den Ängsten und Erwartungen gehört, die mit einem Anspruch auf totale Verbunkerung verbunden sind. Das habe stark irrationale Züge, und es falle ihr schwer, darüber zu diskutieren: weil die Bundesrepublik als nicht-neutraler Staat in einer potentiellen Frontlage scheinbar rationale Gründe für einen angeblichen Schutz der Bevölkerung habe. Dabei sei Abrüstung der einzige Schutz.

Wenn Angelika telefonierte, schaute ich hinunter auf das weitläufige Gelände der Tierschlachthöfe neben den S-Bahn-Gleisen. Lastwagenweise wurden Schweine- und Rinderhälften angeliefert. Nebel machte aus den Entladungen kafkaeske Szenen.

Ich widersprach Angelika, weil ich mit meiner Nachfrage ernstgenommen werden wollte und mußte: Es lag mir daran, Klarheit über das zu haben, was von mir in einem Krieg erwartet wurde und was ich zu erwarten hatte. Anders als bei der Stationierung amerikanischer Mittelstreckenraketen, die per Bundestagsbeschluß nicht gegen mich gerichtet waren, konnte ich hier direkte Fragen stellen und Antworten verlangen, ohne mich zu sehr auf die bizarre Logik von Abschreckung, Selbstabschreckung, Vernichtung und Selbstvernichtung einzulassen.

»Es wäre schön, wenn wir noch einmal darüber reden könnten, wenn Du mit Deiner Suche weitergekommen bist«, sagte sie. Ich spürte, daß es ihr Ernst mit dieser Einladung war.

»Und wenn Du etwas über das Thema schreiben solltest, dann verschweige unsere Auffassung und Arbeit nicht. Einem stern-Reporter habe ich auch den ganzen Stapel zur Information überlassen, er hat einen Artikel daraus gebastelt – ohne noch großartig was dazuzutun – und hat uns nicht einmal erwähnt.«

Ich sagte, daß es vielleicht besser so gewesen wäre, denn der Report sei reißerisch gewesen und mit der üblichen stern-Zynik geschrieben worden, die auch schon mal die ganze Geschichte hatte umschreiben wollen.

Angelika Birk wiegte mit dem Kopf. Sie strich sich die Haare zurück, lächelte und sagte mit leiser Stimme: »Zivilschutz ist zynisch.«

»Unberührt von den oben gemachten Aussagen.«

Den Aktenordner mit Anfragen – nur zum Zivilschutz – hatte ich mit Spannung gelesen. Es war eigenartig, wie lähmend der Senat auf das Thema einging. Spärlich wurden Informationen gegeben, selten wurden Konturen der dahinterstehenden Politik oder Nicht-Politik erkennbar und stets war an dem reservierten Ton der Antworten spürbar, daß nicht weitergefragt werden solle. Dreimal hatte sich der Hamburger Senat grundsätzlich zum Zivilschutz geäußert, beziehungsweise, wie er es nannte: Er hatte etwas »vorausgeschickt«.

Im August 1982 antwortete der Senat auf eine umfangreiche und konkrete Frage der GAL, ob beispielsweise Menschen mit Waffengewalt von überfüllten Bunkern ferngehalten werden sollten und ob in einem atomar verglühten Hamburg noch Überlebenschancen für Überlebende bestünden:

»Der Zivilschutz ist ein Teil der zivilen Verteidigung und damit Teil der Gesamtverteidigung. Für den Zivilschutz ist somit der Bund verantwortlich; er hat ihn durch das Gesetz über den Zivilschutz in der Fassung vom 9. August 1976, das Gesetz über die Erweiterung des Katastrophenschutzes vom 9. Juli 1968 und das Schutzbaugesetz vom 9. September 1965 geregelt. Das Schutzbaugesetz sah ursprünglich eine ›Schutzbaupflicht‹ vor; sie wurde durch das Haushaltssicherungsgesetz vom 20. Dezember 1965 und das Finanzänderungsgesetz vom 21. Dezember 1967 auf unbestimmte Zeit suspendiert, so daß keine gesetzliche Verpflichtung besteht, Schutzbauten zu errichten. Der Bund fördert allerdings im Rahmen seiner finanziellen Möglichkeiten den Bau von öffentlichen und privaten Schutzräumen mit Zuschüssen sowie steuerlichen Abschreibungsmöglichkeiten. Bisher sind für durchschnittlich 3 Prozent der Bevölkerung der Bundesrepublik Deutschland Schutzbauten errichtet oder wieder hergerichtet worden. In einem Verteidigungsfall kann es bei dem Stand und der Weiterentwicklung der modernen Waffentechniken keinen absoluten Schutz der Bevölkerung geben. Es ist aber ein Teilschutz möglich, der vielen Menschen, die sich außerhalb des zentralen Wirkungsbereiches einer Waffe befinden, eine Überlebenschance gibt. Soweit die Fragen die Gesamtverteidigung berühren, also in die Zuständigkeit des Bundes fallen, äußert sich der Senat nicht.«

Ein halbes Jahr später, im Februar 1983, hatte den Senat ein wenig von der Diktion und den Gedanken der Friedensbewegung eingeholt. Die Hamburger Friedenskoordination hatte allerdings eine Kundgebung vor dem Hamburger Rathaus erst vor dem Verwaltungsgericht gegen den sozialdemokratischen Bürgerschaftspräsidenten Dr. Schulz durchsetzen müssen, der an diesem sitzungsfreien Samstag den ›Druck der Straße‹ auf die Abgeordneten befürchtete.

»Der Senat möchte die Gelegenheit der Großen Anfrage nutzen, seine Auffassung erneut darzulegen, daß angesichts der Hochrüstung in der Welt und der exponierten Lage unseres Landes an der Schnittstelle der beiden großen Machtblöcke die Sicherung des Friedens absolute Priorität besitzt. Er unterstützt und fördert deshalb alle Bemühungen, die der Entspannung, dem Abbau der Hochrüstung und des Rüstungswettlaufs sowie der Schaffung von Vertrauen, aber auch der Verdeutlichung dienen, daß ein bewaffneter Konflikt für jede Seite ein unkalkulierbares Risiko bedeutet. Trotz aller Bemühungen um Sicherung und Erhalt des Friedens sind vorbeugende Maßnahmen zum Schutze der Zivilbevölkerung erforderlich. Der Senat betrachtet den Zivilschutz – wie den Katastrophenschutz allgemein – als eine humanitäre Aufgabe des Staates und der Gesellschaft. Der Schutz der Bevölkerung vor den im Verteidigungsfall drohenden Gefahren durch öffentliche Maßnahmen beruht auch auf dem Völkerrecht (vgl. z. B. IV. Genfer Abkommen vom 12. August 1949 zum Schutze von Zivilpersonen in Kriegszeiten). Der Schutz der Zivilbevölkerung (Zivilschutz) im Sinne des Artikel 73 Nr. 1 GG, für den der Bund die Gesetzgebungskompetenz hat, umfaßt nicht den Schutz der Bevölkerung gegenüber jeder denkbaren Gefahr, sondern nur gegenüber kriegsbedingten Gefahren. Die Kompetenz des Bundes erstreckt sich deshalb nicht auf den Katastrophenschutz. Der Bund hat sich die Durchführung der von ihm erlassenen Zivilschutzgesetze und -verordnungen nur in geringen Teilbereichen selbst vorbehalten. Überwiegend werden sie von den Ländern im Auftrage des Bundes (vgl. Artikel 85 und Artikel 87b Absatz 2 GG) ausgeführt, wozu der Senat die Zuständigkeiten geregelt hat (vgl. z. B. Anordnung zur Durchführung des Schutzbaugesetzes vom 4. März 1975 – Amtlicher Anzeiger Seite 401/497. Beim Katastrophenschutz handelt es sich um den Schutz der Allgemeinheit vor Gemeingefahren größeren Ausmaßes, die ihren Ursprung nicht in Kriegsereignissen haben (z. B. Naturkatastrophen wie Hochwasser, Großbrände, Seuchen usw.). Das Recht des Katastrophenschutzes gehört als Teil des Rechts der öffentlichen Sicherheit und Ordnung nach den Artikeln 30 und 70 Grundgesetz zur Gesetzgebungszuständigkeit der Länder. Der Katastrophenschutz ist daher ausschließlich Sache der Länder.«

Auch als der SPD-Abgeordnete Jan Jalass am 24. November 1983, zwei Tage nach dem Nachrüstungsbeschluß, den Senat zu den Konsequenzen aus der Kernwaffen-Studie der Weltgesundheitsorganisation (WHO) befragte, blieb der Senat dabei, daß er trennen könne, was im Kriegsfall eine Einheit sein solle:

»Der Senat teilt die Einschätzung der WHO-Experten, zu der sie vor dem Hintergrund der Resultate ihrer Untersuchung gelangt sind. Auch der Senat hält eine medizinische Versorgung der Bevölkerung, so auch in Hamburg, im Falle eines Atomkrieges nicht mehr für möglich. (...) Angesichts der Ergebnisse der WHO-Studie, die durch eine Reihe weiterer Untersuchungen bestätigt werden, muß nach Auffassung des Senats alles vermieden werden, was möglicherweise den Anschein erwecken könnte, die Auswirkungen eines Atomkrieges seien durch medizinische Vorbereitungsmaßnahmen erträglich zu gestalten. (...) Der Senat hält unberührt von den oben gemachten Aussagen zum medizinischen Zivilschutz, der in den Zuständigkeitsbereich des Bundes fällt, einen effektiven Katastrophenschutz, dessen Regelung jeweils den einzelnen Bundesländern obliegt, für sinnvoll und unbedingt notwendig.«

Ich hatte zu viele dieser blutleeren Verlautbarungen gelesen, um nicht Trauer darüber zu verspüren, daß der Senat sich »unberührt von den oben gemachten Aussagen« wieder, mit einem kleinen Schlenker, zum Gegenteil erklären konnte. Sonst hätte ich vielleicht noch darüber gelächelt, daß der Senat unfreiwillig gesagt hatte, was in ihm vorging: er war ›unberührt‹.

Kein Wort davon, wie die ›aktive Friedenspolitik‹ mit einem ›Abbau der Hochrüstung und des Rüstungswettlaufs sowie der Schaffung von Vertrauen‹ in praktischer Politik aussah, von denen der Hamburger Senat im Februar und November 1983 messianisch kündete. Der Bürgermeister Klaus von Dohnanyi schrieb 1981:

»Die Gefahr eines auf Europa begrenzten ›führbaren‹ Atomkrieges wird durch die Stationierung von neuen Mittelstreckenwaffen in Europa nicht erhöht. Mit den neuen Waffen soll ja gerade der Gefahr begegnet werden, daß die Sowjetunion – durch ihre Überlegenheit bei eurostrategischen Waffen in Versuchung geführt – mit begrenzten Drohungen auf Westeuropa, Westeuropa von den USA abkoppelt. Im Falle derartiger Drohungen sollte die Sowjetunion die europäischen Risiken für sie selbst erkennen, was (im Sinne der Abschreckung) zu einer Verhinderung eines regional begrenzten Atomkrieges beitragen würde. Friedenspolitik muß davon ausgehen, daß keine Strategie der Friedenssicherung ohne Risiken ist. Aber die geschichtliche Erfahrung zeigt, daß eine Überbetonung der Verteidigungsaspekte und die Vernachlässigung einer im Einklang mit den geschichtlichen Entwicklungen stehenden politischen Strategie des Ausgleichs und der Verständigung die Risiken erhöht. Hier, in dieser Abwägung, liegen die unüberbrückbaren Gegensätze zur CDU/CSU und ihrer rechtsgerichteten deutschen Tradition. Sozialdemokratische Friedenspolitik war mehrheitlich nie pazifistisch in dem Sinne, daß Sozialdemokraten die Verteidigungsbereitschaft und Verteidigungsfähigkeit verneint hätten. Sozialdemokratische Friedenspolitik war aber immer eine Politik, die die Risiken des wahren Ausgleichs, des realistischen Entgegenkommens und der Zusammenarbeit für geringer veranschlagt hat, als die Risiken einer sogenannten Politik der Stärke. Diese sozialdemokratische Tradition muß auch weiterhin der Politik der Bundesregierung zugrunde liegen.«

Die Tradition wurde von der Wenderegierung des Kanzlers Kohl fortgesetzt.

Es ist die Tradition der ›Burgfriedenspolitik‹: 1914 stimmten die Sozialdemokraten den Krediten für den Ersten Weltkrieg und dem ›Hilfsdienstgesetz‹, das Zivilisten für die Kriegsmaschinerie rekrutierte, zu.

Von der Arithmetik des Atomkrieges

Mich hatte beim Lesen der Anfragen irritiert, daß es Bürgerschaftsabgeordneten nicht besser ging als mir. Angelika Birk, der SPD-Abgeordnete Jan Jalass und der CDU-Politiker Martin Müller fragten immer wieder, mit verschiedenen Motiven, nach dem Hamburger Katastrophenschutz, der im Kriegsfall für die Zivilverteidigung eingesetzt würde. Sie bekamen keine zusammenhängenden Antworten, hinter sich ständig ändernden und nur teilweise genannten Fakten wurde das Konzept des Senats eher rätselhafter, denn begreifbarer.

Ich wollte wissen, was Jalass und Müller wissen wollten, indem sie immer wieder zum Zivilschutz fragten.

Jan Jalass sprach breit und bedächtig: »Mir ist aus Ihren Anfragen an Ihre parteieigene Regierung nicht deutlich geworden, was nun eigentlich die sozialdemokratische Zivilschutzpolitik sein soll?« Er machte eine lange Pause. »Da bin ich aber auch nicht zuständig. Im Grunde genommen sprechen Sie da am besten mit dem Fraktionsvorstand, mit Henning Voscherau. Das ist das Beste, denn womit ich mich beschäftigt habe, ist allein der Schutz vor einem Atomangriff, den ich für witzlos und in keiner Weise für machbar halte. Von daher sage ich auch: Ihr sollt den Leuten nichts vormachen. Aber Zivilschutz als solches – das ist nicht mein Thema, da müßten Sie vielleicht jemand aus dem Innenausschuß suchen. Ich bin gesundheitspolitischer Sprecher und halte es mit den Ärzten, die sagen, Ausbildung nützt im Ernstfall nichts, denn sie wären eh' nicht mehr da.«

Er mochte nicht darüber reden. Ich erzählte von meiner Suche, aber er verwies immer wieder auf die ›Kollegen aus dem Innenausschuß‹ und den Fraktionsvorstand. Das war zwar schon etwas anderes als die Erklärung völliger Unzuständigkeit, die nämlich in Bonn läge oder im Bezirk, aber eben doch ein Rausreden auf Arbeitsteilung gegenüber dem Atomkriegsthema – wie konnte jemand vor einer Gefahr, die sein Leben bedrohte, sich unzuständig fühlen?

Martin Müller meldete sich zackig. Er hörte mir ruhig zu, sagte immer wieder »Ja, ja«. Anders als Jalass referierte er umfänglich. Doch es war nicht seine Meinung, sondern eine ausgewogene Darstellung von Positionen. Er habe die von den jeweiligen Mehrheitsverhältnissen abhängige Politik gegenüber dem Zivilschutz in den Bezirken beobachtet. Generell gelte wohl die Linie, daß Bunkerbau unsinnig sei, aber sie werde eben doch verschieden ›gefahren‹. Die SPD habe sich mit der Umorientierung in der Sicherheitspolitik in den letzten beiden Jahren dem Spektrum der GRÜNEN angenähert. Demgegenüber gehe die Bundesregierung davon aus, daß es keine vorhersehbaren ›Kriegsbilder‹ in allen Einzelheiten gebe. Eine »konventionelle kriegerische Auseinandersetzung« sei allerdings »wahrscheinlicher als eine große mit totalem Charakter«.

»Und für diese Formen muß man nun in der Tat, und das ist auch sinnvoll, Schutzeinrichtungen bereithalten und schrittweise weiter ausbauen. Wir sind im Augenblick dabei, intern aufzuarbeiten, inwieweit bestimmte Maßnahmen, die nach der Bundesgesetzgebung notwendig sind, insbesondere Schulungs- und Ausbildungsangebote für die Bevölkerung, von der Hamburger Verwaltung, speziell durch die ›Behörde für Inneres‹ und die ›Behörde für Arbeit, Jugend und Soziales‹, zurückhaltend behandelt werden. Vorläufig gehen wir davon aus, daß diese Sachen in Hamburg stark defizitär sind. Der BVS wird da von den Behörden nur unzureichend unterstützt, obwohl das gesetzlich vorgeschrieben ist. Der Senat mißt dem keine hohe Priorität bei, sondern läßt das so laufen. Der hat da eine zwiespältige Haltung: einerseits beantragt er auf einer internen Liste beim Bund die Einrichtung oder Reaktivierung von Zivilschutzeinrichtungen, andererseits erklärt er öffentlich, das bringe alles nichts. Bei der CDU hat es keinen prinzipiellen Streit um Zivilschutz gegeben. Es ist letzten Endes immer nur die Frage der finanziellen Prioritäten. Aber man muß eben sagen, daß alle Bundesregierungen den Bunkerbau hinter Ausgaben für die Abschreckung zurückgestellt haben – aus der Erkenntnis, daß – solange sie funktioniert – wir auch den Zivilschutz nicht unbedingt brauchen. Meine Einschätzung ist, daß sich das nicht ändern wird. Bis 1987 sind die Eckdaten des Bonner Haushaltes festgelegt, da werden bloß die bisherigen Ausgaben für Schutzraumbau festgeschrieben. Es wird also darauf ankommen, inwieweit sich der Senat hier um Gelder bemüht, und das ist ja im Senat selber durchaus strittig.«

Martin Müller teilte mit: Zwar sei er nicht der ›eigentliche Fachmann‹ in seiner Fraktion, da gebe es ›berufenere‹; aber er wußte eben doch so einiges, und das gab er gerne weiter – in einer Sprache, wie er es gehört hatte.

Von einem neuen Zivilschutzgesetz hatte er schon gehört, er gehöre aber weder dem Arbeitskreis in Hamburg noch in Bonn an, das den Referentenentwurf berate. »Und Sie werden auch verstehen, daß wir darüber jetzt noch nicht publizieren. Das ist vorerst eine interne Meinungsbildung, die muß erst abgeschlossen sein.«

Und auch die Kritik an der ›Vernachlässigung‹ der bestehenden Gesetze durch den Hamburger Senat sei noch nicht druckreif. »Wir müssen dann überlegen, wie wir das machen. Ob wir damit an die Öffentlichkeit gehen oder zum Bundesinnenminister: der weiß ja gar nicht, wie die Gesetze in den Gemeinden umgesetzt werden.«

Herrn Müllers Engagement steigerte sich. Man müsse unbedingt Schulung und Selbstschulungen anbieten, für Bevölkerung und Behörden. Er wiederholte sich und das teilweise sogar wörtlich.

Doch auf die direkte Frage, ob die CDU denn nun mehr Bunker bauen lassen wolle, wich er aus. Er sagte nicht nein, aber auch nicht richtig ja.

Ich fragte mich, worin der Unterschied zu seinem Bürgerschaftskollegen von der Gegenpartei, Jan Jalass, lag. Gewiß, Jalass hatte traurig geklungen, als er den Sinn von Schutzbauten bezweifelte, während Müller optimistisch war – doch ›un-berührt‹ redeten beide, als sei Atomkrieg Arithmetik.

Es hätte mich interessiert, die Fraktionsvorsitzenden Voscherau (SPD) und Perschau (CDU) zu hören, ob die Diktion dieselbe wäre. Doch weder Voscherau noch Perschau waren zu erreichen. Ihre Büros vertrösteten: Es sei gerade keine Zeit, weil irgendeine Rede vorbereitet werden müsse oder gleich eine Sitzung sei, aber morgen ab neun seien sie wieder im Büro erreichbar. Sie riefen nicht zurück. Und Alarm schlagen wollte ich nicht.

Keine Zweifel am Friedensfall

Nach diesen ersten Erfahrungen mit Politikern hatte ich nicht viel Hoffnung, daß die unbestreitbar gesetzlich Verantwortlichen mehr zu sagen hatten als die moralisch genauso Verantwortlichen, die sich nicht zuständig fühlten.

Am 25.9.1984 bat ich den für Zivilverteidigung zuständigen Bundesinnenminister Dr. Friedrich Zimmermann (CSU) per Eilpost um ein Interview. Es kam keine Antwort.

Doch der Verteidigungsminister antwortete unter Fü S III 7:

»Ich gehe davon aus, daß Ihnen die grundsätzliche Zuständigkeit des Bundesministers des Innern sowie der entsprechenden Stellen und Behörden von Bund, Ländern und Gemeinden für die Belange der Zivilverteidigung und des Zivilschutzes bekannt ist. Eine wirksame Verteidigungsfähigkeit erfordert neben der militärischen Vorsorge auch zivile Vorsorgemaßnahmen zum Schutz unserer Lebensordnung. Die NATO geht daher von der Konzeption der Gesamtverteidigung aus, die Maßnahmen der militärischen und zivilen Verteidigung miteinander verbindet. Beide Elemente der Gesamtverteidigung sind für eine wirksame Verteidigungsfähigkeit notwendig. Aufgaben der zivilen Verteidigung sind: Staat, Regierung und Verwaltung funktionsfähig zu halten, die Bürger soweit möglich vor den Gefahren von Waffeneinsätzen zu schützen (Zivilschutz), Bevölkerung und Streitkräfte mit den notwendigen Gütern und Leistungen zu versorgen und die Streitkräfte bei der Durchführung ihres Verteidigungsauftrages zu unterstützen. Dies verlangt enge und abgestimmte Planung und Zusammenarbeit zwischen zivilen und militärischen Stellen auf allen

Ebenen. So ist z. B. der Bundesminister des Innern in den internationalen Gremien vertreten, die Fragen des Zivilschutzes im Bündnis beraten. Gemeinsames Ziel ziviler und militärischer Vorsorge im Rahmen der Gesamtverteidigung ist die Erhaltung des Friedens. Dies ist uns im Bündnis bisher gelungen, und es besteht die begründete Erwartung, daß die Politik der Friedenssicherung, die auf militärischem Gleichgewicht basiert und Rüstungskontrolle sowie Abrüstung will, uns auch künftig den Frieden sichern wird. Die Militärstrategische Konzeption der flexiblen Reaktion entspricht dieser Zielsetzung und ist trotz lebhafter öffentlicher Diskussion im Bündnis unumstritten. Entsprechend gibt es auch keinerlei unterschiedliche Interessenlage innerhalb des Bündnisses in Fragen des Zivilschutzes. Zur Kriegsverhinderung trägt neben der militärischen Abschreckungsfähigkeit auch der Schutz der Bevölkerung bei, denn Schutzmaßnahmen im zivilen Bereich sind geeignet, die Glaubwürdigkeit unserer Strategie der Kriegsverhinderung durch Abschreckung zu stärken.«

»Zuständigkeitshalber« hatte das Bundesministerium für Verteidigung meine Fragen an das Bundesinnenministerium zur »ergänzenden Stellungnahme weitergeleitet«. Von dort kam am 9. 11. 1984 unter ZV 1 – 710000 II die Antwort auf umweltschonendem Papier:

»Der Bundesminister der Verteidigung hat Ihnen in seinem Schreiben vom 31. 10. 1984 die Haltung der Bundesregierung zur zivilen Verteidigung dargelegt, wie sie im Weißbuch 1983 zur Sicherheit der Bundesrepublik Deutschland niedergelegt ist. An dieser Haltung hat sich seitdem nichts geändert. Zu Ihrer Information über den Zivilschutz füge ich eine Broschüre ›Zivilschutz heute‹ bei. Mit freundlichen Grüßen.«

Ich bewegte die Briefe einige Tage auf meinem Schreibtisch hin und her. Der Bundesverteidigungsminister, der für das Konzept der Gesamtverteidigung zuständig war, verwies also auf die Verantwortlichkeit des Innenministers für den Zivilschutz, der sich wiederum auf eine Publikation des Verteidigungsministers zurückzog.

Gerne hätte ich es bei dieser einen Erfahrung der ministeriellen Mißachtung von ernsten Fragen belassen: Aber mich ärgerte, daß der Schutz der Bevölkerung vor den Konsequenzen eines Krieges als Voraussetzung für dessen Verhinderung ausgegeben wurde. Zudem hatte meine Nachfrage bei Hamburger Behörden ergeben, daß es keine großen Bemühungen zum ›Zivilschutz‹ gab.

Da der Bundesverteidigungsminister ausdrücklich auf die Verbindung der zivilen Verteidigung mit der militärischen Abschreckung hingewiesen hatte, konnte es nach der Logik der Bonner Briefschreiber damit ja nicht sonderlich weit her sein.

Viel mehr beunruhigte mich, daß als erstes Ziel der ›Zivilverteidigung‹ die ›Funktionsfähigkeit‹ des ›Staates‹ genannt worden war – was auch immer das sein mochte. Eine wahrhaft merk-würdige Grundhaltung in einer Demokratie: Weil die Abschreckung ein genügender Schutz ist, werden für die Bevölkerung keine Bunker gebaut – die allerdings auch kein Schutz sind, wenn die Abschreckung versagt. Zumindest aber haben die Regierenden ihren Bunker bei Bad Neuenahr in der Eifel. Daß ›Regierung und Verwaltung‹ dort ›funktionsfähig‹ sind – die Opposition, die vielleicht auf ein Ende des Krieges drängen könnte, war vom Verteidigungsminister, wohl aus Platzgründen, einfach weggelassen worden –, ist eine bizarre Vorstellung, wenn gleichzeitig das Land und die Menschen in Schutt und Asche liegen.

Daß die so traulich genannte ›flexible Antwort‹ »trotz lebhafter öffentlicher Diskussion im Bündnis unumstritten« sei, wollte ich nicht gelten lassen.

Ich gab dem Verteidigungsminister schriftlich zu bedenken, was für ein Eindruck entstehe, wenn er die Abschreckungswirkung strategischer und taktischer Atomwaffen und die damit zusammenhängenden unterschiedlichen Interessen zwischen Europa und USA zugunsten eines Wunschdenkens von Einigkeit im Verteidigungsinteresse des Bündnisses differenziere nicht und zudem den bisherigen nicht nennenswerten Bunkerbau hochspiele.

Mit den strategischen Atomwaffen können die USA drohen, wenn die Sowjets tatsächlich angreifen sollten. Da dies aber den Abschuß sowjetischer Interkontinentalraketen auf die USA zur Folge haben könnte, begnügt sich die NATO mit ›flexiblen Antworten‹, dem Einsatz kurzräumiger, taktischer Atomwaffen. Doch die zerstören Mitteleuropa und die Bundesrepublik. Danach gilt das Gleichgewicht der Abschreckung immer noch: denn die USA könne der UdSSR ihre Zerstörung mit strategischen Waffen androhen – Interessengleichheit?

Die Antwort des Verteidigungsministers kam diesmal postwendend:

»Zu Ihrer Kritik an meiner Stellungnahme zur Rolle der Zivilverteidigung nehme ich wie folgt Stellung:

1. Die festgestellten Ziele des Zivilschutzes sind gültig, unabhängig davon, ob Sie vor dem Hintergrund angeblich unzulänglicher Bemühungen zum Zivilschutz bis zum Zeitpunkt des Bonner Regierungswechsels den Zwang sehen, sie zu relativieren. Im übrigen habe ich den Bundesminister des Innern gebeten, Ihnen weitere Informationen über die bisherigen Leistungen der Bundesrepublik Deutschland im Bereich des Zivilschutzes zugänglich zu machen.

2. Es gibt innerhalb des Bündnisses gemeinsam erarbeitete Grundlagen, soweit die Zivile NATO-Verteidigung im Bereich der Gesamtverteidigung betroffen ist. Darüber hinausgehende unterschiedliche Interessen des Zivilschutzes in den USA einerseits und in der Bundesrepublik Deutschland andererseits waren nicht Gegenstand Ihrer Anfrage. Ich habe den Bundesminister des Innern gebeten, auch zu dieser Frage Ihnen gegenüber Stellung zu nehmen.«

Auch der Bundesinnenminister antwortete rasch:

»Die Bemerkung, bis zum Bonner Regierungswechsel habe es keine nennenswerten Bemühungen zum Zivilschutz gegeben, gibt mir Veranlassung, auf die Ausgaben für den Zivilschutz in den Jahren 1969 bis 1984 hinzuweisen. Im Jahr 1969 betrugen diese Ausgaben 297,4 Mio. Sie sind jährlich gestiegen bis zu den Beträgen 615,9 Mio. im Jahre 1980, 630,9 Mio. im Jahre 1981, 655,3 Mio. im Jahre 1982, 680,6 Mio. im Jahre 1983 und 690,4 Mio. im Jahre 1984. Sie mögen daraus ersehen, daß es auf dem Gebiet des Zivilschutzes eine Kontinuität über den Regierungswechsel hinaus gegeben hat.«

Nach dem Gespräch mit dem Hamburger CDU-Bürgerschaftsabgeordneten Martin Müller, der auf eine Änderung in der von Sozialdemokraten ›vernachlässigten‹ Zivilschutzpolitik hoffte, wunderte es mich, daß sich ausgerechnet die Wende-Regierung auf ›Kontinuität‹ zu den Sozialdemokraten berief.

Andererseits war es ein Weg, nicht zu antworten, indem man einfach sagte, ein kritisierter Widerspruch sei ›nicht Gegenstand der Anfrage‹ gewesen oder einfach Widerspruchslosigkeit zu behaupten mit der landläufigen deutschen Grundhaltung: das war schon immer so.

Diese Kontinuität in Zahlen auszudrücken, die nur die Ausgaben für Zivilverteidigung nannten, war ein plumper Zug, um der Frage nach der Rolle des Schutzes der Bevölkerung vor atomarer Auseinandersetzung auszuweichen. Denn während beispielsweise 1969 für die ›Hochrüstung‹ der Bundeswehr 313,00 DM pro Kopf der Bevölkerung ausgegeben wurde, waren es 1983 778,90 DM. Auch die Ausgaben für Zivilschutz hatten sich in diesem Zeitraum verdoppelt, die absoluten Zahlen ließen im Vergleich zu denen der Militärausgaben dennoch Fragen aufkommen: 1969 waren es 7,20 DM Ausgaben pro Kopf der Bevölkerung und 1983 waren es gerade 13,30 DM.

»Selber sagen, daß ich nichts sagen werde.«

Der Dr. Henning Schierholz steht bei den GRÜNEN in der zweiten Linie. Er soll Bundestagsabgeordneter werden, wenn die alteingesessenen Würdenträger im Frühjahr 1985, nach zwei Jahren Amtszeit, rotieren. So lange hält er ihnen den Rücken frei. Von seinem Beruf als Studienleiter an der Evangelischen Akademie in Loccum hatte er sich für diese Zeit beurlauben lassen. Dort hatte ich ihn kennengelernt, als er noch Tagungen zu Jugendfragen organisierte. Der Rechtsanwalt Otto Schily, der mir als ›Fachmann für Selbstschutz‹ angeraten worden war, hatte keine Zeit, weil er rund um die Uhr mit dem ›Flick-Untersuchungsausschuß‹ zu tun hatte.

Henning Schierholz fühlte sich nicht als Notnagel. In der Fraktion sei »bezüglich des Katastrophenschutzes« ohnehin noch »keine gründliche Diskussion geführt« worden, es gäbe auch nicht einmal bei allen Mitgliedern eine »Sensibilität für das Thema«. Am Rande sei die »heikle Frage« diskutiert worden, welche Dienste ein Katastrophenschutz bei einem Kernkraftunfall leisten könne. Ansonsten sei er wohl im Moment der einzige, der »stark interessiert« am Thema Zivilschutz arbeite. »Die Zivilschutzpläne dienen der Militarisierung des Alltags. Sie sollen einen Krieg führbar machen. Wir werden diese Ideologie aufs Korn nehmen.«

Ich war froh, mit ihm zu reden, denn er hatte nicht die Fach-mann-Attitüde und gab von vornherein die Schwäche des eigenen Standpunktes zu, der noch reifen müsse. Er plauderte offen, ohne Deckung hinter Schlagworten zu suchen – die es auch bei den GRÜNEN gibt – als seien wir nicht nur flüchtig bekannt, sondern alte Freunde. Gerade am Abend werde im ›Unterausschuß Abrü-stung und Rüstungskontrolle‹ des Deutschen Bundestages das für ihn im Augenblick wichtigste Zivilschutzthema verhandelt: die Zusatzprotokolle zum vierten Genfer Abkommen. Schierholz hatte einen weihevollen Tonfall bekommen. Ich war verwundert, denn von einem internationalen Genfer Abkommen hatte wäh-rend meiner Suche bisher noch niemand gesprochen.

Henning Schierholz wunderte das nicht: »Wir sind auch sehr spät darauf aufmerksam geworden.« Die Bundesrepublik Deutschland sei Vertragspartnerin der vier Genfer Abkommen vom 12. August 1949: das erste solle der ›Verbesserung des Loses der Verwundeten und Kranken der Streitkräfte im Felde‹ und das zweite denen ›zur See‹ dienen, das dritte nahm sich der Behand-lung von Kriegsgefangenen an und das vierte eben dem Schutz der Zivilpersonen. Am 21. Mai 1954 habe der Bundestag diese Ab-kommen ratifiziert.

Doch die Notwendigkeit eines völkerrechtlichen Schutzes von Zivilpersonen habe sich seither vergrößert. Im Ersten Weltkrieg war jeder zwanzigste Tote ein Zivilist, im Zweiten Weltkrieg war es bereits jeder zweite. Doch auch nach dem vierten Genfer Ab-kommen verschlimmerte sich im Korea-Krieg das Verhältnis auf fünf tote Zivilisten je Soldat, im Vietnam-Krieg waren es gar zwölf je totem Soldat. Bei einem Atomkrieg aber in Mitteleuropa würde das Verhältnis vermutlich hundert zu eins weit übersteigen.

Ich hatte nie so bewußt wahrgenommen, was sich im Nachrich-ten-Deutsch dahinter verbarg, wenn von den ›Leiden der Zivilbe-völkerung‹ am Rande einer Schlachtberichterstattung die Rede war. Ich erinnere die Bilder vom Napalm-Regen auf Vietnam noch, aber ich hatte damals nie die Vorstellungskraft besessen, mir unter dem Blätterwald des Dschungels, über dem die US-Bomber entluden, Menschen vorzustellen; ich hatte es verdrängt.

Mir schoß der absurde Gedanke durch den Kopf, daß es, statistisch gesehen, nur an der Front sicher war. Ein effektiver Zivilschutz bräuchte nur alle Bürger an die Front zu schicken.

Die internationalen Hilfsorganisationen, insbesondere das Internationale Komitee des Roten Kreuz (IKRK), hatten von 1974 bis 1977 in einer ›Diplomatischen Konferenz über die Neubestätigung und Weiterentwicklung des in bewaffneten Konflikten anwendbaren humanitären Völkerrechts (CDDH)‹ an einer Aktualisierung der Genfer Protokolle gearbeitet. Die Bundesrepublik Deutschland war an der Ausformulierung von zwei Zusatzprotokollen beteiligt, die sie am 10. Juni 1977 unterzeichnete. Sie regeln den ›Schutz der Opfer internationaler Konflikte‹ (ZP I) und den ›Schutz der Opfer nicht internationaler Konflikte‹ (ZP II), also Bürgerkriege.

Doch in Kraft getreten, so ärgerte es Henning Schierholz, sei das Abkommen für die Bundesrepublik Deutschland noch nicht. Die Ratifizierung durch den Deutschen Bundestag stehe noch aus, obwohl bereits 32 Staaten sich zu der Vereinbarung stellten, darunter Dänemark, Finnland, Jugoslawien, Norwegen, Österreich, Schweden und die Schweiz.

Ich war verwirrt. Die Bundesregierung hatte also an einem Vertragswerk jahrelang mitgearbeitet, es schließlich unterzeichnet und war dennoch der Völkerrechtsvereinbarung, die der eigenen Bevölkerung diente, nicht beigetreten?

Henning Schierholz lachte gereizt: »Ja, das ist schlimm. Der Präsident des Deutschen Roten Kreuzes, Botho Prinz zu Sayn-Wittgenstein, hat sich im Mai 1983 deswegen sogar an den Deutschen Bundestag gewandt, um ihn aufzufordern, ›nunmehr die Beratungen über die zwei Zusatzprotokolle von 1977 aufzunehmen und diese alsbald zu ratifizieren‹. Das war schon etwas Besonderes für das DRK, und der Prinz schrieb deshalb noch erklärend für die Abgeordneten: ›Das Deutsche Rote Kreuz möchte mit seinem Appell an den Deutschen Bundestag zugleich unterstreichen, daß diese Initiative sich ausschließlich aus den satzungsgemäßen Aufgaben ableitet, für die Verbreitung des Humanitären Völkerrechts Sorge zu tragen. Das Deutsche Rote Kreuz beabsichtigt nicht, zu aktuellen politischen Streitfragen Stellung zu nehmen oder sich an dem Meinungsstreit zu beteiligen, wie das I. Zusatzprotokoll zu interpretieren ist.‹ Das ist nämlich das Besondere: es gibt Interpretationen des Zusatzprotokolls, die sagen, Atomwaffen würden ›unterschiedslos‹ wirken, also auch beim Angriff gegen militärische Ziele Verluste bei der Zivilbevölkerung nach sich ziehen. Das haben die Vereinigten Staaten und die Bundesrepublik im Herbst 1980 bei Konsultationen zum Anlaß genommen, dem Zusatzprotokoll noch einen ›Nuklearvorbehalt‹ hinzufügen zu wollen, die die Ächtung von Atomwaffen durch das Genfer Abkommen nicht anerkennen, sondern ihren Einsatz innerhalb der NATO-Verteidigung beibehalten möchte. Und jetzt wird es eigentlich spannend: Im April 1980 hat sich dann der Ministerialrat Dr. Reinhard Schneider mit einer Petition an den Deutschen Bundestag gewandt, die Protokolle ohne einen solchen Vorbehalt zu ratifizieren. Er ist seit 1973 der Leiter des Völkerrechtsreferats im Bundesverteidigungsministerium. Nach der Bonner Wende zog Schneider seine immer noch nicht abschließend behandelte Eingabe zurück, weil der Bundeskanzler Kohl über seinen Staatsminister im Kanzleramt Philipp Jenninger und der Staatsminister im Auswärtigen Amt Alois Mertes ihm Hoffnungen gemacht hatten, das Protokoll werde im Sinne seiner Eingabe unterzeichnet und ratifiziert. Die juristischen Interpretationen von Widersprüchen zur deutschen Verteidigungspolitik seien nur politisch zu beheben, nicht durch ›Vorbehalte‹. Doch am 26. Januar 1984 hat der Staatsminister im Auswärtigen Amt, Jürgen W. Möllemann, dann erklärt, die Bundesregierung ›werde sich bemühen, das Ratifizierungsverfahren noch im Laufe dieses Jahres einzuleiten‹. Dem Entwurf eines entsprechenden Zustimmungsgesetzes solle eine ›Denkschrift‹ der Bundesregierung zu den beiden Protokollen beigefügt werden. Da hat der Ministerialrat Schneider im Mai 1984 seine Petition noch einmal stellen müssen, das nicht zu tun.«

Ich dachte mit Schrecken an meine Telefonrechnung, aber die Geschichte begann mich zu interessieren: »Was hat denn nun der ›Unterausschuß für Abrüstung und Rüstungskontrolle‹ damit zu tun, wenn sich der Dr. Schneider doch an den Petitionsausschuß gewendet hat?«

»Das geht hier seinen Bonner Gang. Die Parteien versuchen natürlich das Gesicht zu wahren, denn was der Ministerialrat

Schneider mit seiner ersten Petition der SPD/F.D.P. und mit der zweiten Eingabe der CDU/CSU/F. D. P. zum Vorwurf gemacht hat, ist in der Öffentlichkeit gar nicht gut zu verkaufen. Deshalb wird das hier in Ausschüssen solange verhandelt, bis irgendwann ein Ergebnis dabei herauskommt und sei es ›mit Vorbehalt‹, unter dem sich draußen sowieso keiner was vorstellen kann. Am 23. 9. 1983 haben die GRÜNEN im Bundestag den Antrag gestellt, das Genfer Abkommen endlich zu ratifizieren, am 28. 9. 1983 hat die SPD einen vergleichbaren Antrag gestellt. Die stehen nun im Unterausschuß zur Verhandlung, damit eine Empfehlung an den Auswärtigen Ausschuß des Bundestages gegeben werden kann, der gegenüber dem Petitionsausschuß Stellung nimmt.«

Henning Schierholz versprach mir, eine Presse-Erklärung zu verfassen und sie mir zu schicken, sobald ein Ergebnis feststehe. Doch auf große Öffentlichkeit hoffe er dabei nicht. »Es ist ein so wichtiges Thema, aber es wird so klein gehalten.« Es gäbe innerhalb der GRÜNEN Mißverständnisse, die direkt aus der verquasten Völkerrechtssprache kämen und sich an den mühselig erreichten Detailpunkten rieben. So habe Angelika Birk empört der Fraktion geschrieben, daß sich der »wohl im Alleingang von Otto Schily erarbeitete Gesetzentwurf« zur Ratifizierung nicht von sozialdemokratischer Politik unterscheide. Die GAL könne aber nicht einem internationalen Vertragswerk zustimmen, daß beispielsweise die Zerstörung eines Kernkraftwerkes dann als legitim erachte, wenn aus seinem Strom kriegswichtige Produktion betrieben werde. »Wir werden die Ratifizierung trotz solcher richtiger Einwände vorantreiben, sicher ist das Zusatzprotokoll aus grüner Sicht nicht optimal. Aber die Widersprüche der NATO-Strategie kommen auf den Punkt.«

Zwei Tage später lag tatsächlich eine Presse-Erklärung in meinem Briefkasten, die der ›Abrüstungspolitische Sprecher der GRÜNEN im Bundestag‹, der Abgeordnete Roland Vogt, in einem langweiligen, besserwisserischen Ton abgegeben hatte: »Aus der Petition Schneider ergibt sich die Frage: ›Was muß geschehen, um eine Verteidigungsstrategie so zu organisieren, daß sie ihrem vorrangigen Ziel, Verteidigung von Lebensinteressen, gerecht werden kann?‹ Die Koalition stellt die Frage auf den Kopf: ›Welche Formel müsse anläßlich der Ratifizierung des ZP I gefunden werden, um an der bisherigen Verteidigungs-Strategie unverändert festhalten zu können?« Der Nuklearvorbehalt, den der Ausschuß mit der Mehrheit der Koalitionsstimmen vorschlage, werde eine »erneute Torheit der Bundesregierung«.

Auch der frühere Generalsekretär der F.D.P., Günter Verheugen, der jetzt die SPD im Auswärtigen Ausschuß vertrat, schickte eine Presse-Erklärung, die seinem früheren Parteifreund, dem Außenminister Hans-Dietrich Genscher, gewendet vorkommen mußte: die von der Bundesregierung nunmehr geplante ›Nuklear-Erklärung‹ sei eine formale Interpretation. Sie würde von den anderen Vertragspartnern, aber insbesondere von den Warschauer-Pakt-Staaten, als ›Vorbehalt‹ verstanden, wie ihn die Sozialliberalen zuvor beabsichtigt hatten. Dies sei eine empfindliche Einschränkung des Völkerrechtsvertrages auf konventionelle Kriegsführung, während die Nuklearkriegsführung vorbehaltlos erlaubt sein solle.

»Dieser neue Plan verrät alle Anzeichen von Stümperei«, erregte sich der SPD-Abgeordnete Verheugen, den es in der sozialliberalen Koalition kaltgelassen hatte. »Die Folge wäre, daß der Vertrag zwischen den am stärksten betroffenen Ländern überhaupt nicht zustande käme. Ausgerechnet das deutsche Volk mit seinen schlimmen Erfahrungen und den Leiden der Zivilbevölkerung in zwei Weltkriegen würde aus dem Schutz des Völkerrechts ausgeschlossen. Vor über einem Jahr hat die SPD im Bundestag die Einleitung des Ratifizierungsprozesses beantragt. Die Geduld mit einer auch hier handlungs- und entscheidungsunfähigen Regierung ist jetzt erschöpft.«

Mich ärgerte das parteipolitische Gekaspere am Schluß der Erklärung: das Schweigen darüber, daß auch die sozialliberale Regierung – nicht handlungsfähig – den Schutz der Zivilbevölkerung genauso behandelt hatte. Die GRÜNEN, die immer gegen nukleare oder konventionelle Kriege entschieden eingetreten waren, die eben ein solches Zusatzprotokoll notwendig erscheinen ließen, wurden vom SPD-Mann nicht erwähnt.

Mich interessierte, wie zwischen den Parteien die Verantwortung verhandelt wurde, die sonst bei meiner Nachfrage bei Behörden und Ministern immer dem jeweils anderen zugeschoben worden war. Die Diskussion über die Genfer Protokolle hatte im Abrüstungsausschuß des Deutschen Bundestages bewußt werden lassen müssen, wie wenig die bisherige Abschreckungspolitik Rücksichten auf die eigene und fremde Bevölkerung nimmt, wenn eigens ein internationales Abkommen dagegen geschlossen werden mußte.

Die Namen eines in der F.D.P. gebliebenen Abgeordneten, Dr. Olaf Feldmann, und des SPD-Abrüstungsexperten Egon Bahr, waren mir in der GRÜNEN-Presseerklärung aufgefallen. Sie hätten sich mit ›eindringlichen‹ Appellen an die Minister Genscher und Wörner gewandt, auf eine Nuklear-Erklärung zu verzichten.

Feldmanns Vorzimmerfrau wimmelte mich am Telefon immer wieder ab. Der Herr Feldmann habe gar nichts, aber auch rein gar nichts mit dem ›Unterausschuß für Abrüstung und Rüstungskontrollfragen‹ zu tun. »Das ist eine absolute Fehlinformation. Dr. Feldmann ist ordentliches Mitglied im Verteidigungsausschuß.« Ich rief dennoch mehrmals wieder an und bat um Rückruf. Doch von Olaf Feldmann gab es keine Bestätigung, ob und wie er seinen Parteivorsitzenden Hans-Dietrich Genscher angegriffen habe.

Ein anderer Abgeordneter gab mir den Brief Feldmanns:

»Sehr geehrter Herr Genscher, durch die Beschäftigung mit der Ihnen bekannten Petition Schneider bin ich darauf aufmerksam gemacht worden, daß die Bundesregierung mit der bis Jahresende geplanten Ratifizierung des Zusatz-Protokolls I zu den Genfer Abkommen eine Nuklear-Interpretation abgeben will.

Unausweichlich ist m. E., daß die Abschreckungs- und Verteidigungsstrategie des Bündnisses anläßlich der Ratifizierung des Zusatz-Protokolls erneut Gegenstand einer heftigen innen- und außenpolitischen Debatte wird. Die auf den Schutz der Zivilbevölkerung gerichteten Bestimmungen des Zusatz-Protokolls wirken sich vor allem auf den Einsatz von ABC-Waffen aus; ein Sachverhalt, der Frankreich bewogen hat, das Protokoll im Gegensatz zur Bundesrepublik nicht zu unterzeichnen.

82

Die Abgabe einer Nuklear-Interpretation durch die Bundesrepublik hätte höchstwahrscheinlich zur Folge, daß die UdSSR, die DDR und andere WP-Staaten das Protokoll nicht ratifizieren würden. Die Bundesrepublik würde sich dann dem Vorwurf aussetzen, nicht alles Mögliche getan zu haben, um die eigene Bevölkerung zu schützen. Die Abgabe einer Nuklear-Interpretation scheint mir daher nicht erforderlich. Da sie m. E. eher schaden als nutzen würde, bitte ich Sie, den Sachverhalt noch einmal eingehend zu prüfen. Mit freundlichen Grüßen.«

Von einem anderen Abgeordneten hatte ich inzwischen erfahren, daß Feldmann sich als ›Wagemutiger‹ der Stimme für die NATO-Nachrüstung enthalten habe. Er hätte ›Ambitionen‹, von seiner Partei in den Unterausschuß entsandt zu werden. Der bisherige F.D.P.-Vertreter sei ›nie gekommen‹, wußte einer, der im Ausschuß saß.

Der Dr. Josef Ertl sei der neue F.D.P.-Vertreter im ›Ausschuß für Abrüstung und Rüstungskontrolle‹ hatte mir schließlich eine nervös gewordene Vorzimmerdame im Büro Dr. Feldmann gesagt. An den solle ich mich halten.

Den früheren Landwirtschaftsminister der Liberalen hatte ich gut vor Augen. Breit und bayrisch sagte er mir armem Preußen: »Meister, ich hoab groad koeine Zeit.« Er sei gerade unterwegs nach Haus, da wolle er im Bayrischen Urlaub von Bonn machen. Erstmals habe er im Unterausschuß gesessen. Natürlich werde er sich erst einarbeiten müssen. Über Details zum Genfer Abkommen müsse man wohl später noch einmal reden. Es sei ja gar nicht der Inhalt, sondern die ›Auswirkung auf den nuklearen Sektor‹, die ›Probleme‹ bringe.

»Die zivile Bevölkerung soll ja konventionell und nuklear nicht anders behandelt werden.« Ich hörte die Schweißperlen auf Ertls Stirn. Mehr könne er mir im Moment nicht sagen, schon aus Zeitgründen.

»So ein Quatsch«, sagte mir ein anderer, gesprächigerer Ausschußvertreter, »der Jupp hat doch die Bauernzeitung gelesen und gepennt und dann geguckt, wie stimmen die Unionsbrüder, Arm hoch und fertig. Der hat doch wirklich überhaupt keine Ahnung.«

Ich hatte mich während meiner Suche schon fast daran gewöhnt, es mit Dickfelligkeiten in jeder Form zu tun zu haben, wenn es um das Thema Schutz vor einem Atomkrieg ging. Aber es zu verschlafen wie Josef Ertl! Das wäre mir auch fast passiert.

Egon Bahr war nicht zu sprechen. Statt dessen rief mich der Regierungsdirektor Peter von Schubert an, der ›Sekretär des Unterausschusses für Abrüstung und Rüstungskontrolle« ist. Er erklärte mir in netter Form, daß Herr Bahr es nicht für den rechten Zeitpunkt halte, an die Öffentlichkeit zu treten. Nur soviel könne er sagen, eine ›Nuklear-Erklärung‹ sei »nicht gut für unser Land, die Nation«, die Ratifizierung des Zusatzprotokolls hingegen aber »gut für das DRK und den Zivilschutz«. Peter von Schubert erstaunten meine Fragen kaum, schon eher, daß ich die ›Petition Schneider‹ kannte.

Anfangs, daran konnte sich der Regierungsdirektor von Schubert noch genau erinnern, habe Egon Bahr gar nicht so genau verstanden, worauf der Ministerialrat Schneider eigentlich hinaus wollte. Auch die Detailversessenheit des Zusatzprotokolls habe ihn gestört. »›Der Kreml ist kein Advokatenbüro‹, hat er gesagt. Es hat eine ganze Weile gedauert, bis er begriffen hat, was das für Abrüstungsdiskussionen für Bedeutung haben kann und was das für die Anhänger der Ideologie, die sich lieber auf die Kontrolle durch Waffen als die Kontrolle der Waffen verläßt, bedeutet.«

Welche Position Egon Bahr gegenüber dem Zivilschutz vertrete, wußte Peter von Schubert allerdings nicht so genau. »Bahr ist auf jeden Fall auf der Baudissin-Position: keinen Pfennig zuviel für den Zivilschutz.«

Ich hängte enttäuscht auf. Den früheren General Wolf Graf von Baudissin hatte ich an der Universität Hamburg kennengelernt, wo er als Direktor des Instituts für Friedensforschung und Sicherheitspolitik lehrte. Es war gewiß ein Vergnügen, seinen brillanten Analysen zuzuhören. Aber es gab eben Punkte, an denen seine Herkunft in ihm durchkam. Der Zivilschutz war so einer.

In einem Aufsatz ›Betr.: Zivilschutz/Anfrage eines Bürgers‹ hatte er beispielsweise dem anfragenden Bürger nur abschlägiges, dafür strategisches mitzuteilen: »Ich wende mich gegen die Überbetonung der Katastrophe ›Krieg‹, weil ich fürchte, (...) daß es

84

Absender:

Postkarte

Ernst Kabel Verlag GmbH
Hütten 86

2000 Hamburg 36

Ich möchte mich auch über andere Titel aus Ihrem Verlag informieren, insbesondere interessieren mich Ihre künftigen Neuerscheinungen, und ich bitte um Zusendung von Prospekten.

Folgende Themenbereiche interessieren mich vor allem:

☐ Biografien über Persönlichkeiten unseres Jahrhunderts

☐ Aktuelle Reports aus den Bereichen Politik, Gesellschaft, Umwelt

☐ Reisen und Abenteuer

☐ Schiffahrt und Schiffahrtsgeschichte

☐ Kultur und Geschichte Norddeutschlands und Hamburgs

Zutreffendes bitte ankreuzen

Datum   Unterschrift

P.S. Diese Karte habe ich folgendem Kabel-Buch entnommen:

---

einen hinreichenden Schutz vor den Verwüstungen eines längeren konventionellen oder auch nur kürzeren Nuklearkrieges nicht gibt, daß aber ein einmal ausgebrochener Krieg nach Ausdehnung und Intensität kaum zu steuern sein wird, daß die beträchtlichen und dennoch ungenügenden Aufwendungen für den Zivilschutz – man spricht von einem Minimum von 6 Milliarden pro Jahr – auf Kosten der Kriegsverhütungsvorkehrungen, also der Glaubwürdigkeit der Bündnisabschreckung gehen. (...) Man würde unter Umständen – um der Milderung etwaiger Kriegsfolgen willen – den Krieg wahrscheinlicher werden lassen.«

Ich rief Henning Schierholz ein zweites Mal an. Diesmal wollte ich nichts Bestimmtes. Für die Presse-Erklärung bedankte ich mich und erzählte ihm von Verheugens ›Erklärung‹. Eigentlich aber war mir nur wichtig, mit ihm zu sprechen: Es kam mir so unglaublich anmaßend vor, mit welchen Worten und welchen Ansprüchen Abgeordnete über Schicksalsfragen der Menschen in diesem ihrem Land verhandelten. Schierholz hatte diesen Ton nicht. Er wollte mich überzeugen, daß nicht einmal in der CDU der Lack so glänzend war, wie er vorgezeigt wurde. »Da gibt es auch Widersprüche.« Doch so genau wußte er das nicht. Man höre es eben ab und an. Ich solle mal bei Jürgen Todenhöfer nachfragen, von dem hieß es, er sei eigentlich nicht mit dem ›Vorbehalt‹ einverstanden.

Sollten jemand die kleingeistigen Gefilde der ›Fraktionsdisziplin‹ wichtiger sein als ein internationales Völkerabkommen, das Massenvernichtungswaffen ächtet?

Ich rief Dr. Jürgen Todenhöfer mehrfach an, doch seine Vorzimmerdame vertröstete mich Mal um Mal. Dann sprach ich dem Abgeordneten mein Anliegen auf den Anrufbeantworter.

Schließlich rief er doch an: »Ich hab' Sie angerufen, um Sie zu enttäuschen. Ich weiß, daß ich Ihnen keine Auskunft geben kann. Es ist mein Grundsatz – das ist auch ein Brauch –, weil dieser Unterausschuß ein streng geheimer, vertraulicher, außerordentlich wichtiger Ausschuß ist, in dem man normal vertraulich miteinander umgeht – grundsätzlich nie Stellung zu nehmen zu Dingen, die im Unterausschuß besprochen worden sind. Grundsätzlich nicht. Ich wollt' Ihnen aber aus reiner Höflichkeit selber sagen, daß ich nichts dazu sagen werde.«

Von Vorne- und Vorwärtsverteidigung

Ich saß in Antjes umgeräumtem Zimmer. Sie hatte zwei Stühle mit runden Lehnen, die gleichzeitig als Armstützen dienten, zu einem kleinen runden Tisch auf das Podest am Fenster gestellt. Ich trank Kaffee und sah hinaus. Es war Mittagszeit. Die Straße war menschenleer, die Autos fuhren seltener. Ein wenig Weihnachtsgebäck stand neben der Halb-Liter-Milchflasche mit der letzten langstieligen Rose aus unserem Garten.

Ich blätterte in den Notizen zur Frage bei den politisch Verantwortlichen nach dem Zivilschutz oder dessen Notwendigkeit. Keine Frage war geklärt. Außer der Tatsache, daß Zivilschutz betrieben wurde und keiner präzise sagen mochte, aus welchem Grund und zu welchem Nutzen. Zwischen den Zeilen war nur Uneinigkeit über die Verantwortung für das konzeptlose Tun zu lesen.

Der Politiker vor Ort verwies auf den Bund, obwohl jener Bunker in seinem politischen Einflußbereich baute. Das Land hatte sie beantragt, gab aber gleichzeitig dem Zivilschutz keine Chance. Statt dessen wurde Katastrophenschutz betrieben, den der Bund aber dann jederzeit als Zivilschutz einsetzen könnte. Im Bund war der Innenminister zuständig, obwohl Zivilschutz Bestandteil der Gesamtverteidigung war. Der Verteidigungsminister, der nicht für Zivilschutz zuständig war, setzte aber auf Abschreckung und weniger auf Zivilschutz, der zwar wichtig, aber zu teuer sei. Der Außenminister wollte völkerrechtlich die Bevölkerung geschützt wissen, ohne aber den Waffen des Verteidigungsministers abzuschwören, die eine Bedrohung der Bevölkerung des Innenministers ausmachten, die der Verteidigungsminister aber für die Abschreckung brauchte. Und dazwischen gab es die zahlreichen Abgeordneten, die mit der Fraktion, der Verschwiegenheit, der Einarbeitung, der knappen Zeit, der Höflichkeit, mit Presse-Erklärungen und Völkerrechts-Erklärungen zu tun hatten. Es gab ›richtige‹ und ›falsche‹ Standpunkte zum Zivilschutz. Andererseits gab es davon zu wenig.

Ich überlegte, was ich zum Mittagessen kochen sollte. Wenn die Geschäfte wieder aufmachten, wollte ich gleich losgehen. Der Hunger war schon ziemlich groß.

Ich war müde geworden von der Nachfrage bei den Politikern. Es war anstrengend, ihre Sprache zu verstehen, ihre Terminsorgen und Eitelkeiten oder allein den Umstand, daß sie über den Zivilschutz der Bürger diskutierten, ohne auch nur mit einem Bürger gesprochen zu haben.

Immer wieder war das Ergebnis der Suche nach einem Schutz im Atomkrieg, daß es keinen Atomkrieg geben werde, ich also keinen Schutz brauche.

Der Berater des US-Präsidenten Ronald Reagan, Henry Kissinger, kommentierte im ›Spiegel‹: »Das Nuklearzeitalter zwingt den Politiker, gleichen Abstand zu halten zu einer Gefühllosigkeit, die eine mögliche Massenvernichtung auf die mathematische Gleichung eines Technikers reduziert, und zu einem Nihilismus, der sich um des Überlebens willen dem Totalitarismus unterwirft.«

Ich hatte das mehrmals gelesen. Warum sollte ein Zeitalter, und sei es auch ein nukleares, einen Politiker zu irgend etwas ›zwingen‹? Er war frei gewählt. Die ›Gefühllosigkeit‹ hatte Kissinger sicherlich richtig beobachtet. Sie gehörte zu dem irrsinnigen Willen, also eben nicht dem ›Nihilismus‹, die Menschheit um des ›Überlebens willen‹ eventuell zu vernichten. Warum sollte sich eine Demokratie, die verteidigt werden soll, diesem ›Totalitarismus unterwerfen‹, also schon ihren Bestand mit der Verteidigung aufgeben?

Auch für den Zivilschutz sah Kissinger nur Zwänge: »Selbst wer – wie ich – zugibt, daß ein vollständiger Schutz unserer Zivilbevölkerung unerreichbar ist, wird einsehen müssen, daß die bloße Existenz eines Abwehrsystems jeden Angreifer zwingt, Pläne für dessen Zerstörung zu schmieden.« Warum sollten Militärs sich ›gezwungen‹ sehen, sich nicht gegenseitig zu bekämpfen, sondern die Zivilbevölkerung anzugreifen? Ging denn nicht die NATO davon aus, daß Angriffe auf die Zivilbevölkerung unmoralisch wären – es sei denn, es handele sich um Vergeltung, die Zeit, wenn es für jede Moral angeblich zu spät war.

Kissinger schrieb weiter: »Ein Abwehrsystem für den Schutz der Zivilbevölkerung müßte notwendigerweise von annähernd hundertprozentiger Wirksamkeit sein. Dagegen würde ein Abwehrsystem, das nur 50 Prozent aller landgestützten Raketen und Militärflughäfen erfolgreich schützte, die Abschreckung gewaltig vergrößern. Die Versuchung, einen Erstschlag auszulösen, wird deutlich, vielleicht sogar entscheidend geschwächt, wenn der Angreifer davon ausgehen muß, daß die Hälfte aller gegnerischen Interkontinentalraketen jeden denkbaren Angriff überstehen würde.«

Ich verstand nicht, warum Kissinger ausgerechnet im Herbst 1984 solche Gedanken bewegten und der ›Spiegel‹ eine Veranlassung gesehen hatte, den ›Kommentar‹ zu drucken. Denn funktionierte etwa die Abschreckung augenblicklich nicht? Weil nicht die Bomben, sondern einige Bürger verbunkert waren? Und waren nicht schon Mitte der siebziger Jahre die US-amerikanischen Interkontinentalraketen verbunkert worden, die Idee also längst hinfällig, weil realisiert? War nicht die Stationierung von Cruise Missiles und Pershings im Mitteleuropa eben die von Kissinger erst vorhergesehene, doch längst vollzogene Konsequenz der Verbunkerung sowjetischer Interkontinentalraketen? Entweder Kissinger wollte mit alten Hüten Dollars beim ›Spiegel‹ abstauben oder es gab einen anderen Grund, durch die Hintertür einen drohenden Erstschlag der Sowjets auszumalen.

Die UNO-Vollversammmlung hat 1981 den Ersteinsatz von Atomwaffen in einer Deklaration als ›schwerstes Verbrechen gegen die Menschheit‹ qualifiziert. Die UdSSR hat daraufhin 1982 ihren Verzicht auf den ›Erstschlag‹ erklärt. Doch die Vereinigten Staaten und NATO-Partner wie die Bundesrepublik wollen sich ›diese Option offenhalten‹, wie diplomatisch die Massenvernichtung umschrieben wird. Antje rief an. Sie käme in einer halben Stunde nach Hause, ob ich schon wüßte, was wir essen wollten. Ich bat um Nachsicht, daß ich mich mit Kissinger befaßt hätte. Kassler mit Kohl wäre ihr lieber gewesen, aber wir würden erst einmal einen Salat essen. Sie habe schon Chicoree eingekauft. Den mag ich nicht.

In meinem Zimmer habe ich eine Mappe liegen, in die ich Zeitungsartikel und anderes lege, die ich für wichtig halte, aber erst später einmal lesen möchte. Da war ein Bericht der auflagenstärksten bundesdeutschen Zeitschrift, der vierzehntägig erscheinenden gewerkschaftseigenen ›metall‹, über ›Die größte Aufrüstung aller Zeiten‹. Bis zum Jahr 2000 solle der Bundesbürger jährlich für neue Waffen, Munition, Flugzeuge und Panzer zwischen 400 bis tausend Milliarden DM ausgeben. Der Generalinspekteur der Bundeswehr, General Altenburg, habe eine ›Bedrohungsanalyse‹ vorgelegt, die gravierende Schwächen der Verteidigung gezeigt hätten: die Munition reiche nur für wenige Tage und die Bundeswehr brauche Raketen, um frühzeitig Militärflugplätze jenseits der Elbe und weiter östlich zerstören zu können.

Der Artikel erschien am 21. September 1984, drei Tage vor dem Kissinger-Kommentar, und er lieferte eine Spur, warum er das Versagen der Abschreckung und den Angriff der Sowjets ohne eine militärtaktisch neue Situation plötzlich entdeckt hatte: Es gab eine Änderung der NATO-Doktrin, die nur durch äußeren Druck zu rechtfertigen sein würde. Die ›metall‹ zitierte eine Rede des Verteidigungsministers Manfred Wörner (CDU), die er gerade in Washington gehalten hatte – wer hier wen geistig befruchtet hatte, Wörner Kissinger oder umgekehrt, war egal angesichts des Tonfalls, den die ›metall‹ einem ›schneidigen Kriegsherrn‹ zuschrieb. Wörner sagte: »Unsere Position ist folgende: Erste Priorität hat die Bekämpfung der ersten Staffel (gemeint ist die sowjetische Vorhut, d. A.), zweite Priorität die Bekämpfung der feindlichen Luftstreitkräfte am Boden – das heißt Gegenangriff – und dritte Priorität die Bekämpfung der Streitkräfte der zweiten Staffel an Engstellen.«

Die ›zweite Staffel‹ werden die Truppen genannt, die nicht am Angriff beteiligt sind, aber bereitstehen, vernichtete Truppenteile der ›ersten Staffel‹ vollständig zu ersetzen. Sie stehen weit im Hinterland. Aus der NATO-Doktrin der ›Vorne-Verteidigung‹, der Abwehrung eines Angriffes schon an der Grenze, war so handstreichartig eine ›Vorwärts-Verteidigung‹ geworden, die den Einsatz von taktischen Atomwaffen zur Voraussetzung hatte – das Todesurteil für die Zivilbevölkerung.

Vor der Bombe sind alle gleich
Runtergebetetes

Da, wo heute das Kirchenkreisamt residiert, war früher eine grau gewordene, bewachsene Kirche ohne großen Turm. Zur einen Seite lag sie an einer engen Straße, fiel kaum auf zwischen den anderen nicht hohen Miethäusern. Nach hinten war eigentlich nichts. Die Menschen hatten sich an das Trümmergrundstück gewöhnt.

Dann war da lange Jahre noch weniger gewesen. Die Menschen hatten sich plötzlich empört, als die alte kleine Kirche eingerissen und ein so tiefes Loch gegraben wurde, daß es hieß, es sei der Eingang zur Hölle.

Die Innenstadt wurde ›saniert‹. Vor der Kirche verschwand die schmale Gasse. Während ein Bauzaun den Blick in das riesige gähnende Loch versperrte, wurde aus der buckeligen Pflasterstraße eine schiere geklinkerte Fußgängerzone. Nach hinten, wo manche auf ihre Busse warteten, die wegen der Bauarbeiten umgeleitet wurden, gossen Maschinen Spur um Spur Asphalt, bis es sechs breite Bahnen waren, an deren Rand die Wartenden noch wartender wirkten.

Der ›Innenstadtring‹ war schon befahren, da wuchs hinter dem Zaun das Haus gegen den Himmel empor, so hoch, wie kaum ein Haus in der Gegend war. Und gleichzeitig, das lag wohl in der Statik der Sache, ging es in die Breite. Es sah aus, als entstände das Bürohaus einer reichen Ölgesellschaft, die Filiale einer gutgehenden Versicherung oder eben noch ein Neubau für die Behörden.

Eine große Holztafel sagte, daß es das ›Haus der Kirche‹ werde. An diesen Namen hat sich kaum jemand gewöhnt. Wer sich hier verabredet, nennt das Café, das zur Autostraße hin liegt, oder die

Boutique, die einen Stock tiefer auf der Ebene der alten Gasse ihren Eingang hat.

Es gab einen anderen Eingang, der versteckter lag. Man mußte eine schmale Treppe hinabsteigen wie zu einem Fahrradkeller, oder man sah von der Fußgängerzone die breite Glastür, mit den Plastikgriffen, zwischen Boutique und Bäckerei.

Ich stieg die Stufen. Die Häuser auf der anderen Straßenseite sahen durch die großen Flurfenster wie Spielzeug aus. Im dritten Stock ging es durch eine große Glastür ins ›Kirchenkreisamt‹. Der junge Mann am Empfang war überrascht, daß jemand kam.

»Ich suche meinen Bunker«, sagte ich langsam, weil er mich ansah, als wolle er sich Notizen machen. Er war nicht verwundert, sondern fragte wie selbstverständlich und voll unaufdringlicher Höflichkeit, was mich zu ihm geführt habe.

Ich erzählte, daß doch das Haus so weit noch unter den ›Innenstadtring‹ reiche, es darunter wohl noch eine Tiefgarage gäbe und immerhin auch eine Verbindung zum S-Bahn-Schacht. »Hm«, machte er und sagte, die S-Bahn sei doch ein Bunker. Von dem fehlenden Bunkerwart mußte ich berichten und das in den Behörden kein Schutz zu finden sei.

»Ich weiß nicht, ob die Tiefgarage ein Bunker ist«, sagte er und zeigte Interesse. Er kam um den Tresen herum und führte mich ein paar Schritte um drei Ecken in einen dunklen Flur ins ›Bauamt‹. Ich war verwundert, daß es so etwas gab. Er wies auf eine offenstehende Tür am Ende des Ganges und drehte sich plötzlich um. »Ich muß wieder zurück«, sagte er mit leiser Stimme, als dürfe niemand hören, daß er hier sei.

Der Leiter der Abteilung war ein distinguierter, freundlich lächelnder Herr. Er war von seinem kleinen Schreibtisch aufgestanden und hörte sich wortlos an, daß und wo ich nach einem Bunker suchte. »Das kommt darauf an, was man unter einem Zivilschutzraum versteht«, sagte Herr Marquordt ohne jede Anknüpfung und blieb sich eine Antwort schuldig. Er verwies mich auf die S-Bahn, und wieder mußte ich darüber aufklären, was die Behörde bisher versäumt hatte.

»Wie kommen Sie eigentlich auf die Idee, einen Schutzraum zu suchen?« Herrn Marquordt schien das wirklich zu interessieren.

Er hatte ohne Vorwurf gefragt, sein Lächeln hatte nichts Mokantes. Ich erzählte und erzählte, während er schwieg. »Nein, wir haben nicht tief gebaut«, sagte er schließlich bestimmt, »nur sieben Meter unter der Straßenkrone der Hölertwiete. Wenn man die Flachgründung berücksichtigt, wäre es acht Meter. Wir haben ganz normale Decken, keinen Strahlenschutz.« Herr Marquordt lachte kurz gereizt. »Ich meine, man kann das machen. Nur der Aufwand für solche Schutzräume, wenn sie – was weiß ich – zwanzig Atmosphären Druck aushalten sollen und Strahlung, der ist wirklich immens!«

Ich sagte, daß die Kirche nicht alleine wäre, wenn sie Schutz gewähren wollte, der Staat gäbe doch Zuschüsse. »Das glaube ich nicht«, sagte er, der in einem Haus des Glaubens arbeitete.

»Für einen normalen Schutz wäre das Tiefgeschoß vielleicht geeignet, aber gegen A-Bomben«, grübelte Herr Marquordt. Allmählich schien er belustigt zu sein über die Vorstellung, die Tiefgarage hätte ein Atombunker werden können.

Das ärgerte mich, und ich wurde grundsätzlich: ob es denn so etwas wie eine ›Haltung‹ der Kirche zum Schutz des Lebens gäbe, man höre doch gelegentlich im anderen Zusammenhang davon.

»Sicher ist die Kirche für den Schutz des Lebens – nur ist es nicht Aufgabe der Kirche, Schutzräume zu bauen. Da fühlt sich ja nicht mal der Staat zuständig. Die reden zwar immer von Sicherheit! Die gibt es nicht. Selbst wenn sie Schutzräume bauen: wenn eine Bombe unmittelbar in dem Bereich drauffällt, ist das hoffnungslos. Hoffnungslos! Mag sein, daß es in Randbereichen ein Überleben gibt. Nur ich frage Sie: wie lange wollen Sie überleben? Wenn nichts mehr da ist – was soll das dann? Sie kommen dann da rausgekrochen – ich stell' mir das nicht schön vor.«

Ich gab zu bedenken, daß in NATO-Plänen immer wieder von ›atomaren Demonstrationen‹ die Rede sei, etwa einer Atombombenexplosion über der Ostsee, um dem Warschauer Pakt die ›Ernsthaftigkeit‹ der Verteidigungsabsicht zu beweisen. Es gäbe für Hamburger in Bunkern dann Schutz vor Fall-Out. »Das sind so Spielereien«, sagte er bestimmt. »Ich seh' da keine Möglichkeiten, sechzig Millionen Menschen in der Bundesrepublik so zu sichern, daß sie überleben könnten.«

Wir schwiegen einen Augenblick, obwohl weder er noch ich so recht darüber nachdachten. Wir hatten den Satz wohl schon zu oft gehört.

Ich zuckte mit den Achseln und fragte noch, wieso es eigentlich ein kirchliches Bauamt gäbe, das behördliche müsse doch reichen. Herr Marquordt nahm den Ball nicht auf. Kurz sagte er, es gebe eben so viele Gemeinden im Kreis mit vielen Gebäuden – da fielen viele Aufgaben an, vom Neubau bis zur Instandhaltung. Ich blickte über die Aktenschränke hinter ihm und wußte, daß ich ihn aufgehalten hatte.

Am Eingang wartete der junge Mann auf mich, der hier im Halbdunkel der fensterlosen Flure wahrscheinlich seinen Zivildienst ableistete. Er lächelte wieder und fragte, ob ich ›Erfolg‹ gehabt hätte. Ich verneinte, und er war gar nicht traurig deswegen – wir lachten.

Ich stiefelte wieder die Treppen hinab und blickte auf die kleinen Häuser vor den Fenstern. Welcher Architekt mochte sich wohl an diesem Haus Gottes erbaut haben? Es fiel mir schwer zu glauben, daß in diesem Haus das Wort ›Himmel‹ fiel. Da saßen die Kirchenoberen nun buchstäblich über der Gemeinde, und unten wurde ganz unheilig teure Miete für Boutique, Buchladen, Bäcker oder Parkplatz kassiert. Daß in dieser Weltlichkeit nicht an einen Bunker gedacht worden war, schien mir das einzig glaubensfeste an dem massigen Gebäude zu sein.

»Man muß den Glauben auf Bild-Zeitungsebene zur Diskussion stellen.«

Als ›freier‹ Journalist möchte ich gelegentlich wissen, welche Anstellungen ich so versäume. Manchmal verwirren mich die Anzeigen in den Wochenzeitungen, meistens aber bin ich beruhigt.

Ich saß neben dem molligen Kachelofen. Ein Apfel brutzelte in der Röhre. Das ›Deutsche Allgemeine Sonntagsblatt‹ war diesmal mit einer ›Verlagsbeilage Berufschancen '85‹ erschienen. Ein

Beitrag über die steigende Akademikerarbeitslosigkeit amüsierte mich, weil ich rätselte, welchen Beruf wohl die Autorin verpaßt hatte. Er handelte von dem verzweifelten Völkchen der Politologen, dem ich auch angehöre.

Mein Blick rutschte eine Spalte tiefer in die Anzeigen-Rubrik ›Kirchlicher Dienst‹: ›Anstiften zum Frieden!‹ lautete eine dicke Überschrift. Ich hätte wohl gar nicht weiter gelesen, wenn nicht der Aphorismus mir die Frage aufgedrängt hätte, welcher Beruf im ›Kirchlichen Dienst‹ sich dahinter wohl verbarg. Verwirrt las ich: ›Jetzt Militärpfarrer werden für 8 bis 12 (6 bis 10) Jahre.‹ Solch eine ›Berufschance '85‹ hatte ich nicht erwartet.

»Ihre Gemeinde: Männer, vor allem junge Männer, mit besonderen Fragen und Problemen, die Familien der Zeit- und Berufssoldaten«, hieß es bündig. Es war ein flotter Anzeigentext. Der Pfarrer solle das Evangelium sinnigerweise ›an den Mann bringen‹ und zwar ›unkonventionell‹. Als ›Anreger‹ solle er in der Erwachsenenbildung für ›Bewußtseinserweiterung‹ und ›Glaubensinformation‹ sorgen – zwei mir ziemlich eigenwillig scheinende Produktnamen. Mit dem ersteren, ›Bewußtseinserweiterung‹, hatten immerhin Sekten wie ›Transzendentale Meditation‹ große Gemeinden gewonnen.

Es wurden Theologen gesucht, die ›Fragen politischer Ethik mit dem Suchen nach berufsethischer Orientierung und persönlicher Lebensgestaltung der Soldaten‹ verbänden. Dafür wurde die ›entsprechende Vergütung eines Bundesbeamten auf Zeit‹ geboten, ›wenig Verwaltungsarbeit‹, ›brüderliche Gemeinschaft im Konvent‹ und, ganz im Stil der neuen Zeit, ›herausfordernde Tätigkeit‹. Am Schluß hieß es jovial »Rufen Sie mal an: 02 28 / 81 43 40, Militärdekan Friedrich Karl Scheel, Evangelisches Kirchenamt für die Bundeswehr, Godesberger Allee 107 a, 5300 Bonn 2.«

Hatte ich schon nicht gewußt, daß es ein kirchliches ›Bauamt‹ gab, so irritierte mich noch mehr, daß ein Kirchenamt eigens für die Bundeswehr existierte, bei dem die Pfarrer nicht im Sold des Herrn, sondern des Bundesverteidigungsministers standen.

Die weihnachtliche Stimmung, die sich im Zimmer mit dem Duft der gefüllten Bratäpfel und der Schokosoße süßlich breitmachte, ging mir aus den Sinnen. Gewiß brauchten Militärs vielleicht mehr Seelsorge als andere Berufsgruppen, doch mir widerstrebte der Gedanke, ein Beamter wolle in einer Kaserne wie ein Staubsaugervertreter das Evangelium an den Mann bringen.

Ich ruckelte ein wenig im Sessel hin und her, während ich mir ausmalte, wie ›unkonventionell‹ das wohl vor sich gehen würde.

Ich griff zum roten Telefon, das neben dem Sessel am Ofen auf den Bücherborten steht.

Der Militärdekan Scheel meldete sich knapp. Seine Stimme klang freudig, als ich erzählte, daß ich die Anzeige gelesen hatte. »Die Zahl der Bewerbungen hält sich noch in Grenzen«, sagte er, aber er war sich sicher, daß es bald anders sein würde. Gerade erzählte er mir, daß in ›Nordelbia‹, in Hamburg-Wentorf, Uetersen und Flensburg noch ›Stellen frei‹ seien, als ich ihn aufklärte, daß ich kein Bruder sei. Er war ein wenig enttäuscht, aber neugierig.

»Ich stelle mir das Militärpfarrer-Sein sehr anstrengend vor. Man hört doch immer wieder, daß die Moral in der Truppe nicht sehr gut ist«, sagte ich. »Das hängt natürlich damit zusammen, daß wir den Wertekonsens früherer Generationen nicht mehr haben. Wenn heute einer 'ne andere Meinung hat, dann sieht das gleich ›unmoralisch‹ aus. Denn wer honoriert das schon, daß ein junger Mensch fünfzehn Monate für die Gemeinschaft opfert – und es ist ja für die meisten, soweit sie nicht aus der Arbeitslosigkeit kommen, ein echtes Opfer – und wenn sie dann noch ein bißchen hart hergenommen werden, ist die Stimmung nicht gerade die beste, das kann man auch wieder verstehen. Ich würde aber sagen, es gilt immer noch, daß, wenn die Soldaten gefordert werden, sie auch schon ihre Leistung bringen. Nur macht man sich ja nicht klar: Sinn der Wehrpflicht ist es, anderthalb Jahre für die NATO Wache zu schieben – und Wacheschieben war noch nie was sehr Interessantes. Wir wirken darauf hin, daß die Soldaten in ihrem Dienst nicht geistig verunglücken.«

Mich ärgerte, daß ein Pfarrer die Frage nach Moral beantwortete wie ein Truppenkommandeur beim Kompaniegrillabend für Lokaljournalisten.

»Das sind ja wohl keine ehemaligen Kriegsdienstverweigerer, die sich bei Ihnen zum Dienst melden? Das Theologiestudium ist

ohnehin schon Befreiungsgrund für die Bundeswehr.« Militärdekan Scheel hatte die Frage nicht recht verstanden, er fragte nach
und antwortete dann gelassen: »Kaum, kaum. Hin und wieder
kommt mal einer vor. Das Problem ist natürlich, daß Pfarrer nie
selber diesen Entscheidungsprozeß durchgemacht haben – meistens haben wir gestandene Gemeindepfarrer, da staun' ich selber drüber, die, weil sie die ganze Friedensdiskussion erleben, sagen, nun muß sich doch mal jemand um die Soldaten kümmern.
Das ist eine gesunde Motivation, warum die zu uns kommen. Die
sehen, daß es eine Notwendigkeit ist, daß die Leute begleitet
werden bei der Bundeswehr.«

Vor dem Herrgott wie vor der Bombe waren alle gleich – was
die Wirkung anging, nicht aber das geistige Rüstzeug.

Ich begann zu fürchten, mir würden die Äpfel im Ofen anbren-
nen. Noch war es nicht zu spät, aber vielleicht zu früh, um das
Gespräch zu beenden. Ich fragte, wie denn die Ausbildung der
Militärpfarrer und ihr Dienst sei. »Wir lassen die jetzt sechs Wochen hintereinander, also so dreimal zehn bis elf Tage, in den neuen
Dienst einweisen, weil sie ja doch noch sehr in Sachen Bundeswehr
mitbringen: das ist viel Seelsorge und Beistand, aber auch viel Un-
terrichtstätigkeit, besonders ›Lebenskundlicher‹, und Gottes-
dienst, aber am interessantesten sind die ›Rüstzeiten‹, nech, wo die
Soldaten über mehrere Tage Sonderurlaub bekommen und die
Themen vertieft werden können. Während der Einweisung wird
vor allem das Thema ›Seelsorge und Innere Führung‹ abgehandelt,
theologische Grundlegung, von der Bibel über die Zwei-Reiche-
Lehre, Heidelberger Thesen und Friedensdenkschrift der EKD.
Da werden auch zwei Tage auf dem Übungsplatz verbracht, mal so
der Truppenalltag vorgeführt und auch zur Kenntnis genommen,
was man selber unter Umständen wissen muß, wenn man 'ne
Truppe aufstellt. Sternstunde war diesmal, daß der frühere Generalinspekteur der Bundeswehr, der General a. D. de Maizière, da-
zukam und mal über sein Leben berichtet hat und die Implikationen
für einen evangelischen Soldaten.«

Es mußte doch mehr im Kirchenamt für die Bundeswehr gemacht werden, als die Soldaten in der Kunde vom Leben zu unter-
richten, sich mit ihnen ein paar Tage zu rüsten' oder im Ge-

lände in der Manöverpause Bibelverse zu lesen. Was war das ethische dahinter, daß Militärpfarrer der Truppe bringen sollten?

»Wenn man das sehr schlicht, einfach sagt, ist das Grundargument immer noch das fünfte Gebot – positiv gewendet, daß man für seine Mitmenschen in der Schutzfunktion da ist, damit nicht getötet und nicht Krieg geführt wird. In der nächsten Etage sind schon die ›Heidelberger Thesen‹ dran: daß man die Komplementarität beider Seiten aushalten muß und im Effekt der Soldat immer noch mehr für die Friedenssicherung der Gemeinschaft tut als der Kriegsdienstverweigerer, der irgendeinen Sozialdienst tut – wenn man die Effekte vergleicht, wenn man die Gewissen vergleicht. Und vielleicht ist der höchste Gesichtspunkt, daß man aus gesamtmenschlicher Verantwortung für den Weltfrieden seinen Einsatz als Soldat versteht – ich würde mal sagen – als Vorläufer irgendeiner Weltpolizei, die man sich ja mal vorstellen müßte, wenn die Weltaußenpolitik zur Weltinnenpolitik würde.«

Mir wurde schwindelig. Ich mochte gar nicht daran denken, was sich politisch hinter dem Gedanken verbarg, Außenpolitik als Innenpolitik zu betrachten und sich als ›Weltpolizei‹ zu gerieren. Einen kleinen Vorgeschmack hatte der US-Präsident Ronald Reagan 1983 gegeben, als er den Bau eines Flugplatzes auf der kleinen Karibik-Insel Grenada zum Anlaß nahm, dort einzumarschieren. Ich murrte, und Dekan Scheel sagte munter: »Das wären die verschiedenen Ebenen, wie man argumentieren kann, wenn ich mal jetzt so aus dem Ärmel schüttele. Sie sind bei mir natürlich eigentlich am Falschen: ich bin ja nicht der Mustertheologe der Militärseelsorge, sondern der Personalreferent.« Er lachte herzlich.

»Sind denn nicht die Militärpfarrer innerhalb der Kirche Männer auf verlorenem Posten?« Scheel sagte gequält »Jah« und fing sich gleich wieder mit einem räuspernden Lachen: »Naja, vielleicht, wenn man durchzählt! Aber man kann auch immer wieder mit den vielen rechnen, die nicht so laut schreien, und wer Soldaten in der Familie hat, denkt doch nicht so ganz negativ über diese Geschichte.«

Daß es eine ›schweigende Mehrheit‹ geben würde in einem Berufsstand, der doch auf Verkündigung angewiesen war, hatte ich nicht gedacht. Mich interessierte, ob das wohl die einfachen Gemeindepfarrer waren, von denen der Militärdekan vorher so verwundert gesprochen hatte. Gingen sie also ohne Widersprüche in den Militärdienst oder ohne Widersprüche später zurück in die Gemeinden?

Dekan Scheel lachte: »In den Gemeinden geht es ja mehr ›linkisch‹ zu als ›rechtlich‹. Da muß sich einer doch schon ein bißchen umstellen. Ich finde, das ist ein ganz gesunder Prozeß, daß man da bei seinen Soldaten lernt, auf ihre Mentalität einzugehen. Mit großen Worten ist nichts getan. Das geht ins Diakonische: man muß verstehen, wo der Schuh drückt, um ihnen dann mit Rat und manchmal auch mit Tat behilflich zu sein. Da gehen Pfarrer eher mit Widersprüchen rein. Es ist die Ausnahme, wenn einer säuerlich davon geht, die haben dann entweder nicht ganz die Etage erreicht, die sie wollten und rationalisieren das dann mit Vorurteilen gegen die Bundeswehr, unter Umständen auch gegen die Militärseelsorge. Oder sie hatten Personalärger mit uns. Wir sind ja sozusagen die hierarchischste kirchliche Organisation, die es in der Bundesrepublik gibt – das macht manchem ein bißchen Beschwerden, auch wenn wir das nicht so streng vollziehen, aber hier und da gibt es einen kleinen Ärger. Ich hab' das eigentlich noch nicht erlebt, daß jemand rausgeht und sagt, die Militärseelsorge war eine verlorene Zeit, sondern für einen Pfarrer ist die Auseinandersetzung mit der jungen Generation und der Männerwelt, die er sonst wenig in seiner Gemeinde hat, eine sehr fruchtbare und sinnvolle Sache. Es ist eine Stärkung für die spätere Gemeindearbeit. Die Landeskirchen sagen auch, daß diese Arbeit beim Militär guttut. Sie sehen die Menschen vielleicht etwas normaler als ein Gemeindepfarrer, der immer nur eine fromme Gruppe um sich herum hat. Es gibt ja so etwas wie eine ideologisch einseitige Gruppe, die ihn dauernd bestätigt in seinen Vorurteilen, während er hier bei uns schön gegen den Strich gebürstet wird. Ich sag' immer so ein bißchen burschikos, man muß seinen Glauben auf Bildzeitungsebene zur Diskussion stellen können.«

»Jeder Mensch ißt Flattermänner.«

Ich hatte am Morgen beobachtet, daß sich die Vögel sammelten, um nach dem Süden zu ziehen. Es befiel mich ein wenig Wehmut. Wie gerne würde ich mein Leben manchmal nach dem Wind und dem Wetter richten, gehen, wohin es mir gefällt und die Zukunft einfach stattfinden lassen, statt mich um sie zu sorgen.

Andererseits hatte ich gerade in den letzten Tagen das Gefühl gehabt, vogelfrei zu sein. Die Rüstung riskierte mein Leben, ohne daß ich je danach gefragt worden wäre. Und meine Nachfrage brachte alles andere als Antworten, die etwas mit mir zu tun hatten. Hinter Allgemeinplätzen, Unverdautem, Halbgarem und Harmlosem versteckte sich sogar die Gewißheit, daß kaum mehr Ernst auf den Schutz der Menschen in einem Atomkrieg verwendet wurde als in der Nennung des Zeitpunktes, wenn es dafür zu spät war, als Ernst-Fall.

Die Suche nach einem Bunker hatte sich für mich von der Frage, wie meine Beteiligung in einem Atomkrieg aussehen würde, zur Prüfung entwickelt, wie der Krieg schon vorbereitet wurde – nicht nur durch das Anschaffen und Nachrüsten der Waffensysteme, sondern das Abschlaffen und Nachbeten der Gedankensysteme, die sich auf den Tod des Menschen einstellten, um sein Leben in Frieden und Freiheit zu erhalten.

Ich rief die Standortpfarrei der Röttiger- und Scharnhorst-Kaserne in meinem Stadtteil an, um zu erfahren, wie vor Ort, in einem Sanitäts- und einem Panzergrenadierbatallion, Soldaten Mut zum Krieg zugesprochen würde. Es war zwar kurz vor Feierabend, aber der Militärpfarrhelfer Mattner hatte Geduld mit mir. Er sei eigentlich ›mehr als Diakon‹ tätig und ›befriedigender‹ für meine Frage, welchen Mut die Kirche vor dem Atomkrieg geben könne, sei sicherlich ein Gespräch mit dem Pfarrer Martensen. Der sei theologischer Fachmann für die Fragen der Soldaten und eben auch solche. »Sie haben ja Gott sei Dank einen Rechtsanspruch auf Inanspruchnahme von Seelsorge im Westen. Im Osten sieht das anders aus.«

Herr Mattner wollte mir aber gerne seine Meinung sagen. Wenn es mir zuwider sei, in eine Kaserne zu kommen, auch gerne an einem ›neutralen Ort‹. »Viele Mosaiksteinchen geben auch ein Bild«, entschuldigte er, warum er nicht zu ›rein theologischen Fragen‹ Stellung nehmen könne. »Ganz klar und eindeutig kann ich Ihnen aber sagen: Erster und oberster Auftrag der Bundeswehr – und damit überhaupt die Grundlage unserer Tätigkeit – ist die Verteidigung. Ich habe zwölf Jahre in der Bundeswehr gedient, bevor ich Militärpfarrhelfer wurde, mit dem täglichen Wissen, daß wir nur für die Verteidigung unseres Vaterlandes da sind – oder, das ist vielleicht ein bißchen hochgegriffen, unserer Heimat. Unsere Aufgabe ist es, den Soldaten dabei beizustehen: daß wir sagen, wir müssen gerüstet sein, wenn wir angegriffen werden – von welcher Seite auch immer. Das heißt also, ganz simpel ausgedrückt: bevor ein Otto-Normal-Verbraucher – also ein Bürger, der recht und schlecht und gut durchs Leben kommt – angegriffen würde und eine Backe hinhält, um mal die Bibel zu zitieren, und vielleicht auch noch die andere Backe hinhält, sagen wir ›Moment mal, ehe ich jetzt noch einen Backs auf die andere Backe kriege, versuch ich erstmal, mich aus dieser Situation zu befreien‹. Ich muß das mal so laienhaft ausdrücken, so sind auch unsere Gespräche mit unseren Soldaten. Wir haben laufend Probleme mit Kameraden, die also absolut nicht damit fertigwerden können, da sagen wir denn von der Organisation her: In der Regel ißt jeder Mensch gerne Brathähnchen oder Flattermänner, oder wie man die auch immer nennt, und ist sich dessen nicht bewußt, daß die ja vorher umgebracht werden müssen. Wenn ich einen jungen Menschen gesprächsweise damit konfrontiere und sage, wir haben auch nichts dagegen, daß Tiere umgebracht werden, damit wir satt werden, dann merkt man: ›Mein Gott, solche Gedanken haben wir uns gar nicht gemacht, das war für uns selbstverständlich, daß wir gerne Fleisch essen oder Flattermänner. Daß das natürlich auch Kreaturen – jetzt wieder auf den Glauben bezogen – vor Gott sind und die ja im Grunde umgebracht werden müssen, damit wir sie genießen können, ist ein Problem, mit dem sich die meisten nicht auseinandersetzen.«

Vegetarismus statt Pazifismus? Herr Mattner erzählte viel, glaubte meine Zweifel erkannt zu haben und zerstreuen zu können. Gott wolle uns immer wieder in ›unsere Grenzen‹ verweisen.

Ein Beispiel seien die vielen tausend Verkehrstoten im Jahr. Der Gläubige könne leicht verzweifeln, wenn er sich frage, ob Gott das alles gewollt habe, die Pest, die Cholera oder eben die Bombe.

Vielleicht sei es aber auch keine ›Prüfung für uns Menschen‹, sondern ›eine Strafe‹, da war sich der Herr Mattner persönlich sicher.

Der Militärpfarrhelfer stöhnte, als ich fragte, warum man noch obendrein die Bombe segnen müsse. »Also, das hängt uns ewig an, diese leidige Geschichte mit dem Waffensegnen. Wir haben mal geprüft, worauf das zurückgeht, nämlich bis zu den Glaubenskriegen. Aber das mit Hiroshima war 'ne Zeitungsente, das weiß ich aus authentischen Berichten. Es ist doch grundsätzlich so, daß man nie weiß, wenn ein Soldat zum Einsatz muß, ob er zurückkommt. Und da macht man vorher eben einen Bittgottesdienst. Die Besatzung der ›Enola Gay‹ hätte ja auch vorher abgeschossen werden können oder nachher. Vom Glauben her hat nicht nur der Bomberpilot den Hebel ausgelöst, sondern Gott hat seine Hand geführt. Wir bitten eben einfach darum, daß er das mitträgt, denn die waren sich damals nach meiner Meinung nicht im klaren, was die damit auslösen. Die haben nur ein Ziel gehabt, und das haben sie erreicht: Beendigung der Kriegshandlung, denn die vielen zigtausend Toten wären nach heutiger Erkenntnis auch im Laufe der Zeit umgekommen und noch viel, viel mehr Menschen, weil der Krieg gegen Japan noch fünfzehn, zwanzig Jahre gedauert hätte. Das überzeugt mich in meiner Meinung, daß die Abschreckung, so furchtbar sie ist – sie war ja auch damals furchtbar, gerade von den Opfern her gesehen – gerechtfertigt ist.«

Er selber sehe aber keinen Sinn darin, nach einem Krieg weiterzuleben, denn Hiroshima und Nagasaki wären eben ›klein‹ gewesen im Vergleich zu den Ausmaßen, die ein Krieg heute haben würde. Deswegen die Bundeswehr abzulehnen, komme für ihn jedoch nicht in Frage, denn wenn er keine Feuerwehr wolle, würde es ja trotzdem brennen, und in den südlichen Ländern könne man sehen, daß die Polizei schon jetzt nicht in der Lage sei, den Verkehr anständig zu regeln – aber ganz ohne? Doch wenn die Bundeswehr eben da sei, um zu verteidigen, müsse er dem Soldat am Abzug auch Mut zusprechen, seinen Auftrag zu erfüllen. Seine

Christenpflicht würde ihm Nächstenliebe gebieten, darin sähe er einen Sinn: solange er noch japsen werde, bis zum letzten Atemzug, solange er noch einen Arm bewegen könne, würde er helfen. Doch als Militärpfarrhelfer müsse er im Ernstfall wieder seinen Uniformrock anziehen.

»Die Menschheit hat die atomare Unschuld verloren.«

Es hatte zwar einige Tage gedauert, aber ich hatte Herrn Mattner und den Militärdekan Scheel vergessen. Dabei hatte es mich lange beschäftigt, ob nicht die Bombe die Verweltlichung des biblisch vorhergesagten Höllenfeuers sei. Nie war Glauben so gefragt wie zur Atomrüstung. Vorher war in keiner Generation so existenziell um Gut und Böse gestritten worden. Kirche und Kernspaltung, so hatte ich beim Gespräch mit dem Militärpfarrer und seinem Helfer empfunden, waren eine unheilige Allianz eingegangen. Generäle konnten mit dem Einverständnis der Kirche über die Schöpfung entscheiden, sie konnten entscheiden, wann die Menschheit Gottes Sohn in einer kollektiven Himmelfahrt nachfolgen sollte.

An Weihnachten mochte ich gar nicht denken. Antje und ich überlegten, ob wir nicht der seelenverkaufenden Sentimentalität des um Geschenke verlegenen Festes Christi Geburt entfliehen sollten, den Vögeln nach, in die Sonne. Doch Antje hatte Angst vorm Fliegen. Sie wolle sich nicht einer Technik ausliefern, sagte sie.

Wir erzählten Freunden, daß wir im letzten Jahr zu Dezember die Sonne genossen und im warmen Lavasand gelegen hatten. Dabei wurde die Sehnsucht groß.

Es klingelte, und Herr Mattner stand vor der Tür, im Bundeswehr-Parka, ein wenig verlegen und kurz angebunden. Ich war völlig überrascht, daß er sich an unser Gespräch erinnert hatte. In einem großen Paket brachte er mir Informationsbroschüren und Reader zur ›Kirche unter den Soldaten‹, wo mir gerade

Reiseprospekte lieber gewesen wären. Er war verschwunden, ehe ich noch etwas sagen konnte.

Verwirrt blätterte ich am Stubentisch in der Broschüre ›Auftrag: Frieden‹, die auf dem Titelbild den Deutschen Bundestag zeigte, mit voll besetzten Reihen, Kanzler Kohl mit ernstem Gesicht, Bundestagspräsident Rainer Barzel machte Notizen oder ein Gutachten. Daß es um Glaubensfragen gehen würde, war dem Titelbild schlecht zu entnehmen. Auch die Aufmacherseite ›Nun bin ich also eingezogen ...‹ mit drei martialischen Soldaten in Deckung neben einer Gartenmauer – während der vordere die Maschinenpistole in der einen Hand haltend über Funk telefonierte – verriet nichts. Nur ein Fettdruck auf der nebenstehenden Seite ›Nie wieder Krieg‹ deutete darauf hin, daß es nicht subtil weitergehen würde: »Krieg soll nach Gottes Willen nicht sein!« So habe das die Vollversammlung des Ökumenischen Rates der Kirchen 1948 in Amsterdam beschlossen, drei Jahre nach Ende des Zweiten Weltkrieges. Das Foto dazu zeigte drei Soldaten im Gespräch mit dem Titel: ›Soldaten im Gespräch mit dem Militärpfarrer‹. Der Militärpfarrer war beim zweiten Hinsehen an einer versteckten Rot-Kreuz-Binde zu erkennen.

Es ging dann rasant weiter mit ›Immer wieder Kriege‹, einer Bilanz von ›Bürgerkriegen und Kriegen seit dem Ende des II. Weltkrieges‹, ›Gottes Frieden‹ und ›Frieden – ein Prozeß‹. Die Lehre aus den kurzatmigen Texten zu großen Fotos war, daß es nicht so einfach war mit der Amsterdamer Erklärung. Krieg sei Alltag. Doch beruhigend sei, daß ›Gott uns mit seinem Gebot zum Frieden in Vernunft läßt und uns von hoffnungsloser Angst befreit zu der Zuversicht, daß Gott im Regiment sitzt.‹ Abgebildet wurden allerdings naheliegenderweise nur bemühte Politiker, die den ›Prozeß Frieden‹ Schritt um Schritt durchsetzen wollten, ein grinsender Helmut Kohl und ein besorgter Otto Graf Lambsdorff unter der Zeile ›Krisenbewältigung am Verhandlungstisch‹, der eher wie nach Verhör durch Staatsanwaltschaft aussah.

»Wenn aber doch ...« hieß es zu guter Letzt zu einem Foto von einem Soldaten an einer Gartenmauer in hessischer Fachwerkidylle, der aus dem Hinterhalt eine Panzerfaust gegen einen den Hügel hinabrollenden Panzer richtete.

Die Broschüre ›Kirche unter den Soldaten‹ war nicht minder illustrativ, im Vierfarbdruck. Im Feld hatte sich ein Uniformierter an ein weißes Tischchen mit weißer Decke und zwei Kerzen gestellt und sprach zu einer Schar Soldaten. Innen waren Soldaten beim Kegeln zu sehen, beim Plaudern, beim Bücherlesen, einer spielte im Feld elektrische Orgel, ein anderer nahm von einem mit Rotkreuzbinde eine Oblate entgegen, einer spielte Billard, zwei sprachen mit dreien vor einem Hubschrauber, einer reichte einem anderen etwas zur Unterschrift und so weiter.

Auch textlich war es eine friedliche kleine Welt. »In besonderen Situationen ist der Militärpfarrer besonders gefordert«, stand da beispielsweise. »Wenn Soldaten verunglücken, im Krankenhaus liegen, dann brechen Fragen auf, die die Existenz unmittelbar betreffen. Dann ist auch Zeit zu längeren und intensiven Gesprächen.«

Die ›Themen des Lebenskundlichen Unterrichts 1983‹, des Jahres der NATO-Nachrüstung, wurden genannt: ›Wie weit geht unsere Toleranz?‹, ›Steht unser Schicksal in den Sternen?‹, ›Vom Umgang mit der Zeit‹, ›Optimismus als Wille zur Zukunft‹, ›Martin Luther – in evangelischer und katholischer Sicht‹, ›Sehnsucht nach Geborgenheit‹ und andere. Daneben war der höchste bundesrepublikanische Militärgeistliche, Militärbischof Dr. Sigo Lehming, ›zu Gast‹ im Lebenskundlichen Unterricht abgebildet. Er malte mit Kreide an die Tafel: ›Freiheit, Leib, Leben, Würde, Besitz‹ in dem einen Block, daneben ›Verteidigung, rechtswidrig, erforderlich‹ und schließlich ›Verhältnismäßigkeit der Mittel‹.

Ich legte die Heftchen zur Seite und ging in die Küche, um ein paar Brote zu schmieren. Mich wunderte, wie unbedarft die Bilderbroschüren angesichts der Drohung mit und der Bedrohung durch Atomwaffen waren, welche Posen abgebildet wurden und welche Inhalte nicht ausgesprochen wurden. Es war kein Käse mehr da.

Für den Nachtisch hatte ich mir ›Kirchen für den Frieden‹ aufgehoben, ein Reader des ›Lutherischen Weltbundes‹, der in einem angesehenen Wissenschaftsverlag erschienen war.

Die Autoren waren fachlich ausgewiesen, ein Professor für Neutestamentliche Theologie, einer für ›Systematische Theologie, Sozialethik und Religionssoziologie‹, ein Militärdekan, ein ›Stabschef für Operative Schulung‹, ein Mitarbeiter des schwedischen Außenministeriums, der für die Konferenz für Sicherheit und Zusammenarbeit in Europa zuständig war, ein ›Konfliktforscher‹, ein Fachmann zur ›Erforschung der sowjetischen Gegenwart‹ und einer für den Nahen Osten.

Auch die Themen klangen aufgeklärt. Da wurden ›Rüstungsentwicklung und Rüstungskontrolle – Die militärischen Faktoren in der Friedensdebatte‹ dargestellt und ›Grundsätze und Perspektiven der Friedensethik heute‹, die ›Legitimen Sicherheitsbedürfnisse der Staaten des Nordatlantischen Verteidigungsbündnisses und des Warschauer Paktes‹ wurden diskutiert und die Zusammenhänge von ›Instinkt und Ideologie‹ aufgedeckt.

Doch in der weltpolitischen Abgewogenheit des geistlichen Buches fielen zwei Beiträge aus dem Rahmen.

Der eine hieß ›Der Friedensgedanke in der politischen Philosophie und in der Ethik des Sowjetstaates‹ – eine Analyse der ›Friedensgedanken des Ronald Reagan und seine Ethik in Film und Wirklichkeit‹ fehlte.

Und siehe, es machte mehr als einen realpolitischen Sinn, daß sich die Autoren im Auftrag des Lutherischen Weltbundes gar nicht erst mit den Verbündeten, sondern gleich und allein mit dem möglichen Gegner auseinandersetzten, dem sozialistischen Anti-Christen. Denn eine ausführliche Lenin-Exegese machte deutlich, daß die Sowjet-Union ideologisch an Kriegen interessiert sei, was den Autor zu Schlußfolgerungen über Pazifisten im Allgemeinen und die Friedensbewegung im Besonderen veranlaßte.

Professor Dr. Dr. Michael Voslensky, Leiter des Instituts zur Erforschung der sowjetischen Gegenwart, schloß mit einem Zitat aus einem Lenin-Brief vom 16. Februar 1922: »Genosse Tschitscherin! Den Pazifismus haben Sie als Programm der revolutionären proletarischen Partei ebenso wie ich bekämpft. Das ist klar. Aber von wem, wo und wann wurde die Ausnutzung der Pazifisten durch diese Partei abgelehnt, wenn es galt, den Feind, die Bourgeoisie, zu zersetzen? Ihr Lenin«. Voslensky hielt den Brief an Tschitscherin vom 22. Februar 1922 offenbar für das 1985 gültige Grundsatzprogramm des Obersten Sowjet. Er fuhr fort: »Diese einprägsame Formel gilt heute wie damals in der Sowjetunion wie für alle kommunistischen Regierungen und kommunistischen Parteien. Sie lehnen in ihrem Machtbereich den Pazifismus ab und akzeptieren den Pazifismus dort, wo er sich ausnutzen läßt, um den Feind, die Bourgeoisie, zu zersetzen. Es geistert hier durch die Presse das angebliche Wort von den ›nützlichen Idioten‹. Dieses Wort entspricht zwar der Leninschen Mentalität, wir konnten es bei Lenin aber nicht entdecken. (...) Moskau sucht nützliche Pazifisten. Zu diesen gehören nicht zuletzt diejenigen, die sagen, man sollte doch nicht immer die schlimmste Möglichkeit betrachten, vielmehr sollte man davon ausgehen, daß die Sowjetführung, genauso wie wir, Frieden und Abrüstung will und in ihrer Politik defensiv ist. Nicht wenige Geistliche und engagierte Christen vertreten heute diesen Standpunkt und plädieren für einseitige Abrüstung des Westens, dem die UdSSR dann, wie sie hoffen, folgen würde. Was aber, wenn sie nicht folgt, sondern von der einseitigen Abrüstung des Westens einen anderen Gebrauch macht? Soll man die Herren im Kreml in Versuchung bringen, ihre offen proklamierten Ziele mit einem Schlag erreichen zu können?«

Man mag noch sehr trefflich darüber streiten können, ob es methodisch angebracht ist, mit dem Zitieren geistesgeschichtlicher Größen Gegenwartsfragen zu beantworten, wie das Kalenderblatt-Autoren so gut tun. Aber wie in diesem Fall Zweifel angebracht wären, ob das Anführen von Papst Innozenz III., dem einst mächtigsten Vertreter Gottes auf Erden (1198–1216), als Annahme reiche, die Kirchen könnten heute noch die Inquisition im globalen Maßstab als Mittel legitimer Politik ansehen, so sehr ist fraglich, ob der Revolutionär Lenin nicht inzwischen etwas ernüchterter über die Zersetzung der Bourgeoisie, die Rolle der Sowjetunion und ihre Bedrohung denken würde, heute, nicht fünf Jahre nach der Oktoberrevolution, sondern 68 Jahre danach. Der Professor Voslensky würde wohl jeden Studenten durchs Examen rasseln lassen, der ihm eine Analyse der Bedeutung neuzeitlicher Bewegungen mit Briefen aus anderen Zeiten und anderen Ländern liefern würde.

Daß für höhergeistige Ziele hier schon mal die Pflicht zur wissenschaftlichen Methodik außer acht gelassen worden war, konnte ich gerade noch verstehen. In dem Buch ›Und wage es, Soldat zu sein – Vom Friedensdienst mit der Waffe‹, herausgegeben vom Evangelischen Kirchenamt für die Bundeswehr, aber ging es mir zu weit, daß der 1945 verstorbene Theologe Dietrich Bonhoeffer mit einem alles oder nichts sagenden Textauszug zum Kronzeugen der Waffenbejahung in der Zeit nach Hiroshima aufgebaut wurde.

Den anderen, im eigentlichen Sinne des Wortes, frag-würdigen Beitrag hatte der Professor für Neutestamentliche Theologie, Walter Schmithals, verfaßt: ›Die westdeutsche Friedensbewegung in der Einschätzung eines Theologen.‹ Da aber die Friedensbewegung ihr eigenes Selbstverständnis hat, das nicht unbedingt Thema der Theologie ist, urteilte Schmithals denn auch politisch: die Friedensbewegung sei ›unpolitisch‹, ihre Bedeutung werde noch mit der Stationierung und der damit einhergehenden Gewöhnung an neue Waffen geringer werden.

Doch gehe eine Gefahr von der Friedensbewegung für die Demokratie aus: »Mit dem allem soll die politische Bedeutung der ›Friedensbewegung‹ nicht bestritten werden. Dieser Einfluß wird z. B. dort sichtbar, wo Parteien aus der Besorgnis heraus, Wählerstimmen zu verlieren, sich der ›Friedensbewegung‹ möglichst annähern, ohne doch die eigene Politik wesentlich ändern zu können oder zu wollen, ein Unterfangen, das der Quadratur des Kreises gleicht und dem Ansehen sowie der Funktionstüchtigkeit des parlamentarischen Systems nicht dienlich ist.«

Ich hatte schwer zu kauen an meinem Brot. Zwar hätte ich es jederzeit mit dem Theologen Schmithals brechen mögen, aber es stieß mir trocken auf, daß er mich auf auf feindliches Gebiet geführt hatte. Die Sorge hunderttausender Seelen hat er einfach hintenangestellt zugunsten der griffigen Formel von der ›unpolitischen‹ Friedensbewegung, deren Legitimation er schon sprachlich durch Setzen von Anführungsstrichen bezweifelte. Ich mochte nicht einerseits als ›unpolitisch‹ abgetan werden, weil ich dem Grundgesetz folge, daß den Parteien lediglich die ›Mitwirkung‹ an der politischen Willensbildung zubilligt, also außerparlamentarischen Bewegungen die vorrangige Bedeutung beimißt – wenn man einmal von der Tatsache absieht, daß Entscheidungen von ge-

107

meindlichen, Landes- oder Bundesgremien der Partei ja auch solange außerparlamentarisch sind, ehe sich nicht die wenigen Re-
präsentanten im Gemeinderat, Land- oder Bundestag sich deren
Beschlüsse angenommen haben und Parteien jedenfalls von ihrem
historischen Ursprung her nichts anderes als Bürger-Initiativen
waren – und andererseits als Nicht-Partei-Mitglied auch noch indirekt vorgeworfen bekommen, daß sich diese Parteien politisch an
meinem Denken orientieren. Im übrigen fragte ich mich, was für
eine Auffassung ein Theologe wohl von Demokratie hat, wenn er
dafür die Metapher des Kreises wählt – und, wenn sich einmal
nicht alles immer wieder um die eigene Achse dreht und ein Mei-
nungswandel stattfindet, er dies als ›Quadratur‹ des Kreises, also
einen unmöglichen – gleichwohl aber demokratisch gebotenen
Prozeß! – empfand.

Doch Schmithals sprach, sonst eher ein seltener Fall bei der
evangelischen generellen Bejahung von Waffen zur Verteidigung
des westlichen Friedens in Freiheit, auch ausdrücklich die Atom-
bewaffnung an, deren Einsatz die Kirche ethisch anders herausfordern sollte, als noch die Kreuzzüge es taten: »Der positive
politische Einfluß der ›Friedensbewegung‹ liegt, folgt man den
Heidelberger Thesen von 1959 (...), darin, daß sie, wie zuvor die
begrenzteren pazifistischen Bewegungen, das Bewußtsein der
Risiken aller Friedenssicherung durch atomare Abschreckung
wachhält.«

Die Menschheit habe ihre ›atomare Unschuld definitiv verloren‹, schrieb der Neutestamentologe Schmithals weiter – im Alten
Testament war ja nur die Rede von der verlorenen Unschuld
durch den Biß in den Apfel. Deshalb, so Schmithals, sei eine einseitige Abrüstung nicht möglich, da sie ›früher oder später‹ zum
Einsatz von Atomwaffen führen müsse, weil der innere Unfriede
eines ›Weltstaates‹ nach allen historischen Erfahrungen dahin
dränge: »Aber auch eine beiderseitige totale Abrüstung kann,
mag auch immerfort das Gegenteil behauptet werden, im Kon-
fliktbereich der Großmächte den Frieden nicht sichern. Überall in
der Welt läßt sich beobachten, daß die Schwelle, die vom Krieg
abhält, um so rapider sinkt, je konventioneller die Waffen sind.
Nun bedeutete aber die totale Abschaffung der Massenvernich-

tungsmittel nicht, daß wir die atomare Unschuld wiedergewinnen. Die Formeln für die ABC-Waffen bleiben erhalten und damit die Möglichkeit, sie herzustellen. Die Hoffnung oder Befürchtung, im Falle eines Konflikts nach völliger Vernichtung der Massenvernichtungsmittel werde eine der Parteien die ABC-Waffen als erste wieder herstellen und damit den Konflikt entscheiden bzw. das Chaos allgemeiner Vernichtung auslösen können, läßt sich nicht abschaffen und steht im Konfliktfeld der Großmächte um der Bewahrung des Friedens willen einer Vernichtung der vorhandenen atomaren Rüstung vermutlich definitiv entgegen. Die real vorhandenen Massenvernichtungsmittel gefährden den Frieden anscheinend weniger als die nur potentiell vorhandenen, zumal durch die atomare Abschreckung die B- und C-Waffen, die weniger leicht zu beherrschen und zu kontrollieren sind, zurückgehalten werden, während sie ohne diese ›Bremse‹ angesichts ihrer leichten Herstellbarkeit zur unmittelbaren Gefährdung würden. Das bedeutet aber auch, daß die Friedenssicherung durch Abschreckung eine Abrüstung nur im Bereich der (quantitativen) Überrüstung zuläßt, nicht aber im Bereich der politischen, der abschreckenden Rüstung. In diesem Bereich erscheint die Rüstungsspirale wie in der ganzen Menschheitsgeschichte unaufhebbar.«

Es ärgerte mich, mit welcher Unbekümmertheit sich so ein Theologe der Biertischanalyse annahm, konventionelle Bewaffung würde die, was auch immer das sein möge, ›Kriegsschwelle‹ sinken lassen, als ob Kriege nicht gesellschaftliche, sondern nur militärtechnische Gründe hätten. Die Bürgerkriege, Stellvertreterkriege oder Kriege mit einer Atommacht wie in Grenada, Afghanistan, Falkland, Vietnam oder Algerien waren trotz, vielleicht sogar wegen der atomaren Bewaffnung einer der Kriegsparteien möglich. Aber schlimmer als dieser empirische Fehlgriff des Theologen wog für mich die fiktive Erklärung einer Atomwaffenbefürwortung: vorhandene Bomben, die man nach der Idee der (Selbst-)Abschreckung nie einsetzen sollte, wären mit ihrer weltzerstörenden Vernichtungskraft, wenn sie – und sei es durch einen Computerirrtum – denn doch eingesetzt würden, ›sicherer‹ als nicht vorhandene Bomben, die man wenigstens wirklich nie einsetzen könnte.

Wie sehr war die Kirche durch solche Vertreter wie einen Militärdekan Scheel, einen Militärpfarrhelfer Mattner und einen Theologen Schmithals von dem weltgestaltenden Anspruch abgekommen, die Moral müsse Grundlage jeder Politik sein, hin zu der bequemen weil realitätstüchtigen Selbstbescheidung, die Politik zur Grundlage der Moral zu machen?

My home is my Bunker
Erbauliches

Es war einer der Tage, an denen ich nicht aufräumen mochte. Ich tat alles, um mich davor zu drücken. Auf dem Tisch lagen Broschüren und Notizzettel, bei der Schreibmaschine lag eine Liste mit Sachen, die erledigt werden mußten, und Staub lag auf dem Plattenspieler.

In meinem Kopf setzte sich die Unordnung fest. Mich beschäftigte, was an dem Gedanken des Selbstschutzes gegen den Atomkrieg dran sein mochte. Die Nachfragen bei Behörden, Kirche und Politik legten es nahe, daß kaum etwas anderes blieb, als sich selbst zu helfen – doch wie und mit welcher Erfolgsvorstellung?

Ich ging in Antjes Zimmer, setzte mich in den Sessel am Kachelofen und war froh, daß manchmal ›my home, my castle‹ war. Es mochte noch so chaotisch aussehen, alles hatte seine innere Ordnung. Eine Weile saß ich nur. Mich beeindrucken oft Wohnungen, in denen nichts herumliegt, kein Zettel mit einer Nachricht oder einem Gedanken, kein aufgeschlagenes Buch, kein ausgerissener Zeitungsartikel, einfach gar nichts. War das Disziplin oder Armut? Manche Leute brauchten nur zehn Minuten in eine Zeitung zu sehen, um sie danach zum Altpapier zu legen.

Im Telefonbuch entdeckte ich, daß der ›Bundesverband für den Selbstschutz‹ (BVS) in Harburg eine Dienststelle hatte, die gut erreichbar in der Stadt lag. Fluchtartig verließ ich die Wohnung, fuhr mit der S-Bahn zur Station ›Rathaus‹ und war kurz darauf bei einem Bürohaus angelangt, in dessen oberstem Stockwerk keine der gewohnten faden Gardinen hingen, sondern orange-blaue Plastiktüten eingeklemmt am oberen Fensterrand flatterten. Obwohl laut einem Messingschild gerade Sprechstunde war, ließ sich die

Tür nicht öffnen. Ich klopfte und klingelte schließlich, bis ich von drinnen den Schlüssel im Sicherheitsschloß hörte. Eine ältere Dame öffnete. Sie sah nicht ängstlich aus, wie ich angesichts der verriegelten Tür vermutet hatte, sondern bat mich freundlich fragend herein.

Gleich neben dem Eingang stand ein langer Tisch, auf dem Broschüren des Verbandes auslagen wie ›Ihr Vorsorge-Paket‹, die ›Schutzbaufibel‹ und ›Selbstschutz – Ihr Beitrag zum Zivilschutz‹. An den Fenstern standen zwei große, wie unbenutzt wirkende klobige Schreibtische. In der Mitte des Raumes standen einige alte Cocktailsessel um einen kleinen Tisch.

Frau Düring tat es leid, aber sie könne mir gar nicht weiterhelfen. Der BVS habe ›keinen Überblick‹, was Private sich an Schutzräumen hergerichtet hatten. Meine Enttäuschung ließ ich mir nicht anmerken, daß eine Organisation, die zum Selbstschutz ermunterte, nicht einmal wußte, ob ihr Rufen vor der Wüste gehört wurde.

»Es ist ja bekannt, daß die öffentliche Hand, also der Staat sehr wenig tut. Hier soll bei der S-Bahn ein öffentlicher Bunker gebaut werden. Wie weit das gediehen ist oder ob der fertig ist, weiß ich nicht. Fragen Sie mal – auch wegen der privaten Bunker – beim Bezirksamt nach.« Sie suchte mir umständlich aus einem Aktenordner im Nachbarzimmer den Namen und die Telefonnummer des Leiters der Abteilung Zivilschutz, Gerdts, heraus. Da war ich noch mehr enttäuscht.

Acht Hauptamtliche habe die Dienststelle, vier im Innen- und vier im Außendienst, sagte Frau Düring, die allein war. »Ich mache nur die Verwaltung, Ausbildung liegt mir nicht.« Regelmäßig veranstalte der BVS ›Selbstschutzkurse‹, an denen jährlich bundesweit über 300000 Personen teilnähmen. »Wir machen Vorträge in Schulen und Betrieben oder bei der Bundeswehr. Das lernen die dort ja nicht.« Sechzig Ehrenamtliche würden die Arbeit in Harburg noch unterstützen. Es gäbe seit einigen Jahren nicht einmal mehr eine Befreiung von der Wehrpflicht für das Engagement im Zivilschutz. Bunker bauen könne der BVS leider nicht. »Wir machen rein die Aufklärung der Bevölkerung. In der DDR

112

werden Schutzübungen angeordnet, und dann wird das gemacht –
aber hier ist das ja anders.«

Ich packte mir Broschüren und ein Flugblatt mit den nächsten
Lehrgangsterminen ein. Frau Düring riet mir, doch ruhig einmal
so einen Kurs zu besuchen, ich würde nach zwölf Stunden Teil-
nahme auch einen Schein darüber vom BVS bekommen, den ich
›beim Führerscheinmachen als Nachweis über die Unterweisung
in Sofortmaßnahmen am Unfallort‹ vorlegen könne.

Wenn ich keinen Schein wolle, könne ich einfach nach dem ersten Vortragsnachmittag wegbleiben, sagte Frau Düring. Als ich
zehn Jahre zuvor so einen Kurs besucht hatte, war es andersrum
gewesen: der zweite Vortragstag war dem ›allgemeinen Zivilschutz‹ vorbehalten gewesen. Gelangweilt hatten die überwiegend
jugendlichen Teilnehmer vorbeigehört, getuschelt oder gekichert,
während ein Referent mit ernster Mine versuchte, leichtes Spiel zu
machen. Doch das Thema Atombombe schlug nicht ein.

Ich fragte Frau Düring, wie sie zum Zivilschutz gekommen sei.
»Das war eigentlich ganz dumm«, erzählt sie. Ihr früherer Chef sei
›Bauberater‹ für den BVS gewesen. Als er längere Zeit krank war,
hatte er das Geschäft vernachlässigen müssen, und schließlich sei
es so weit mit der Firma gekommen, daß er ihr 1971, als zufällig
eine Stelle beim BVS frei wurde, zum Wechsel geraten habe. Da
sei sie nun schon dreizehn Jahre, aber wie es weitergehe, könne ihr
niemand so genau sagen. »In Bonn wird da irgendwie ein Gesetz
geplant, das den Zivilschutz umorganisiert. Der BVS soll wohl
dem Bundesamt für Zivilschutz angeschlossen werden.« Was das
bedeutete, wußte Frau Düring nicht.

Ich wünschte ihr, daß sie nicht vom Zivilschutz im Stich gelassen
würde. Im Hinausgehen blickte ich auf die Tüten im Fensterrahmen. Ich rückte die Brille zurecht, weil es schwierig war zu lesen,
was auf dem Plastik stand. »Im Dienste der Bevölkerung«, sagte
Frau Düring. »Das hat nichts zu bedeuten. Wir haben die bloß
dahingehängt, weil sonst die Tauben da immer unter dem Dach
sitzen und uns die Scheiben vollmachen würden.«

»Essen Sie viel Nudeln, sollten Sie viel Nudeln einlagern.«

Es war ein ›verkaufsoffener Samstag‹, und die Innenstadt war noch leidlich belebt. Die Kaufstimmung wurde durch feinen Nieselregen gedrückt. Ich hastete durch die Fußgängerzone, einen der Tunnel unter dem Innenstadtring und lief im leeren Geschäftshaus die vier Stockwerke zum BVS hinauf. Die Tür zu einem schmalen, langen Flur stand offen, dahinter hörte ich gedämpfte Stimmen, während ich meine feuchte Jacke an die Garderobe hängte.

In einem verdunkelten kleinen Raum mit zweiundzwanzig aufgereihten Schultischen und Stühlen saßen nur sechs Teilnehmer, drei Frauen links und drei Männer rechts von einem kleinen Gang. Die beiden jungen Mädchen tuschelten, bis sich die ältere Frau am Tisch hinter ihnen zu ihnen beugte. Sie wollte wissen, woher die eine diese interessante ›Punkfrisur‹ habe, mit dem streichholzkurzen Oberhaar und der gefärbten langen Strähne hinten. Sie blickte neugierig durch ihre dickrandige Hornbrille mit sehr starken Gläsern. Es sei mehr eine Notlösung, sagte die Junge und schaute ihrerseits neugierig auf die Perücke der Fragenden. Zweimal habe sie sich eine teure Dauerwelle machen lassen, und dadurch wären die Haare völlig durcheinandergeraten – da hätte nichts mehr geholfen, sie mußten radikal abgeschnitten werden. Die Dame schüttelte verwundert den Kopf, zupfte ihr Sweat-Shirt mit Leopardenmuster unter den großen Perlenketten zurecht und erzählte, wie es ihr gegangen war: Bei Karstadt sei sie auf der Rolltreppe plötzlich ohnmächtig geworden, habe sich wohl dabei am Kopf verletzt und sei – ohne daß jemand ihr geholfen habe, bis zur nächsten Etage transportiert worden. Eine Ärztin unter den Kunden habe nach einigen Minuten ihren Tod attestiert, und die Sanitäter hätten sich nicht mehr sonderlich viel Mühe mit ihr gegeben – so sei es ihr erzählt worden. Auch deswegen wolle sie nun einmal lernen, wie man in solchen Situationen sich selbst und anderen helfen könne.

Die zwei Freunde kicherten und schwiegen. Der alte dicke Mann zwei Reihen hinter ihnen war kurz vorm Einschlafen.

Es war schon längst vierzehn Uhr vorbei, als aus einem Nebenraum ein älterer Herr mit Anzug und Akte und ein junger mit Jeans kamen. Herr Mäurer stellte den Herr Wierig vor, der ehrenamtlich den Filmprojektor bedienen und in den Pausen nach jeder Dreiviertelstunde Bier und Cola verkaufen würde.

Herr Mäurer knöpfte das Jackett auf, legte den Ordner vor sich auf ein Rednerpult und holte tief Luft. Näselnd und mit einem breiten Hamburger Tonfall trug er immer wieder sich auf dem Manuskript vergewissernd vor, daß ›jeder Mensch instinktiv bestrebt‹ sei, sich selbst zu schützen. »Aber der Staat hat uns verwöhnt mit Polizei, Feuerwehr und anderen Hilfsdiensten. Jeder glaubt sich sicher. Wir sind nicht mehr genügend wachsam. Sehen wir uns die Natur an: wer nicht wachsam ist, wird schnell ein Raub der anderen.«

Herr Mäurer stützte die Arme in die Hüften, und breite Hosenträger wurden unter dem Jackett sichtbar. »Wer lagert heute noch Kartoffeln ein«, fragte er mit scharfer Stimme. Er wartete keine Antwort ab, sondern erzählte von der ›Schneekatastrophe‹ und daß die ›größte Katastrophe natürlich der Krieg‹ sei. »Wer weiß, wie das Rad der Geschichte läuft. Das Unglück schläft nicht.« Während er die ›katastrophalen Waffen‹ ausführlich wie ein Handelsvertreter vorstellte, als seien es neuartige Bügeleisen, mußte ich immerfort an Dauerwellen und Perücken, Ärzte und Rolltreppen denken.

Über Warnsirenen, ›schmelzende Eisenträger‹, das ›Staatliche Bayrische Rote Kreuz‹ und ›Sand in den Augen‹ waren wir beim ›Kulturschutzgut‹ angekommen. Aus einer Mappe zog Mäurer immer wieder Folien zur Untermauerung des Gesagten, die über einen Overheadprojektor zeigten, wie das ›Kulturgutschutzzeichen‹ aussah und anderes. Blatt für Blatt ließ Herr Mäurer Absichtserklärungen, Gesetzestexte, Organisationsschemata hinter sich. Nur selten löste er sich von seinem Pult und redete frei: »Wenn der Staat sich mit anderen duelliert, ist die Frage, wer stärker ist. Solange wir stark genug waren, wurden Kriegsgefangene respektiert. Danach gab es Deportation, als Deutschland verlor. Nur wenn man als Besiegter nichts mehr zu melden hat, dann achtet der Sieger auch nicht unbedingt auf Rechte. Deshalb ist es für die internationalen Vereinbarungen wie das Haager und die Genfer Akommen wichtig, daß man gleichberechtigt ist.« Hätte ich nicht fortlaufend Notizen gemacht, wäre ich im Halbdunkel des Raumes längst eingeschlafen. Herr Mäurer guckte ungläubig, daß ich Zettel um Zettel vollschrieb.

Endlich wurde Herr Wierig gebeten, einen Filmausschnitt aus ›Bleib zu Hause‹ vorzuführen. Es war ein launiger kleiner Streifen von der Machart des Fernseh-Verkehrsunterrichts ›Der siebente Sinn‹. Man sei im Hause am sichersten, hieß es, hier seien einige Vorräte, der Keller würde einen gewissen Schutz bieten, und auch das Zunageln oder Schwarzstreichen der Fenster wäre schon ein Fortschritt gegenüber dem Aufenthalt im Freien.

Das Licht ging an, und Herr Mäurer dozierte trocken und lustlos über thermische und ionisierende Strahlung. Die Dame mit der Perücke war eingenickt. Der Dicke sah immer noch völlig fertig aus. »Sie werden sehen, daß die Anfangsstrahlung kaum über den Boden-Nullpunkt hinausgeht. Da hab' ich es also nur noch mit der thermischen Strahlung zu tun. Und jetzt kommt die berühmte Aktentasche! Es reicht nämlich jeder schattenspendende Gegenstand als Schutzmöglichkeit aus.«

Es gab mehrere Chancen zu überleben, wenn es nicht so schlimm kam. »Es hat Menschen gegeben, die mit 700 rad Kernstrahlung davongekommen sind, aber die hatten ihr Leben lang zu leiden«, sagte er mal, oder, »Fallout verbraucht sich von selbst nach der Siebener-Regel: nach sieben Stunden ist die Gefährlichkeit auf ein Zehntel gesunken und nach sieben mal sieben Stunden auf ein Hundertstel und so weiter!«

Herr Mäurer wußte auch von den ›Drei Wehs« zu berichten: »3 W's vernichten Kampfstoffwirkungen – Wasser, Wärme und Wind, die Natur schützt uns, indem sie beispielsweise Kampfgase verweht, verdampft oder verdünnt.«

Die Stunden vergingen mühselig. Die zweite Pause kam. Die Cola beschwingte nicht, und Herr Wierig hatte dem Herr Mäurer einen Kaffee gekocht, der kalt wurde, weil ich fragte, warum auf einer Folie ›Aufenthaltsregelung‹ gestanden habe, aber dieser Punkt als einziger nicht angesprochen worden sei. Herr Mäurer sagte freundlich, daß es ohnehin besser bei, zu Haus zu bleiben, da wäre eine Beschränkung der Bewegungsfreiheit ohnehin nicht

116

mehr so wichtig. Das würden die Leute wohl auch schon von sich aus machen.

Die beiden Jungen hatten angefangen, sich irgend etwas Belustigendes zu erzählen. Ansonsten machte Gegähne die Runde. Herr Mäurer bat um Aufmerksamkeit und dankte für die Konzentration, die uns weiter im Programm gebracht habe als vorgesehen. Wir hätten dann am Sonntag ab Viertel vor acht morgens mehr Zeit für anderes – beispielsweise das ›Ablöschen einer brennenden Person an unserem Jakob‹, der Hauspuppe der Dienststelle. Dann folgte eine Aufzählung, was an Griffen für die ›Sofortmaßnahmen am Unfallort‹ zu lernen sei:»Nur so ein bißchen, wir dürfen auch nicht allzu hohe Anforderungen an Sie stellen.«

Um die thermische Wirkung einer atomaren Explosion zu mildern, solle man helle Kleidung tragen. »Die reflektiert Hitze.« Das wüßte man ja aus der Erfahrung, daß »dunkle Kleidung Wärme hält und man im Sommer nicht Schwarz trägt«. Gegen Fall-Out böten auch »Friesen-Nerze eine gewisse Zeit einen ausreichenden Schutz«. Alle Fenster sollten mit Zeitungspapier gegen thermische Wirkung und Fall-Out isoliert werden. Auf ›freiem Feld‹ sollten wir (Unter Beachtung der Drei Wehs!) quer und gegen den Wind laufen, da uns sonst die Gefährdung einholen könne.

Herr Wierig fuhr einen Film über die Beachtung von Alarmzeichen ab. Disziplinierte Menschen standen ruhig vom Tisch oder aus dem Sessel auf, als wollten sie ein Bier aus dem Kühlschrank nehmen, gingen dann aber doch zu Fenstern, um die Jalousien reisemäßig herunterzulassen. Aluminiumjalousetten würden 95 % der Strahlung abhalten, hieß es dazu. Ich bedauerte Leute wie mich, die nicht einmal Gardinen haben. Man solle daraufhin das Gas abdrehen, den Herd und den Kühlschrank ausschalten (Wohl aber die Kühltruhe anlassen!) und mit Dokumenten, Frau, Kindern, Oma und Opa sinnig in den Keller gehen. (Hinter sich alle Zimmertüren schließen, wegen des Luftdrucks!); unten spielten schon die Kleinen, für Papa lagen Illustrierte mit Oben-ohne-Mädels da.

Später könne Papa in Gummistiefel schon mal kurz rausgehen (Socken über die Hose!) und die Schweine füttern oder Eßbares aus der Kühltruhe holen (Gefrierbeutel kurz abwaschen und genießen!).

Vor der Rückkehr in den Keller genügte eine kurze Dusche.

Herr Mäurer ergänzte die filmischen Ratschläge: »Essen Sie viel Nudeln, sollten Sie viel Nudeln einlagern.« Sonst seien alle Gerichte anzuraten, die nicht mehr gekocht werden bräuchten, und natürlich die notwendigen Medikamente in ausreichender Anzahl.

Die Dame mit der Perücke war hochgeschreckt: »In den USA ist festgestellt worden, daß man Kindern bei Erbrechen Salzstangen und Cola verabreichen solle.« Jawoll, das konnte Herr Mäurer bestätigen, der Flüssigkeitsverlust im Körper müsse gestoppt werden: »Dann baut sich wieder natürliches Wasser an.« Überhaupt sei es mit dem Wasser so ein Problem. Der Mensch brauche 2,5 Liter Flüssiges am Tag, also 35 Liter für die vierzehn Tage unten. Da müsse man für zehn Personen schon zwei Badewannen voll lassen, andererseits sei immerhin wenig Platz im Schutzraum. Schlecht werden könne das Naß jedenfalls nicht: »Sie kennen ja ›Wir lagen vor Madagaskar, in den Kesseln, da faulte das Wasser‹. Das ist heute nicht mehr so, da sind soviel Inhaltsstoffe drin, Kalk und so, das hält vierzehn Tage.«

›Unser Herr Wierig‹ wurde wieder gebeten und mit ›Tätätätäääh‹ ging ein Filmchen über ›Selbstschutzmäßiges Verhalten‹ los. Richtiges Hinhocken wurde gezeigt, die Kostüme sahen nach siebziger Jahren aus, aber die Rolle war deutlich nach amerikanischen ›Duck and Cover‹-Charakterrollen einstudiert. Pause.

Herr Wierig öffnete mir am Kühlschrank die Cola zum Selbstkostenpreis. Der sommersprossige Endzwanziger war ein stiller Typ. Er habe nach der Lehre keine Arbeit gefunden und sei ein halbes Jahr zum Roten Kreuz gegangen. Seine Stimme war voller Zorn. Als Fahrer habe er Vierzwanzig-Stunden-Schichten gehabt und sei besonders oft gerufen worden, weil er ja Junggeselle gewesen sei. So anstrengend war es, daß er schon bald nicht mehr konnte.

»Gewiß, es hat auch schöne Stunden gegeben. Drei Geburten hatten wir im Wagen.« Aber er sei halt anders als ›die Herren vom grünen Tisch‹, der ganze Dienst sei ihm auf den Magen geschlagen.

Aber er wolle immer noch ›mit anpacken‹, deshalb sei er jetzt schon einige Zeit Freiwilliger beim BVS. »Wenn ich irgendwo einen liegen sehe, mache ich Panik, leg' mich neben den Verletzten und guck' ganz genau, wie es dem geht. Dann sprech ich ganz laut, was ich mit ihm machen will. Das beruhigt mich ein bißchen und die Herumstehenden. Außerdem kann nachher keiner Quatsch erzählen. Wenn ich sage, ich bring' die Frau jetzt in die stabile Seitenlage, dann kann nachher keiner sagen: der hat der einfach an die Brust gegrabscht.«

Nein, der Richtige für Vorträge sei er nicht. Er sage, wie es ist. Da mache er gar kein Drumherum, aber das wär's dann. »Die sind natürlich manchmal schon ein bißchen böse, wenn ich in so einem Kurs frei von der Leber weg sage, was ich von solchen Gaffern halte oder denen, die alles besser wissen und nichts tun. Aber ich weiß genau, was ich sage. Die sollen sich ruhig an ihre vorgedruckten Einheitsmanuskripte halten.« Seit einiger Zeit wären die Kurse jetzt mit dem großbuchstabigen Vortragsmanuskript und den Folien ausgestattet, damit es keine Pannen gäbe.

Ich fragte, ob bei der Gelegenheit auch der Film über die Bombe auf Hiroshima ausgetauscht worden sei gegen die im doppelten Sinne blutleeren Kursfilmchen. »Der ist aus ästhetischen Gründen aus dem Programm genommen worden. Da sind ein paar Frauen irgendwo mal ohnächtig bei der Vorführung geworden.«

Herr Mäurer bat uns fortzufahren. Auf einer Wolldecke probten wir dann gegenseitig aneinander ›Bergegriffe‹, ›die stabile Seitenlage‹ und ähnliches für die erste Hilfe am Unfallort. Herr Wierig demonstrierte schwitzend und pustend an dem eigentlich schmächtigen Jungen aus der ersten Sitzreihe, wie zugegriffen werde. Nur die Frau im Leopardenlook machte nicht mit – eigentlich hätte ja jeder einmal jeden Griff machen müssen, betonte Herr Mäurer. Aber mit einem Augenzwinkern ließ er dann auch schon mal gelten, daß ein Bergegriff so falsch angesetzt war, daß er allenfalls zum Rippenbrechen gereicht hätte. »Wenn Sie richtig Erste Hilfe lernen wollen, müßten Sie ohnehin an einem Speziallehrgang teilnehmen.«

Inzwischen war es auch draußen dunkel geworden. Herr Mäurer verabschiedete uns optimistisch, daß anderentags die Griffe schnell gelernt seien. Wir trampelten wortlos die Treppe hinab. Die Haustür aus einem Sicherheitsglas mit besonders engmaschigem eingelassenen Draht war verschlossen. Herr Wierig kam mit dem Schlüssel nach einer Weile nach. Hinter der Tür lag ein langer heller Gang entlang einer Schaufensterscheibe. Am Ende versperrte ein schweres Eisengitter den Weg. Es dauerte ein wenig, bis Herr Wierig den richtigen Schlüssel für das in die Wand eingelassene elektrische Schließsystem gefunden hatte. Beim BVS waren wir in sicherer Hand gewesen.

Es nieselte immer noch. Die Fußgängerzone war wie ausgestorben. Die beiden Jungen sprachen schüchtern mit dem punkigen Mädchen. Erstaunt stellten die drei fest, daß sie aus demselben Elbdorf, Finkenwerder, stammen. »Na ja, du bist schon achtzehn. Ich kenne nur Leute meines Alters, ich bin 17«, sagte der eine allen Ernstes und fragte seinen Freund, warum der das Bein ständig nachziehe. »Weiß nicht. Raucherbein kann's noch nicht sein. Is' wohl'n Bier-Bein.« Ein Streifenwagen hätte uns in voller Fahrt fast umgefahren. Ohne Blaulicht, geschweige denn Licht, raste er im Slalom um die Bäumchen in Betonkübeln.

Auf dem Bahnsteig der Station »Rathaus« ging jeder seines Weges. Ich ging zum vorderen Ende des einfahrenden Zuges, weil ich dann bei der nächsten Station besser aussteigen konnte, die Jungen blieben aus demselben Grund hinten, weil das günstiger war. Das Mädchen wartete in der Mitte – ungefähr da, wo es in den Nebentrakt des Bunkers geht.

»Die Oberbekleidung in Windrichtung abklopfen.«

Vertrauen hatte die jährlich sechzig Millionen Mark teure Werbung des Bundesverbandes für den Selbstschutz bei mir nicht erweckt. Es war schon ein bißchen starker Stoff, aus dem der BVS in Wort und Bild Träume von der Harmlosigkeit des Atomkrieges strickte.

Sobald die »Sirene ›Entwarnung‹« ertöne, so hieß es optimistisch in einem Film, »muß der Abfall aus der Schutzunterkunft entfernt werden. Wohnräume gut durchlüften!« Wer ein bißchen

120

Fall-Out abbekommen habe, solle »die Oberbekleidung in Windrichtung abklopfen!«

Doch der ›Bundesverband für den Selbstschutz‹ propagiert nicht nur die Selbst-ist-der-Mann-Mentalität – die urdeutsche Variante fernöstlicher Verteidigungsphilosophien im geistigen Sparpaket, gegen einen noch so starken Gegner wie die Atombombe –, sondern umreißt auch den politischen Rahmen des Kernwaffen-Kung-Fu:

»Oberstes Ziel der Politik der Bundesrepublik Deutschland ist die Erhaltung des Friedens in Freiheit. Frieden und Freiheit werden gesichert durch die Gewährleistung der Verteidigungsfähigkeit und das Bemühen um Entspannung. Nur auf der Grundlage gesicherter Verteidigungsfähigkeit ist Entspannungspolitik möglich; denn: Ungeschützte sind erpreßbar und deshalb schlechte Verhandlungspartner. Zur Verteidigungsfähigkeit gehört auch der Zivilschutz. Ohne Vorsorge für den Schutz der Zivilbevölkerung sind Verteidigungsfähigkeit und Verteidigungsbereitschaft nicht glaubhaft. Ohne wirksamen Schutz der Bevölkerung können die Streitkräfte nicht ihren militärischen Verteidigungsauftrag erfüllen. Deshalb ist der Zivilschutz für unsere Verteidigung unverzichtbar.

Zivilschutz geht uns alle an. Er ist Sache des einzelnen wie auch des Gemeinwesens. Nur in dem Zusammenwirken von Bürger und Staat ist Zivilschutz zu verwirklichen.

Der Teil des Zivilschutzes, der jeden einzelnen unmittelbar betrifft, ist der Selbstschutz.

Der Staat ergänzt und unterstützt die Selbsthilfe der Bevölkerung durch behördliche Maßnahmen.

Ohne Zweifel können alle Schutzmaßnahmen keinen Vollschutz gewährleisten, wenn ein Gegner die Absicht hat, unser Land völlig zu zerstören. Gegen einen massiven, flächendeckenden Atomschlag ist kein Schutz möglich. Ein solcher Atomschlag gegen die Bundesrepublik Deutschland ist aber höchst unwahrscheinlich, weil ein so zerstörter Industriestaat für jeden Gegner wertlos wäre und zudem der Angreifer mit einer entsprechenden Gegenreaktion des Westens rechnen müßte, ein Risiko, das kein potentieller Gegner eingehen wird.

Der Philosoph und Physiker Professor Dr. Carl Friedrich von Weizsäcker schätzt die Gefährdungslage so ein: »Die Meinung, der Friede sei schon gesichert, war immer ein Irrtum. Die Meinung, jeder mögliche Krieg sei so übergroß, daß es keinen Schutz gegen ihn gebe, ist ebenfalls irrig. Es macht einen Unterschied, ob wir für den Schutz etwas tun oder nicht.«

Diese Darstellung des politischen Rahmens der ›Zivilverteidigung‹ hat zumindest einen kleinen Schönheitsfehler: der zitierte Kronzeuge, der Friedensforscher und Physiker Carl Friedrich von Weizsäcker, läßt sich auch etwas anders zitieren. 1970 schloß er mit einer Studie über ›Kriegsfolgen und Kriegsverhütung‹ an eine Analyse der ›Vereinigung Deutscher Wissenschaftler‹ (VDW) ›Ziviler Bevölkerungsschutz heute‹ von 1963 an, die zu dem Schluß kam, daß eine Verbunkerung der Bundesrepublik schon aus technischen Gründen ein sinnloses Unterfangen sei. Weizsäcker schloß daher: »Im Laufe der Arbeit verschoben sich die Akzente notwendigerweise von ›Kriegsfolgen‹ zu ›Kriegsverhütung‹. Auch die Frage der Zivilverteidigung erhielt dadurch einen anderen Stellenwert.« Eine politische Gleichberechtigung der Verteidigungspolitik und der Anstrengungen für eine ›Zivilverteidigung‹ bestritt Weizsäcker ausdrücklich. Die Wirksamkeit eines Zivilschutzes war nach seinen Analysen mehr als zweifelhaft. In seiner Zusammenfassung der ›politischen Aussagen der Studie ›Kriegsfolgen und Kriegsverhütung‹‹, ›Durch Kriegsverhütung zum Krieg?‹, faßte Weizsäcker zusammen: »Konventionell ist die Bundesrepublik nicht zu verteidigen. Bruchteile der bei jeder einzelnen Supermacht in Europa vorhandenen nuklearen Kapazitäten (...) reichen aus, um die BRD als unabhängige Industriegesellschaft auszuschalten (politische Vernichtung). Diese Aussage gilt sowohl dann, wenn die Kernwaffen in den am dichtesten bevölkerten Gebieten zur Explosion gebracht werden, als auch dann, wenn bevorzugt die am wenigsten bevölkerten Gebiete zum Explosionsort gewählt werden.«

Wenn schon diese Aussage allen vom BVS getroffenen Annahmen widerspricht, so trifft dies erst recht auf Weizsäckers konkrete Analyse des Zivilschutzes in der Bundesrepublik zu: »Die Behauptung, daß unter solchen Bedingungen ein Schutzraumprogramm Menschen rettet, ist unhaltbar. (...) Sie sind politisch prekär und wecken mit ihren Verhaltensvorschriften falsche Hoffnungen. Denn es gibt in einem Atomkrieg keine Verhaltensregeln. (...) Der Aufenthalt im Keller ist (...) höchst gefährlich. (...) Ein deutscher Zivilschutz kann zur Abschreckung vor einem Angriff auf die USA keinen Beitrag leisten. (...) Infolgedessen kann man aus dem (noch) Funktionieren der großen Abschreckung kein Argument für Zivilschutz in Deutschland ableiten.«

Selbst ein aktueller Kritiker der Nachrüstungspolitik wird vom Bundesverband für den Selbstschutz in Widerspruch genommen. Der als »SPD-Linker« geltende Oskar Lafontaine hat die ›Destabilisierung‹ des Schreckensgleichgewichts durch die amerikanischen Mittelstreckenraketen in Mitteleuropa damit erklärt, daß die Flugzeiten auf sechs Minuten verkürzt würden, es also keinerlei »Vorwarnzeiten« für die politisch Verantwortlichen gäbe, die Vergeltungspotentiale also schon abgeschossen sein müßten, bevor Klarheit bestünde, ob es sich tatsächlich um einen Angriff, und wenn ja, ob mit nuklearer oder »konventioneller‹ Munition handele, oder ob es eine Falschmeldung im Computer ist.

Dies gilt um so mehr für den vom BVS propagierten Warndienst: selbst wenn die Sirenen – nach dem Selbstverständnis der Zivilverteidiger – ›noch rechtzeitig‹ heulen sollten, müßten in dieser Zeitspanne die Schlüssel für die Bunker in einem Polizeirevier abgeholt und der Schutzraum ›dienstbereit‹ gemacht werden – in Hamburg würde dies beispielsweise zwischen einer halben und vier Stunden dauern, ohne daß Lebensmittel- oder Medikamentenvorräte eingelagert wären.

Oskar Lafontaine ist Präsident des BVS.

Ich hatte es nie recht verstanden, daß die Sozialdemokraten der Schmidt-Ära sich so sehr dem veröffentlichten wissenschaftlichen Sachverstand gegen die Nachrüstung verschlossen und nach innen sogar die Parteigenossen mit Parteiordnungsverfahren bedrohten, die an der ersten Bonner Friedensdemonstration im Oktober 1981 teilnehmen wollten. Wer heute führenden Sozialdemokraten zuhört, wenn es nicht gerade Hans Apel ist, kann das gar nicht mehr glauben. Aber daß sich die damaligen innerparteilichen Widersprüche bei Oskar Lafontaine fortgesetzt hatten, wunderte mich.

Ich schrieb ihm am 10. Oktober 1984 mit der Bitte um ein Interview oder ein Statement: »Die Friedensbewegung hat die Gefahren eines Atomkriegs ins öffentliche Bewußtsein gerückt. Doch nach wie vor ist das Thema Zivilschutz beim Einsatz von Atomwaffen tabu. Die Gründe und Perspektiven der bisherigen Zivilschutzpolitik möchte ich gerne mit Ihnen erörtern und gleichfalls ihre Bewertung der augenblicklichen Rolle des Zivilschutzes erfahren.«

Mein Eilbrief mit der Nennung des November 1984 als Redaktionsschluß für dieses Buch wurde erst am 26. Oktober beantwortet. Obwohl ich an den Landesvorsitzenden der Saar-SPD geschrieben hatte, antwortete das ›Stadtamt‹ der Landeshauptstadt Saarbrücken. Dort ist Oskar Lafontaine Oberbürgermeister. Doch dem Oberbürgermeister hatte ich keine Fragen zum Zivilschutz gestellt, sondern dem Friedensfreund Lafontaine. Ich mag keine Politiker, die ihre Politik aus fremden Kassen bestreiten und sei es nur die Portokasse. Es mag kleinlich wirken, aber ich nahm das Oskar Lafontaine übel. Das Umschlag- und Portoschnorren zugunsten der SPD-Parteikasse fand ich schäbig. Andererseits schrieb mir mit Poststempel vom 30. 10., einen Tag vor dem Redaktionsschluß, auch gar nicht der Bürgermeister, sondern seine ›Persönliche Referentin‹, Gertrud Hoffmann:»Leider muß ich Ihnen mitteilen, daß Herr Lafontaine auch aufgrund des Landtagswahlkampfes im Saarland sehr belastet ist, so daß er das von Ihnen gewünschte Gespräch nicht führen kann.« Frau Hoffmann verwies mich an den BVS.

Am 3. 11. antwortete ich Frau Hoffmann:»Sie werden verstehen, daß ich weniger an Kontakt zu Beamten der Zivilverteidigung interessiert bin als an markanten politischen Aussagen zum Zivilschutz, die von Herrn Lafontaine zu erwarten wären. Ich möchte Sie daher nochmals dringend um einen Interviewtermin bitten, ich rechne mit einem etwa zehnminütigen Telefonat dafür. Bitte bedenken Sie in diesem Zusammenhang auch, daß ein mißverständlicher Eindruck entstehen könnte im Hinblick auf Herrn Lafontaines friedenspolitisches Engagement und die kritiklosen, manchmal gar fragwürdigen Publikationen des BVS, dessen Präsident er ist. Hier bedürfte es vielleicht einer öffentlichen Klarstellung in der einen oder anderen Richtung, die ich gerne im Kontext meines Buches über Zivilschutz in der Bundesrepublik transportieren würde.«

Da der Brief übers Wochenende unterwegs war und die Post unter ihrem Minister Christian Schwarz-Schilling eine beklagenswerte Laufzeit hat, kam der Anruf am 7. 11. und kurz nach 9 Uhr wahrscheinlich postwendend: Frau Hoffmann entschuldigte sich nochmals für die Terminenge, aber es sei eben nicht einmal ein Telefongespräch drin. Andererseits solle ich ihr meine Fragen doch schriftlich übermitteln, am besten per Telex, dann würde ich eine schriftliche Antwort bekommen. Auch wenn mir das nicht einleuchten wollte und ich diese dumme Art nicht schätze, sich direkten Fragen und Nachfragen zu entziehen, konnte ich es nur weiter unter dem Konto Enttäuschung verbuchen. Am Nachmittag hatte Frau Hoffmann die Fragen auf dem Schreibtisch:»In der Friedensbewegung und Teilen der SPD gilt Zivilschutz als Kriegsvorbereitung. Sehen Sie als Exponent der Friedensbewegung Ihre Präsidentschaft im BVS anders? Der BVS hat Filme über Hiroshima aus seinem Schulungsprogramm genommen – warum? Begrüßen Sie diesen Schritt? In seinen Schriften weist der BVS auf die (eingeschränkten) Möglichkeiten des Überlebens in einem Atomkrieg hin. Halten Sie dies heute noch, etwa nach den Erkenntnissen der WHO-Studie, für vertretbar? Die Bundesregierung bereitet ein neues Zivilschutzgesetz vor – glauben Sie an eine Möglichkeit des Schutzes der Zivilbevölkerung? Verteidigungsminister Wörner betont in einem Schreiben an mich, daß Zivilschutz Bestandteil der Abschreckung sei – teilen Sie diese Auffassung? Das Genfer Rotkreuz-Abkommen sieht indirekt eine Ächtung der Atomwaffen vor – ergibt sich aus dem Bekenntnis zum Zivilschutz nach Ihrer Meinung eine Ächtung des Atomeinsatzes. Verteidigungsminister Wörner geht von gleichgelagerten Zivilschutzinteressen im Bündnis aus ohne zwischen strategischen und taktischen Atomwaffen, deren Bedrohungs- und Zerstörungsgraden zu differenzieren – teilen Sie diese Einschätzung? Werden Sie, wenn Sie das Amt des Ministerpräsidenten im Saarland erlangen, in ihrem Land eine andere Zivilschutzpolitik betreiben als die bisherige? Wie kamen Sie in das Amt des BVS-Präsidenten?«

Die Antworten blieben aus. Wenn sie Oskar Lafontaine nicht gibt, wird sie die Friedensbewegung geben müssen.

Unterdessen hatte Oskar Lafontaine genügend Zeit, sich über das Scheitern des rot-grünen Bündnisses in Hessen und die Absage der saarländischen GRÜNEN an ein Zusammengehen im

Falle seines Wahlsieges zu äußern. Die hessischen GRÜNEN hatten der Minderheitsregierung Börner ihr Wohlwollen versagt, als die Nuklearfabriken Nukem und Alkem erweiterte Betriebsgenehmigungen für ihre Anlagen wollten. Abgesehen davon, daß die GRÜNEN programmatisch die ›friedliche‹ Nutzung der Kernenergie ablehnen, reichern die beiden Nuklearfabriken Uran radioaktiv an – der Stoff, aus dem die Bombe ist. Lafontaine warf den GRÜNEN vor, sie könnten nur den Ausstieg aus der Kernenergie durch Übernahme von ›Verantwortung‹ erreichen.

Es dürfte dieses die Logik des Zivilschützers Lafontaine sein, die am Abschreckungsdogma geschult ist: ›verantwortlich‹ handeln ist danach, wenn man seine eigene Überzeugung wider besseren Wissen für Sach- oder Parteizwänge abschaltet. Der Mensch gilt nichts, der Irrsinn alles: Sollten die GRÜNEN ihre für verantwortlich erkannte umwelt- und friedenspolitische Entscheidung gegen Kernspaltung aufgeben, damit Fabriken weiterarbeiten, für die ein riesiger Katastrophenschutzapparat aufgebaut wird, um diese irgendwann, ›in die Verantwortung genommen‹, abstellen zu können?

Das Saarland hat übrigens schon jetzt mit nur 16,12 Einwohnern pro Schutzplatz die zweithöchste Bunkerdichte der Bundesrepublik, mit 6,2 % Zivilschutzraumkapazität sind das mehr als das doppelte des Bundesdurchschnitts.

Von Fall-Out und Fiskus

Den Nachmittag hatte ich mir freigegeben. Bartholomäus Grill, der neue Politikredakteur beim ›Deutschen Allgemeinen Sonntagsblatt‹, und Friederike Hermann, die für das ›Politische Buch‹ zuständig ist, wollten, daß ich ihnen eine grundsätzliche Rezension des neuen Trends zu Überlebenstip-Handbüchern schrieb. Doch ich hatte das Thema hintenangestellt, um mich einzulesen, was deutsche Behörden Autoren der Alternativen voraus haben: die ›Richtlinien für die Gewährung von Zuschüssen des Bundes bei der Errichtung von Hausschutzräumen für Wohnungen‹ stammen schon vom 6. Mai 1969, dem Jahr nach den Notstandsgesetzen der Großen Koalition aus CDU / CSU / SPD.

Als ich ausgezogen war, mich vor dem Atomtod zu schützen, war mir das Verwalten, Verdrängen, Verzweifeln und Verharmlosen begegnet – durch den Bundesverband für den Selbstschutz hatte ich die private Seite des nuklearen Vernichtungskrieges kennengelernt.

Der Staat, so verkündete der BVS, beschränke sich ›keineswegs‹ auf ›ausführliche Informationen‹ wie die ›Schutzbaufibel des BVS‹ und dessen kostenlose ›Beratung durch die Bauberater des BVS‹: wer ›Hausschutzräume‹ errichte gemäß den Richtlinien des Bundesbauministeriums, kann ›steuerliche Vergünstigungen in Anspruch nehmen, d. h., er kann zwischen 24350 DM und 94800 DM erhöht von der Steuer absetzen‹.

Der Selbstschutz war zwar eine Tugend, so wie ihn der BVS verkaufte – oder eine Sekundärtugend, wie dies Oskar Lafontaine definieren würde. Aber wer mehr als eine Kiste Sprudel im Keller für den Atomkrieg und Farbe auf die Fenster gegen thermische Strahlung zwischen 3000° und fünfzig Millionen Grad Celsius anschaffen wollte, durfte sich auf die Absolution von der Steuer des Staates freuen – ein seltenes Geschenk: »Die Höhe des absetzungsfähigen Betrages ist unabhängig von den tatsächlich entstandenen, durch den Schutzraum bedingten Mehrkosten. Sie können höher, im Falle von Eigenleistungen aber auch erheblich darunter liegen. Diese erhöhte Abschreibung kann mit jährlich 10 % der genannten Beträge innerhalb von zwölf Jahren bis zur vollen Absetzung vorgenommen werden.«

Der Selbstschutz gegen Fall-Out und Fiskus ging aber noch weiter: zwischen 4900 DM und 16800 DM Zuschüsse gewährten die Behörden, je nach Platzzahl zwischen sieben und fünfzig.

Ich hatte zuvor nie von einer Überlebensabschreibung oder Überlebenssubvention gehört. Nicht nur landläufig unbekannt, sondern ungewöhnlich sind die Bunkerbefreiung und der Bunkerbonus noch dazu: indirekte wie direkte Subventionen sollen sonst, so definieren es § 264 Strafgesetzbuch oder § 3–5 des Subventionsgesetzes vom 26. 7. 1976 (Bundesgesetzblatt I S. 2037), der ›Förderung der Wirtschaft dienen‹. Sie sind daher ›Leistungen‹ aus Steuermitteln für Betriebe und Unternehmen‹, nicht aber für Otto-Normal-Verbraucher, der sein Leben mit Steuerzahlen zubringt. Auch wenn ›zum Teil‹ keine ›marktmäßigen Gegenleistungen‹ zu erwarten seien, sollen Subventionen von Behörden gewährt werden – beim Bunkerbau sind dies nicht einmal die sonst eifersüchtig über alle Etats wachenden Finanzdirektionen, sondern etwa Bürgermeister oder Landratsamt in Baden-Württemberg, Kreisverwaltungsbehörden in Bayern, in Berlin Bau- und in Bremen Innensenator oder in Hamburg, Hessen, Nordrhein-Westfalen und dem Saarland schlicht die unteren Abteilungen der Bauverwaltungen.

Drei Formularseiten für den ›HSR‹, den Hausschutzraum, waren auszufüllen, vergleichsweise wenig und auch mit bescheidenen Fragen – vor dem Atomkrieg steht sogar der Papierkrieg zurück. Mit den Bauplänen, die den Bestimmungen des Bundesbauministeriums über den ›Grundschutz‹ folgen mußten, ließ sich bereits ein ›Vorbescheid‹ bei den zuständigen Behörden erreichen, der einen Rechtsanspruch auf den Überlebensnachlaß begründete. Ein Schreiben eines Architekten, daß ›die Kellerdecke fertiggestellt sowie der Rohbau des Schutzraumes plan- und sachgerecht ausgeführt‹ sei, genügt nach § 7 Abs. 2 zur Auszahlung der ersten Zuschußhälfte. ›Ein Schutzraum ist dann fertiggestellt, wenn neben den rein baulichen Teilen die komplette funktionsüberprüfte Lüftungsanlage einschließlich Filtersand sowie die erforderlichen Abschlüsse vorhanden sind. Sitze, Liegen und Trockenaborte müssen nicht vorhanden sein.‹

Ich saß staunend vor dem Gesetzestext und dem Formular (dreifache Ausfertigung). Da gab es überall im Land Mittelstreichungen für Öffentliche Bücherhallen, Sozialhilfe, Lehrer- und Erzieherstellen, Universitäten – aber die öffentliche Hand, die Bürgern kräftig in die Tasche griff und damit im doppelten Sinne für ihre Verarmung sorgte, hatte genügend Geld für das Privatisieren im Vernichtungskrieg. Wo sonst der Finanzbeamte schon mal nachfragte, ob die eingereichte Buchquittung sich auch wirklich auf irgendwie beruflich zu begründende ›notwendige‹ Fachliteratur beziehe, wurde hier nicht einmal der Sinn oder gar die technische Qualität von Bunkern gegen Bomben in Zweifel gezogen, die ausweislich der Abschreckungsdrohung alles zerstören sollen!

128

Schon die Vorstellung, daß ein Baubeamter nach penibler DIN-Größe seinen Maßstab wie selbstverständlich an den Schutz vor den Atomtod legte, war mir fremd und bedrohlich gewesen. Doch vor diesen Formularen wirkte Fall-Out nicht einmal wie ein fiskalisches Problem, die Welt war in Ordnung, solange es die Angaben in den Papieren waren.

So genügte beispielsweise die schriftliche Erklärung – ›öffentlich beglaubigt oder vor der zuständigen Behörde abgegeben‹ – daß ein privater Bunkerherr‹ die Mitbenutzung des Schutzraumes durch andere Personen dulden‹ werde, ihm mehr Gelder für ›Gemeinsame Schutzräume nach § 5‹ zu gewähren, als ihm nach der aus Bewohner- bzw. Wohnraumzahl errechneten zuschußfähigen Bunker-Platzzahl nach § 4 zustünden: »Dabei darf keines der zugeordneten Gebäude wesentlich mehr als 150 m vom gemeinsamen Schutzraum entfernt sein. (...) In einem gemeinsamen Schutzraum können auch Schutzplätze für erst später zu errichtende Nachbargebäude berücksichtigt werden; die Schutzplatzzahl ist entsprechend der üblichen Bebauung zu schätzen.«

Denn das Gesetz trägt, wenn es schon Anwendung auf noch nicht einmal errichtete Häuser findet, wenigstens den bautechnischen Realitäten, wörtlich, Rechnung: »Die Kosten je Schutzplatz werden geringer, je größer der Schutzraum ist, je mehr Schutzplätze er enthält, d. h. kleinere Schutzräume sind relativ teurer als größere. Die durch Einbau eines Schutzraumes entstehenden Mehrkosten hängen also in erster Linie von der Schutzraumgröße ab. Diesem Umstand wird durch die Staffelung der Zuschußbeträge Rechnung getragen. Da es Lüftungsgeräte nur in zwei Größen gibt, sind aus Kostengründen Schutzräume nahe bei 25 bzw. 50 Plätzen anzustreben.«

Zwar sind für Subventionsschwindel, je nach Art des Vergehens, nach dem Strafgesetzbuch Gefängnisstrafen zwischen sechs Monaten und zehn Jahren vorgesehen, doch ich frage mich, wie nach einer solchen gesetzlichen Einladung (§ 3 Höhe des Zuschusses) wohl die schwarzen Schafe mit den weißen Kragen behandelt werden müßten, die sich Großschutzräume genehmigen ließen in vorgeblicher Erwartung großer Bauvorhaben in der Nachbarschaft, die sich hernach zerschlagen hätten. Was man mit den von der Steuer geschenkten Räumen anfangen könnte, schrieb der BVS ja in seiner ›Schutzbaufibel‹: »Er ist kein toter Raum, sondern vielseitig verwendbar, zum Beispiel zum Aufbewahren von Werkzeugen, Gartenmöbeln, Arbeitskleidung, Fahrrädern usw., vor allem aber zur Aufbewahrung des Lebensmittelvorrates (kühle und dunkle Lagerung). Man kann einen Schutzraum auch als Hobbyraum, als ›Trimm-Dich-Raum‹ und Sportraum oder als Spielzimmer für die Kinder einrichten.«

Die Erläuterung zum Gesetzestext enthielt dazu noch eine weitere Denkwürdigkeit bei der Genehmigung von ›Gemeinsamen Schutzräumen‹: »Weitere Erklärungen, insbesondere von den Besitzern der Wohngebäude, deren Bewohner in dem zu errichtenden Schutzraum mit aufgenommen werden sollen, dürfen nicht verlangt werden.« Da könnte also mit Steuermitteln ein Bunker gebaut worden sein, der nach beglaubigter Erklärung auch anderen als dem Bauherrn offenstehen müßte, und die bräuchten davon nicht einmal was zu wissen.

Zumindest enthielten die Formulare die Einverständniserklärung des Geförderten, daß ›die für die Förderung benötigten Daten auf der Grundlage des Datenschutzgesetzes bearbeitet (gespeichert, übermittelt, verändert oder gelöscht) werden‹ könnten.

In der Hamburger Finanzbehörde seien, so wurde mir auf Anweisung des Finanzsenators Gobrecht mitgeteilt, ›keine Abschreibungen über Inanspruchnahme erhöhter Absetzungen gem. §§ 7, 12 Schutzbaugesetz vorgenommen worden‹: »Es ist mir daher nicht möglich, Ihnen das gewünschte Zahlenmaterial zur Verfügung zu stellen.« Selbst wenn in Hamburg sämtliche privaten Bunker weder mit Steuererleichterung noch mit Zuschüssen gebaut worden sein sollten, so müßte es durch das Baugenehmigungsverfahren Daten geben. Hamburgs Bausenator Eugen Wagner ›konnte leider der Bitte nicht entsprechen‹ eine Auskunft zu geben – was als jedermanns Privatangelegenheit behandelt wird, der Schutz vor atomaren Auseinandersetzungen zwischen Nationen, soll nicht öffentlich werden.

Der Referentenentwurf eines neuen Zivilschutzgesetzes vom 5. Juni 1984, schon ein halbes Jahr nach der Nach-Rüstung aus der Schublade geholt, will an dieser Förderungspraxis nichts ändern –

nur wird die zusätzliche Einführung einer ›Schutzraumbaupflicht‹ in § 9 erwogen. Jährlich ließen sich so nach Schätzungen eine Million zusätzlicher Plätze schaffen. Das neue Gesetz soll auch eine Reihe ›Ordnungswidrigkeitstatbestände‹ enthalten: wer einen ›Hausschutzraum‹ nicht in einem seiner Bestimmung entsprechenden Zustand erhält oder Personen, für die der Hausschutzraum bestimmt ist, den Zugang erschwert oder verweigert (§ 50 Abs. 2) soll mit bis zu zwanzigtausend DM büßen, sogar mit bis zu zweihunderttausend DM, wer einen ›Hausschutzraum, einen öffentlichen Schutzraum oder ein altes Schutzbauwerk ohne Genehmigung beseitigt oder verändert‹ (§ 50 Abs. 5 Satz 2).

Carl Friedrich von Weizsäcker, dessen Bruder Richard durch die Wenderegierung immerhin Bundespräsident geworden ist, wird von der Koalition aus CDU/CSU/F.D.P. noch mehr ignoriert als ohnehin schon in der sozialliberalen Ära. Er hatte in seiner Studie über ›Kriegsfolgen und Kriegsverhütung‹ 1970 einen Bunkernutzensquotienten in die politische Landschaft eingeführt, der schlicht den ›Schaden‹ mal der ›Rettung‹ nahm und durch die Kosten teilte. Heraus kam für den Philosophen: »Es ist klar, daß ein großes Schutzbauprogramm nicht durchzusetzen sein wird. Seine Realisierung wäre ein klassisches Beispiel für öffentliche Verschwendung. Aber auch die bisherigen Ansätze, wenigstens einige aufwendige Schutzräume in der BRD zu produzieren, z. B. den Schutzraum privater Bauherren zu subventionieren, fallen unter dieses Urteil.«

Ich legte die Formulare für den HSR beiseite. In der Rubrik F stand der Satz: »Ich versichere, die in diesem Antrag und den beigefügten Unterlagen enthaltenen Angaben nach bestem Wissen und Gewissen gemacht und keine Tatsachen verschwiegen zu haben.«

Vier Menschen im Multi-Safe

Wenn ich mit der S-Bahn fuhr, mußte ich jetzt immer wieder daran denken, daß die im Oktober 1983 – einen Monat vor dem NATO-Nachrüstungsbeschluß des Deutschen Bundestages – eingeweihte

Linie nach Harburg so etwas wie die Magistrale der ›Mehrzweckanlagen‹ in Hamburg war.

Keiner der Festredner hatte dies hervorgehoben, obwohl es
eine bombensichere Sache war. Vom Bunker-Bahnhof ›Harburg-
Rathaus‹ konnte man ohne Verkehrsstreß zum Hamburger
Hauptbahnhof mit seinen ›Schutzräumen‹ fahren, dann durch die
Mehrzweckanlagen ›Jungfernstieg‹, ›Stadthausbrücke‹, ›Landungsbrücken‹ und ›Reeperbahn‹. Ich sah die gekachelten Röhren
mit anderen Augen. Jedesmal, wenn die Bahn ans Tageslicht kam,
atmete ich auf.

Es war bitter kalt geworden. Die Luft hing dick und feucht in
Hamburg, die Bahnabteile waren überheizt. Ich hatte mich an ein
Foto im Hamburg-Teil der Tageszeitung ›die tageszeitung‹ erinnert, das ein Jahr zuvor eine riesige Röhre auf einem Parkplatz
gezeigt hatte. Der Kulturredakteur Paul-Ludwig Kulms konnte
sich daran erinnern: es sei ein ›Multi-Safe‹ gewesen, den Hausbe-
sitzer sich im Garten eingraben sollten, wenn sie sich keinen Be-
tonbunker konstruieren und gießen lassen wollten. Paul gab mir
die Telefonnummer seiner Frau, die mir die Nummer von Kai
Wessel gab, der für die ›Hamburger Wochenschau‹ einen Kurzfilm
fürs Kino-Vorprogramm über das Wundergerät gemacht hatte.
Schließlich konnte sich der Steffen vom Hamburger Filmhaus an
den Namen der Firma erinnern, zu der ich fuhr.

Es wunderte mich, wie Leute ohne so viele Zufälle und Hilfen
Kunden von Firmen wurden, die sich nicht durch große Anzeigen
hervortun. Der Bahnhof Diebsteich lag an der Strecke. Schon von
weitem waren in dem Gewerbegebiet das Paketpostamt, das ›Pelz-
schloß Dmoch‹ und die Fabrik ›Thyssen Schulte‹ zu sehen. Es war
später Nachmittag, und ich war einer der wenigen, die aus dem
Bahnhof gingen.

Gleich gegenüber lag das Pförtnerhäuschen. Ich störte die
Feierabendstimmung. Der Mann mittleren Alters drehte sich un-
willig von seinem Gespräch um und sah mich durch die halbgeöff-
nete Tür kurz von oben bis unten an.

»Ich interessiere mich für die Röhren, die Sie vor einiger Zeit
ausgestellt haben. Die sollen Atomschutz bieten. Wo ist denn Ihre
Verkaufsabteilung?« Er zögerte. »Zur Sanitätsausstellung wollen

132

Sie, nech?«Ich verneinte höflich, doch er blieb dabei, daß gerade Sanitätsausstellung sei und ich am falschen Eingang. Ich solle einfach mal geradeaus gehen, zum Seiteneingang des Hauptgebäudes, dort würde ich direkt zur Ausstellung kommen.

Im Empfang schaute die Dame mißmutig auf das Pult für Telefonvermittlung und begann in ihrem Nummernregister zu blättern. »Röhrenabteilung? Atomsicher? Das könnte ›Abteilung spezielle Installation‹ sein, Zimmer 125.«

Ich bummelte ein wenig durch die Sanitätsausstellung und dachte daran, daß mein Vermieter es nicht im geringsten schamlos findet, mir seit Jahren eine Instandsetzung meines Bades zu verweigern, die er gerne als ›Modernisierung‹ auf die Miete anrechnen möchte. Ich war froh, daß er noch nicht auf die Idee gekommen war, den Einbau eines Bunkers als Modernisierungskosten auf die Mieter umzulegen, die er gerne loswerden möchte, um die Wohnungen als ›Eigentum‹ zu verkaufen.

Im ersten Stock ging ich zuerst zu den Konferenzräumen im rechten Teil des dunklen Flurs, dann den endlos lang wirkenden Korridor durch die Abteilung Röhren. Es war außergewöhnlich still hinter den geschlossenen Türen, obwohl noch Bürozeit sein mußte. Mich hatte diese Ruhe, die Einsamkeit der Korridore, auf denen jede sich plötzlich öffnende Tür zum Schreck wurde, schon in den Behörden beunruhigt. Gewiß war zu vielen Arbeiten die Konzentration der Abgeschiedenheit notwendig, aber hier war die Stille von einer Strenge, die erstickte. Jedes laute Wort hätte wie ein Anschlag gewirkt, jede Lebendigkeit wäre wie ein Riß im Schliff des Türlacks.

Das Zimmer 125 ›Spez. Installation‹ lag links am Ende des Ganges. Ich hatte ein kleines Zimmer erwartet, weil die Abstände zwischen den Bürotüren nicht sonderlich groß waren. Aber der Raum ragte lang zum Ende des Gebäudeflügels, der Flur hatte schon vorher geendet.

Ich hielt auf zwei Männer zu, die zu meiner Generation gehörten, der eine, vielleicht so um die Achtundzwanzig, stellte sich als ›Brockmüller‹ vor, der andere, so um die Zwanzig und eine Spur zu schnieke, vertiefte sich demonstrativ in Papiere.

»Ich wollte mir bei Ihnen Bunker ansehen.« Herr Brockmüller

grinste mich an. Es sei mir durchaus ernst, sagte ich, leider hätte ich damals die Ausstellung der Atom-Röhren verpaßt. »Ach, Sie meinen unseren Multisafe!« Brockmüller setzte einen bedauernden Gesichtsausdruck auf. »Tut mir leid, der ist nicht mehr bei uns. Ich weiß auch nicht, wo er gerade steckt.« Er blätterte in einem schmalen Aktenordner, dann in einem Terminkalender. »Der Multisafe geht erst 1985 wieder auf Tour. Er wird dann bei befreundeten Händlern zwischen München und Flensburg Station machen. Wann und wo er in Hamburg ist, kann ich im Moment noch nicht sagen.« Nein, einen eigenen Multisafe hätten die Betriebsangehörigen nicht auf dem Firmengelände. »Gehen Sie doch rüber zum Paketpostamt, die haben fünfzehn oder siebzehn von den Dingern eingebaut.«

Herr Brockmüller konnte auch nicht sagen, warum das so war. »Vielleicht ist das eine Vorschrift für Neubauten. Wir jedenfalls brauchen so was nicht.«

Sein junger Kollege grinste mich an, als hinge mir eine Nudel unter der Nase. Brockmüller suchte mir Prospekte zum ›Thyssenmultisafe‹ zusammen. Er sei erst ein Jahr in der Abteilung, da sei ihm noch kein Kunde in Hamburg untergekommen. Seinen dünnen Aktenordner hatte er schon dreimal durchgeblättert. In Schleswig-Holstein könne er mir vielleicht demnächst einen privaten Kunden nennen. Sonst wisse er kaum was von Kunden. »Eine Oma ist mal bei einer Ausstellung gekommen und hat gesagt, so was nehm' ich.« Aber die Geschäfte würden im allgemeinen hinter vorgehaltener Hand gemacht. Im letzten Jahr hätten sie sich über einen Hannoveraner amüsiert, der unbedingt den ›multisafe‹ als Öltank ausgeben wollte. Überall in der Nachbarschaft habe er beiläufig ins Gespräch gebracht, daß er sich einen Tank einbauen ließe, und die Leute hätten gegrinst. »Der wollte natürlich vermeiden, daß alle Bescheid wissen und nachher auch mit rein wollen oder ihn für einen Spinner halten. Und irgendwann hat ihm dann jemand gesteckt, daß ihm sowieso keiner den Quatsch mit dem Öltank glaube: denn erstens habe die Siedlung ja Gasheizung und zweitens hätten die meisten auch so einen ›Öltank‹.« Brockmüller grinste.

Natürlich rufe mal ab und zu jemand an und frage, ob sie was

Sicheres auf Lager hätten, aber es sei eben doch nur so ein Geschäft nebenher. »Wir haben zwar sozusagen das Monopol auf die ›Fertigschutzräume‹, aber bedeutsam ist bei uns in Hamburg natürlich das Monopol für Schiffsbleche.« Da gäbe es dann Großkunden, durch Aufträge der Bundesmarine und dergleichen.

Das verstand ich gut. »Sie müssen sich überlegen, welche Größe Sie brauchen«, sagte Herr Brockmüller ganz, ganz geduldig. »Wir haben den Multisafe in drei Ausführungen, für neun, 25 oder 50 Personen. Für die Familie ist wohl eher neun Personen richtig.« Ich sagte, daß ich keine Familie hätte. »Es ist auch mehr ein Problem der Zuschußbeträge.« Er begann zu blättern, bis er schließlich die Subventionssummen fand: »Sehen Sie: für den Typ 9 G erhalten Sie 6075 DM, für den 25 G aber mehr als das Doppelte, 12 625 DM, obwohl die Kosten nicht einmal achttausend Mark höher liegen.« Ein guter Vertreter wäre der Herr Brockmüller nicht geworden. Den Preisvorteil verstand er nicht recht schmackhaft zu machen.

»Haben Sie eigentlich einen Schutzraum?« Brockmüller sagte kühl nein, er brauche so was nicht.

Ich packte die Prospekte zusammen und verabschiedete mich. Er drängte mich nicht zu einem abschließenden verbindlichen Wort. »Ich rufe Sie noch mal an«, sagte ich leise. »Schön«, meinte er, aber es war ihm anzumerken, daß er nicht mit einem weiteren Gespräch rechnete.

Die S-Bahn war überfüllt. Die Bundesbahn versteht es, in Hamburg den öffentlichen Nahverkehr unattraktiv zu halten. Ich hatte mit Glück einen Platz erwischt und blätterte in dem Prospekt ›Thyssen-multisafe – Ganzstahlschutzraum‹. Eine alte Dame auf der Bank gegenüber starrte ungläubig auf das Titelbild, das wie die Bleistiftzeichnung eines Kindes aussah. Die Perspektiven stimmten, wörtlich, hinten und vorne nicht. Die vier Menschen im ›multisafe‹ sahen aus, wie der kleine Max sich das ausmalt: Papa stand auf der Leiter im Schacht zum Garteneingang. Oben sah alles gepflegt aus. Die Zimmerpflanzen standen am gewohnten Platz im Fenster, die Tanne und das Bambusrohr neben dem Noteingang sahen allerdings ein wenig sauer schlapp aus. Mutter saß steif in der Sitzreihe mit sieben Plastikschalstühlen gleich neben dem Trockenabort. Der kleine Sohn kam mit einer ausladenden Geste auf sie zu, und auch der Bruder, der fünf Stühle weiter in der gegenüberliegenden Sitzreihe saß, bewegte sich. Im Nebenraum lag der Älteste auf einer der vier an den Wänden hängenden Pritschen. Wieso der Boden im Garten und der Bunker aufgerissen waren und Einblick boten, wurde dem Betrachter nicht vermittelt.

»Was ist das wieder für ein neues Zeug?« fragte die Dame. Ich traute mich kaum, mit ihr laut zu sprechen. »Hier steht: ›Der Thyssen-multisafe bedeutet Langzeitschutz. Gegen herabfallende Trümmer, gegen die Strahlung radioaktiver Niederschläge (Rückstandsstrahlung und Fallout), gegen biologische und chemische Kampfstoffe, gegen Brandeinwirkung.‹« Sie schüttelte den Kopf: »Was es alles gibt.«

Der Mann neben ihr schaute von seinen Computerausdrucken hoch und mir verächtlich in die Augen. »Der Thyssen-multisafe bietet Vorteile. Maximale Stabilität durch Zylinderform, hohe Beanspruchungselastizität durch Thyssen-Stahl, fertiginstallierte Einheit, schnelle Montage mit geringem Aufwand, Fertigzugänge aus Ganzstahl in verschiedenen Ausführungen für Gebäudeanschluß oder Zugänge außerhalb von Gebäuden ...« Die Dame räusperte sich: »Ist ja wie bei Bratpfannen. Und was soll das sein?«

»Es waren noch mehr der Umstehenden aufmerksam geworden. Ich fühlte mich gar nicht wohl. Es war mir bewußt, daß Bunker ein Tabuthema waren, aber daß ohne weiteres Progromstimmung aufkommen konnte! »Das ist so ein Fertig-Schutzraum gegen einen Atomkrieg. ›Sofort benutzbar‹, steht hier. Auch soll eine ›individuelle Nutzung in Friedenszeiten möglich sein, z. B. als Abstellraum, Hobbyraum, Partyraum, Musikstudio, Fotolabor‹. Außerdem seien die Kosten niedrig und voll abzuschreiben.« Der Mann lachte gereizt, während die Dame neben ihr freundlich nickte, als sei ihr widersprochen worden, und sagte: »Na, das ist doch ganz schön.«

Ich zeigte ihr die Grundrisse der Typen 9 G, 25 G und 50 G. »Kann man sich gar nicht vorstellen«, sagte sie. Mich amüsierte, daß hinter den ›Außenmaßen‹ erklärend ›Kistenmaße‹ stand. Die Typen waren jeweils drei Meter breit wie hoch und 6,1 m, 9,7 m oder 15,7 m lang. »Sehen Sie mal, das ist der ›Liegeraum‹ mit 17

Betten. Die anderen 33 müssen sitzen, während nebenan geschlafen wird.« Sie stöhnte. »Mein Gott, wie furchtbar.«

Die Fotos zeigten viel Stahl, selbst die Spanplatten am Boden sahen nicht nach Holz aus. »Schön übersichtlich«, sagte die Dame und zeigte auf das Regal rechts und links vor dem mit Vorhängen optisch getrennten Durchgang zur Schlafröhre. Dort standen fein säuberlich wie im Kaufhaus aufgestapelt lauter gleich aussehende Dosen (wahrscheinlich acht verschiedene Suppen), drei Sorten Knäckebrot, ein Paket Kinderzwieback und japanische Fischkonserven.

»Was kostet denn so was?« – »Für neun Personen 52 250 DM ohne Zuschüsse, mit wären es 46 175 DM.« Die Dame wunderte sich, daß es Zuschüsse gab, und auch der Herr neben ihr schien plötzlich hellhörig zu werden. »Das ist viel Geld. Aber andererseits: die Leute kaufen sich Autos, die so teuer sind, und rasen sich doch bloß tot damit.« Widersprechen mochte ich ihr nicht, auch wenn die Umstehenden das Interesse an unserem Gespräch verloren zu haben schienen. Ich fand es merkwürdig, das sie mich nicht nach dem Sinn und Zweck, dem Inhalt dieser Kistenmaße fragte. »Würden Sie sich einen Bunker kaufen?« Sie lehnte sich zurück und zupfte ihren umgehängten verrutschten Fuchs gerade. »Ach, wissen Sie, ich habe den Krieg mitgemacht. Ich weiß, wie das ist, wenn man keinen Keller mehr hat und die Bomben fallen.« Daß ein nächster Krieg anders sein würde, mochte sie nicht glauben. »Was soll da anders werden? Die Menschen haben sich immer schon bekriegt. Wenn man da in so einem Raum sein Leben und ein bißchen Habe retten kann, dann ist das schon viel, glauben Sie mir! Es ist nicht schön, daran zu denken – aber man weiß ja nie, auch wenn es jetzt bald vierzig Jahre ruhig war, toi, toi.« Sie klopfte auf den stählernen Aschenbecher unterhalb des Fensters. Es klirrte kräftig, denn sie trug viele Ringe.

»Warum haben Sie sich denn die Prospekte besorgt?« Ich erzählte ihr von meinen Behördengängen und den S-Bahn-Bunkern. »Nein, Sie möchten hier doch nicht auf einem Bahnsteig rumliegen, wie furchtbar. Wenn man was Eigenes hat, kann man es sich auch wenigstens ein bißchen schön machen. Natürlich ist das kein Zuhause, aber es läßt sich alles irgendwie einrichten.« Ich stellte mir vor, wie die alte Dame ein wenig Nippes hier und da in die Borte stellen würde und Deckchen über die Dosen legen würde, weil das hübscher wäre. Und über den orangefarbenen Plastiksitzschalen mit Kissen und Überziehern aus dem Deckchenstoff würde ein Holzrahmenschild am Stahl hängen: ›My home is my Bunker.‹

Sie holte tief Luft: »Für uns einfache Leute haben die da oben natürlich nicht vorgesorgt, aber glauben Sie mir, die haben alle ihre Bunker, die haben schon gut für sich gesorgt.«

Das würde bestritten, erzählte ich ihr. Ihre Blicke sagten, daß sie mich in diesem Punkt für naiv hielt. »Jedenfalls wird in den Behörden davon ausgegangen, daß es sowieso nicht zu einem Krieg kommen kann, wegen der Abschreckung.« – »Das ist doch Quatsch«, sagte sie streng. »Das Kriegmachen hat noch niemand vom Kriegmachen abgeschreckt. Wozu sollen denn wohl sonst all die Millionen für Rüstung ausgegeben werden. Nein, nein, und wenn damit ein Geschäft zu machen ist, dann hält die Leute nichts mehr.«

Sie mußte aussteigen – bei den ›Landungsbrücken‹. Der Bahnhof bot ein Bild der Verwüstung. Der Beton war schwarz verkohlt. Überall waren die Kacheln geplatzt und abgesprungen. Verschmorte Leitungen und metallene Kabelbahnen lagen bloß. Ein Beamter stand mißmutig mit einer Kelle und einem Megaphon auf dem Bahnsteig. »Beim Aus- und Einsteigen bitte beeilen. Der Zug hat Verspätung.« Beim gegenüberliegenden Bahnsteig stand noch ein Beamter.

Es hatte vor kurzem, kaum löschbar, gebrannt. Das schmelzende Plastik verbreitete das Feuer ätzend in großen Tropfen. Die Feuerwehrleute hatten große Probleme mit dem anfangs kleinen Kabelbrand – ein Bunker von innen.

Ich las ein Werbeblatt der ›Thyssen-Schulte GmbH Schutzraumtechnik‹, das vorne für die ›neue Alternative zum Schutzraumbau in herkömmlicher Weise‹ warb, den ›multisafe‹, und hinten ein Lieferprogramm für den herkömmlichen Bau anbot.

Eine Broschüre ›Schutzraumbau. Planungshinweise, Lieferprogramm‹ enthielt im wesentlichen einen Nachdruck der BVS-Schutzbaufibel mit den gesetzlichen Grundlagen der Steuererleichterung und den Bautechnischen Grundsätzen des Bauministeriums. Doch dann schlossen sich eine Fülle mit technischen Zeichnungen versehener Einzelteile an wie das ›kombinierte Normal- und Schutzlüftungsgerät LW 7,5/1,5‹ mit Flanschanschlüssen nach DIN 2633, PN 16, Diffusor, Luftmengenmesser und Getriebe-Motor-Generator-Einheit. Oder aber ›Außenluft-Ansaugleitungen‹ mit abgewinkelten Verbindungsrohr DN 100. Es sah alles aus wie in der Sanitätsausstellung. Herr Brockmüller hatte mir auf einer Fotokopie die Preisangebote beigefügt. Die ›Normalluftansaugleitung DN 100 mit 1 Bogen und zwei Stück Gehrungen und 1 Flansch DIN 2633‹ kostete 260 DM, eine einfache Ansaugleitung Außenluft (500 mm) war dagegen schon für 36 DM zu haben.

Die Produktstelle 10 der Thyssen-Hauptverwaltung Dortmund legte Wert auf die Feststellung, daß »sich die Preise netto, ohne MwSt, einschließlich erforderlicher Verpackung verstehen‹ und ›evtl. Kostensteigerungen unserer Vorlieferanten an Sie weitergeben werden müßten‹. Die Lieferzeiten betrügen zwischen einer und vier Wochen.

Für den Atomkrieg galten gewöhnliche Geschäftsbedingungen, es war kein Passus zu Garantieleistungen vorhanden. Ich ging vom Bahnhof Heimfeld eilig einkaufen, um Brockmüller noch telefonisch erreichen zu können. »Wie ist das eigentlich mit Reklamationen? Das ist doch ein bißchen schlecht bei Atombunkern?« Herr Brockmüller war gar nicht überrascht. »Das kommt praktisch nicht vor. Wenn wir mit Bauarbeiten oder nachzuliefernden Teilen mal in Verzug sind vielleicht. Sonst reklamieren Kunden bei mir, wenn die Dichtungen kaputtgegangen sind, weil sie sie versehentlich oder unwissentlich übergestrichen haben. Das halten die natürlich nicht aus.«

Die ›Produktstelle 10‹ brauchte eben keine Reklamationen zu fürchten. Entweder gab es sie nach einem Krieg nicht mehr oder den Kunden, der ihr den Schutzraum wie einen tropfsicheren Wasserhahn abgekauft hatte.

Ich nahm die ›Schutzbaufibel‹ aus dem Bücherstapel auf dem Eichenschrank. Den technischen Teil mit seinen Grundrissen und Formeln hatte ich bisher überblättert. Vielleicht würde er mir

Auskunft geben, warum sich private Bauherren darauf verlassen können sollten, daß sie ›das Richtige‹ für ihren Bunker kauften. Die Antwort war einfach: das Bundesministerium für Raumordnung, Bauwesen und Städtebau, Referat B 17, verbriefte es: »Mit einer Verwendungsbescheinigung wird bestätigt, daß die Anforderungen der einschlägigen technischen Richtlinien für den baulichen Zivilschutz erfüllt werden und daß gegen die Verwendung des betreffenden Einbau- oder Einrichtungsteils im Schutzraum keine Bedenken bestehen.«

Der BVS verschickte kostenlos ein Verzeichnis von ›Herstellern und Lieferanten von Ausrüstungs- und Einrichtungsgegenständen, von Systemschutzräumen und Montagefirmen‹, das auch den Namen einer Firma enthielt, die erst eine ›Verwendungsbescheinigung‹ beantragt hatte.

37 Firmen erboten sich, Lüfter und Armaturen, Abschlüsse und Türen, Ansaugroste, Kabel und Rohrdurchführungen, Sand für Sandhauptfilter, Einrichtungen oder gleich komplette Fertigschutzräume zu liefern. Die ›Thyssen Umformtechnik‹ bot gleich in drei Rubriken Leistungen. Sonst war es eine Mischung aus kleinen und mittleren Betrieben wie das Kelkheimer Betonwerk, die Hörmann-Schwimmbadtechnik, die Artos Lufttechnik, die Eurospan-Schutzbautechnik oder die Deutschen Metalltürenwerke in Bielefeld.

Überrascht stellte ich fest, daß in meiner Nachbarschaft die ›Presser Schutzräume‹ kugelförmige Fertigbunker herstellten. Ein belangloses Foto zeigte das Produkt neben dem Thyssen-Zylinder und einer ähnlichen Röhre des ›Bayrischen Behälterbaus‹. Die verschiedenen Betonwerke waren nicht durch Abbildungen vertreten.

Ich rief einige Firmen an und ließ mir Prospekte kommen. Die Auftragslage, so wurde allerorten versichert, sei ausgesprochen gut.

Herr Bermel von der ›Lava-Union‹ erklärte mir geduldig, daß der Sand – aus den Ur-Zeiten, in den die Erde aufbrach und Feuer spie – genau das richtige sei: für Zeiten, in denen der Boden vor Hitze brannte. Die Lavasande, von denen es am Rhein glücklicherweise genügend gäbe, hätten eine ›ungewöhnlich große

Oberfläche‹ und ›außerordentlich absorbierende Wirkung‹. Seine kölsche Mundart machte seine technischen Ausführungen leicht verdaulich.

Auch der Prospekt für den feinen Sand war locker aufgemacht: Das Titelbild zeigte drei launige Tempera-Bildchen von einer scheußlich qualmenden Industrieanlage, einem friedlich in grüner Landschaft stehenden Atommeiler und darunter einem Atompilz vor düsterem Himmel.

Der Innentext war nicht minder sprunghaft: »Gegen Katastrophen – ob infolge kriegerischer Auseinandersetzungen, industriellen Unglücks oder möglicher Terrorakte – die eine atmosphärische Verseuchung herbeiführen, sind größtenteils unzureichende oder keine Schutzvorkehrungen getroffen worden. (...) Um hier eine Tendenzwende herbeizuführen, ist sowohl an die öffentliche Hand zu appellieren, die eine Bundeswehr für den Verteidigungsfall unterhält und ausrüstet, die jedoch unmittelbar für die zivile Bevölkerung nur knappe Mittel bereitstellt, als auch an das Eigeninteresse der Bürger. In letzterer Sache geben die Deutsche Schutzbau-Gemeinschaft, Viernheim, und der Bundesverband für Selbstschutz, Köln, als engagierte Vereinigungen jedem Interessenten Hinweise und Informationen über den Schutzraumbau in der Bundesrepublik. (...) Den modernen zeitgemäßen Anforderungen zufolge ist neben den rein räumlichen Vorschriften ein verläßliches Belüftungssystem unabdingbar.«

Nach einigen Tagen ermüdeten mich die Hardware-Angebote mit all den DIN-Normen, Flanschen und Knickrohren. Ich rief die Herbert Schmidt GmbH an, die Bunker einrichtet. Sie würden Betten und Sitz- und Liegekombinationen verkaufen, sagte mir Frau Lorenz freundlich. Allerdings könne sie augenblicklich keine Aufträge mehr annehmen: »Wir sind bis Mitte 1985 ausgebucht. Der Bedarf ist groß. Augenblicklich haben wir einen Boom. Die Angst der Leute vor der Rüstung ist sehr verbreitet. Das ist das erste Mal, das uns das passiert.«

Ich fragte, ob es denn Hamburger Kunden gäbe, bei denen ich mir die Einrichtung ansehen könne, denn eine Ausstellung hatte die Firma Schmidt nicht. »Wir haben in Hamburg eigentlich nur große Schutzräume in letzter Zeit ausgestattet, zuletzt den

S-Bahnhof Harburg, für 5000 Leute. Wir haben uns mit kleinen Dingen gar nicht abgegeben.«

Es tat Frau Lorenz leid. Sie suchte mir die Anschrift einer Firma in Köln heraus, die vielleicht noch liefern könne, und gab mir die Telefonnummer des Bunkerwartes vom Hamburger Hauptbahnhof, damit ich mir die Betten ansehen könnte. Sie hießen ›Dornröschen-Betten‹.

Die ästhetischen Defizite des Vernichtungskrieges
Vor-Bildliches

Atomexplosionen sind immer gut für ein Stück von Pink Floyd. Eine langsame Nummer muß es zunächst sein, vielleicht irgendwas von ›Obscured by Clouds‹ oder ›Atom Heart Mother‹, besser noch von ›Dark Side of the Moon‹. Dann können die friedlichen Konturen einer stimmungsvollen Landschaft, etwa der Südsee-Idylle des Bikini-Atolls oder einer unberührten Wüstenlandschaft bei Los Alamos, nach geruhsamem Überblick mit einem heftigen Blitz zerrissen werden. Das Bild kann zur Steigerung der Melodiebögen vibrieren und wieder scharf werden. Allmählich erst muß sich dann, in Zeitlupe, weit hinten der Pilz ausbilden.

Es wäre doch ›A saucerful of Secrets‹ geeigneter, zum Beispiel der Titel ›Astronomy Dominé‹ oder so. Die Farbgebung ist dabei wichtig. In die Stratosphäre aufwirbelnde Staubmassen wirken nur mit glühenden Elementen. Es muß als Verdeutlichung des Maßstabs unbedingt vorne ein kleines einsames Farmerhaus, ein paar Palmen respektive ein mittleres Kriegsschiff stehen, um die ganze Größe zu gewahren. Dann, das Schlagzeug hat durch dumpfe Phrasierung auf Baßtrommel und Snare zum Höhepunkt getrieben, folgt die Druckwelle, die in Zeitlupe und gerne unscharf verwackelt gefilmt, im Sturm aus Staub, Wasser und Mobiliar der Zivilisation alles mit sich fortreißt. Hier kann ein lautes Gitarrensolo mit singenden Tönen die Beschleunigung der Menschenpuppen untermalen.

Apokalypse ohne Musik kann ich mir schon gar nicht mehr vorstellen. Auf dem rechteckigen Eichentisch lag nichts. Das dunkle Holz wirkt, ebenso wie das wuchtige Bufett und der Vertiko, vor den weißen Wänden leichter. Ich saß auf einem der schlichten Eichenstühle. Der Blick auf die Holzmaserung lenkte mich immer wieder ab. Ein weißer Schleiflacktisch wäre eine bessere Grundlage. Oder ein matter Bildschirm.

Ich konnte mir nicht helfen. Immer wenn ich versuchte, mich zu erinnern, wie mir der Atomkrieg nahegebracht worden war, wurde alles in mir fern. Es gab kein Bild, daß sich unauslöschlich eingeprägt hätte, eher ein beliebiges Repertoire von Belanglosigkeiten, die sich aneinanderreihen ließen, ohne einen Sinn zu geben: Puppen in Schaukelstühlen, GIs im Graben, Südsee-Insulaner mit Blumenketten, großer Knall ohne Knall, sphärische Musik – aus die Oper!

Erklären konnte ich mir, was da zu sehen und eben doch nicht zu durchschauen war. Der Kopf sagte: Atomexplosion, furchtbar, ungeheure Kräfte, nichts widersteht, Inferno. Aber das sagten die Bilder nicht. Sie verherrlichten die Gewalt der Explosion, in Weitwinkel oder Tele, Farbe oder Schwarz-Weiß, mit Soundtracks zum Unfaßbaren. Aber das sagte auch bloß der Kopf. Der weiß immer alles besser.

Die Maserung machte mich diesmal an. Ich legte ein weißes Blatt Schreibmaschinenpapier auf die Platte. Der Blick fiel darauf. Die Konzentration fand nicht statt.

Wie soll man auch den Schrecken visualisieren, die Macht und das Verderben, das von einem Punkt flächig ausbricht und von Naturgesetzen knapp in Zaum gehalten wird? Und wie anders sollte die Erfahrung der Bedrohung sinnfällig gemacht werden? Ich notierte die Fragen auf dem Blatt. Jetzt war es noch weniger weit her mit der Konzentration. Wenn sich das nun nicht vermitteln ließe, was Atomexplosion ist?

Ich knüllte den Zettel und warf das Bällchen zum Ofen.

Albert Einstein hat gesagt, »das Atom hat alles verändert, nur nicht unser Denken«. Das machte mir weniger Sorgen als die Erfahrung, daß ich vom Anblick einer Atomexplosion fasziniert war.

Vor Jahren habe ich einen Film über die Opfer von Hiroshima gesehen. Da waren die Schatten von Menschen, die in eine Brücke und ins Pflaster gebrannt waren, das Kimono-Muster auf der Haut einer Frau, entsetzliche Wunden und zu Staub gewordene Häuser. Der ›Bundesverband für Selbstschutz‹ führte vor. Der Raum saß dichtgedrängt voll mit jungen Leuten, die einenTeilnahmeschein an einem Kurs über Sofortmaßnahmen am Unfallort brauchten – für ihren Führerschein. Es wurde gekichert, geflüstert und weggesehen. Mehr weiß ich nicht, außer ich denke wieder an Pink Floyd.

Die Ästhetik der Explosion ist ausgeliehen. Sie entspricht unseren Sehgewohnheiten und der Atmosphäre, in der wir optische Erfahrungen zu verarbeiten gelernt haben. ›Dallas‹ ist die aktuelle optische Achse der Weltsicht.

Ich habe das schmerzlich an der Dallas-Bearbeitung des Dritten Reichs bemerkt, der Familienserie ›Holocaust‹. Wären die Commercials des Originals in der Bundesrepublik gesendet worden, hätte es einen heilsamen Realitätsbruch gegeben, der zudem ergänzte, was vergessen wurde: das Geschäft mit dem Genozid.

Doch von dem ›Manhattan Projekt‹, der Erprobung der Bombe in der Wüste, zu der sie die menschliche Zivilisation verwandeln könnte, und vom Abwurf des ›Little Boy‹ aus der ›Enola Gay‹ gab es keine Fernseh-Fassung, die anrührte – außer dem Hollywood-Film ›The Day after‹.

Das war vielleicht gut so. Und doch wünschte ich, daß diese Lücke gefüllt würde. Auch wenn es nur ein Surrogat sein mochte, so gab es keinen Schritt dahinter zurück.

›Holocaust‹ als Erfahrungsersatz für alle, die von allem nichts gewußt hatten, wirkte. Selbst wenn die Bilder von den Personen und den Situationen verlorengehen, blieb ein erinnernsbereiter Restsatz Unruhe im Kopf, der nicht verdrängt werden kann. Es müßte mehr da sein, aber das wenige ist etwas.

Die bisherigen Bilder von der Bombe sind beliebig. Sie erinnern heißt, sie vergessen. Sie sind uns nicht eingebrannt wie ein Kimono-Muster.

Es waren bombige Bilder. Das ist nicht das Elend! Nicht nur, daß aus dem Ende des Films das Ende des Schreckens spricht, sondern auch die Beherrschbarkeit dieses technisch gestalteten Irrsinns.

Das machte mir die meiste Angst, daß jemand mit seinem Kopf sich der Gefahr aussetzt, ja sie zum Gegenstand seiner Politik macht, als Abschreckung, der nichts anderes in sich trägt als die

Bilder von einem Ereignis, das wie alle Berichte in wissenschaft-
lich-technischen Magazin vertont ist. Und Menschen seinen Worten glauben mögen.

Der Ruf nach dem Malermeister

Es war das Jahr der NATO-Nachrüstung, als ich den Auftrag für
ein kleines launiges Reportstück im Aktuell-Teil des ›Deutschen
Allgemeinen Sonntagsblatt‹ bekam. Noch war es Frühjahr. Die
Ostermärsche beanspruchten die Friedensbewegung. Nur verein-
zelt wurden Demonstration und Diskussionen für den als ›heiß‹
angekündigten Herbst Gegenstand öffentlicher Erörterung. Da
kam in Hamburg das Thema ›Bunker‹ hoch.

An einem Samstagmorgen rief der E. an, ich müsse sofort
raus, mit Kamera und Bleistift. Er habe mit Freunden den Wehr-
machtsbunker in der Lassallestraße besetzt. Ich war verwirrt,
denn das Mal davor war es ein leerstehendes Haus gewesen. Es
sollte nur eine Demonstration sein, sagte E. Die ›Bullen‹ wären
natürlich auch schon da, ein Hubschrauber würde über ihnen
kreisen, höchste Staatsaktion. Fast so richtig Krieg eben, hörte
ich später R. in der Kneipe erzählen. Ich war nicht hingegangen.

Doch ich ging der Sache nach. Denn unter dem Briefkopf des
Kultursenators waren zu dieser Zeit ›ästhetische Defizite in den
Stadtteilen‹ ausgemacht und der geneigten Künstlerschaft zur
Behebung empfohlen worden. Darüber sollte ich schreiben.

Gemeint waren mit dem Behördendeutsch die hundert Bunker
aus dem Zweiten Weltkrieg. ›Mit ihrem häßlichen Aussehen‹,
das teilten die Kulturverwalter in einer ›Ausschreibung‹ Architekten und bildenden Künstlern mit, ›korrespondierten‹ die Boll-
werke aus Beton nicht mit der ›bestehenden Bebauung‹. Ein
›Ideenwettbewerb Hochbunker‹ sollte daher bis zum 22. April
1983 Vorschläge eines ersten Dutzend der ›Fremdkörper‹ erbrin-
gen; diese ›Vorschläge‹ würden unverzüglich aus Mitteln des
Etats ›Kunst im öffentlichen Raum‹ verwirklicht. ›Zielsetzung‹
sei dabei die ›Verbesserung der städtischen Umwelt sowie die

146

Ausprägung der urbanen Identität Hamburgs und seiner Stadtteile‹.

Eigentlich hätten schon die Nationalsozialisten zwischen 1940 und 1942 ähnliches vorgehabt, resümierte die sozialdemokratisch geführte Behörde in einer ›Situationsbeschreibung zum Wettbewerb‹. Doch ›infolge der fortschreitenden Kriegsereignisse‹ hätten die vorgesehenen ›Klinker- oder Putzfassaden‹ vor dem Beton nicht mehr angebracht werden können, die ›sowohl eine Tarnung als auch eine bessere Integration mit der Umgebung erreichen‹ sollten.

Was als übliche Vergabe handwerklicher Arbeiten zwischen Behörde und Künstlern gedacht war, wurde öffentlich. Die deutsche Geschichte wurde, selten genug, so einmal beiläufiges Thema Dutzender Geschichten, die nun von Redaktionen in Auftrag gegeben wurden. Denn die ›Freie Vereinigung bildender Künstler‹ hatte andere Probleme mit den ästhetischen Defiziten des Vernichtungskrieges. Sie machte ›mißverständliche Formulierungen‹ im Amtsdeutsch aus und sagte die Wettbewerbsteilnahme ab.

Die Hamburger Kulturbehörde sah sich zur Klarstellung veranlaßt: »Deshalb wird noch als grundsätzlich erklärt: Bunker sind Kriegsgeräte, die an den Zweiten Weltkrieg erinnern.«

Die Anforderungen an die Gestaltung dieser Kriegserinnerungsgeräte wurden neu definiert: »Wie kein anderer Gegenstand stehen sie heute noch überall in den Hamburger Stadtteilen und weisen unübersehbar auf den vergangenen Krieg wie auf die zukünftige Kriegsgefahr hin. Die Gewöhnung an ihren Anblick hat Bunker scheinbar unsichtbar werden lassen.«

Das war nicht weniger mißverständlich: Weil also die übersehbaren Hinweise auf Krieg durch Gewöhnung scheinbar unsichtbar geworden waren, sollten Künstler unübersehbar auf die unübersehbaren, scheinbar unsichtbaren Hinweiser hinweisen.

»Von den Teilnehmern des Wettbewerbs wird erwartet, daß sie sich mit den Bunkern als Kriegsgerät und dem Thema Krieg auseinandersetzen. Dies soll im örtlichen Zusammenhang mit den Bunkerobjekten selbst geschehen, weil die direkte Ansprache der Bevölkerung in den Stadtteilen erreicht werden soll und damit ein allgemeiner Bewußtseinsprozeß eingeleitet werden kann.«

Inzwischen war der sozialdemokratische Kultursenator Wolfgang Tarnowski aus dem Amt geschieden. Ihn hatte ein langjähriger persönlicher Bewußtseinsprozeß vom Sessel des Senators vergrault: dem Neubau der Universitätsbibliothek hatte er den Namen des von den Nationalsozialisten im Konzentrationslager ermordeten Schriftstellers Carl von Ossietzky geben wollen. Doch anderen Senatoren und den christlichen Demokraten ging diese Ehrung eines unbeugsamen Widerständlers gegen die Faschisten zu weit, er war Kommunist. Das hatte Tarnowski zu denken gegeben.

Ihm folgte die parteilose Helga Schuchardt nach. Sie hatte sich gegenüber den Hamburger Sozialdemokraten als aufrechte Demokratin ausgewiesen, als sie nach der Bonner Wende der F.D.P. zur CDU/CSU ihre Partei im Herbst 1982 verlassen hatte. Daß sie, noch in Parteiwürden, den Rechtsdruck der FDP durch den massenhaften Beitritt von Malermeistern samt Familien in die lokalen Gliederungen des als links geltenden Landesverbandes Hamburg ohne öffentliche Kritik hinnahm, daß sie ihren Fassadenwechsel von der wirtschaftsgeneigten zur sozialdemokratischen Partei ohne Identitätsprobleme schaffte, war für die Fassadengestaltung der Bunker ein ungeahntes Überlebenstraining gewesen.

Denn wegen der langen und verlängerten Ausschreibungsfrist für die sich sträubenden Künstler war in manchen Stadtteil der Ruf nach dem Malermeister laut geworden. Der Vorstand des Vereins ›Lebendiges Phoenixviertel‹ in Harburg wollte beispielsweise selbst Hand anlegen. Vorsitzender Meier ließ die Senatorin wissen: »Der Anblick der Bunker löst in keinem von uns eine kriegsfördernde Wirkung aus, sondern stellt im Gegenteil ein Mahnmal dar und erinnert uns daran, daß nichts auf der Welt schöner ist als der Frieden! Es geht auch ohne Künstler – und wahrscheinlich billiger.«

Daraus wurde nichts. Außer meine Geschichte aus 118 Zeilen zu 36 Anschlägen, Spitzmarke: ›Hamburg: Schöner wohnen und schöner überleben?‹, Überschrift: ›Bunker mit Blumen‹, Seite 5, die schnell vergessen war. Sie schloß: »Übrigens: nicht nur die städtebauliche Integration der Bunker soll gefördert werden. Beachten sollen die Teilnehmer auch – so der amtliche Text –, daß

die Bunker ›bereits jetzt oder in den nächsten Jahren „reaktiviert"
werden‹, um ›der Bevölkerung als Schutzräume dienen zu können‹. Dann kann man nicht nur schöner wohnen, sondern wohl
auch schöner verteidigen.«

Daran mußte ich jetzt denken.

Das Maß, auf das der Mensch schrumpft

Es hatte zu schneien begonnen. Der Nachmittag war schneller als
sonst verstrichen. Um vier Uhr fing die Dämmerung an. Ich saß
am Eichentisch zum bullerwarmen Ofen hin und hatte zwei Broschüren vor mir liegen, die beide denselben Titel trugen, ›Schutzbaufibel‹, aber quer und hoch und anders aufgemacht waren.

Ich fühlte mich behütet. Die feinen Flocken sanken senkrecht
und langsam. Nur wenn eines der wenigen Autos vorüberfuhr,
wirbelten sie mehr durcheinander, gab es kleine Turbulenzen hinter dem Heck, und für kurze Zeit entstand ein flirrendes Muster
vor den Scheiben.

Auf dem Ofen war der Kaffee in der Keramikkanne ein zweites
Mal ins Kochen geraten. Es roch noch nach Bratäpfeln aus dem
Fach im Kachelofen. Der Korbschirm verteilte das Licht wie ein
Sieb.

Die ›Bautechnischen Grundsätze für Hausschutzräume des
Grundschutzes, Fassung Februar 1972 in Verbindung mit dem Er-
gänzungsblatt Juni 1976‹ las ich mit großer Mühe. Nur der Paragraph 5, Abschnitt 1, Punkt 3 zur ›Beanspruchung, Bemessung
und Konstruktion von Hausschutzräumen‹ sagte mir zu: ›Wind-
und Schneelasten brauchen bei Hausschutzräumen nicht berücksichtigt zu werden.‹

Dagegen sei Mindestanforderung eben der ›Grundschutz‹ gegen ›herabfallende Trümmer, radioaktive Niederschläge, Brand-
einwirkungen, biologische und chemische Kampfmittel‹.

Ich blätterte die Broschüren von hinten nach vorne durch. Eine
war im November 1983 aufgelegt worden, im Querformat, mit
feuchtigkeitsabweisendem Schutzumschlag. Freundlich weiße Sei-

ten mit kleingedrucktem Text und Skizzen informierten detailliert über ›Staatliche Zuschüsse – Steuerliche Abschreibungen – Technische Richtlinien‹. Das tat die Broschüre aus dem Dezember 1983 auch, aber auf ›Umweltschutzpapier‹, grau, dafür mit vielen Fotos, größerer Schrift und volksnahen Vergleichen. Mit dem Bunker sei es ›so ähnlich wie mit dem Sicherheitsgurt im Auto‹: »Neben den vielen denkbaren Unfällen, bei denen ein Sicherheitsgurt Leben und Gesundheit rettet, gibt es sicher auch einige wenige, bei denen er nicht nützt.«

Doch der ›Bundesverband für den Selbstschutz‹ (BVS) war in seinen beiden konkurrierenden, inhaltsgleichen Broschüren optimistisch.

Ich saß da und versuchte mir die Welt vorzustellen, die nach wenigen einleitenden Worten in Paragraphen und technischen Erläuterungen entworfen wurde, eine Welt aus ›gesteiften Baukörpern‹, deren niedrige Decken mit Stahleinlagen ›bewehrt‹ waren. ›Betonstahl nach DIN 1045‹ oder ›Beton der Fertigungsklasse B 25 (Bn 250) nach DIN 1045‹ war der Stoff, aus dem der Traum war.

Die zahlreichen Grundrisse erinnerten mich an sozialen Wohnungsbau, eng, verwinkelt und streng funktional. Die Anweisung des Bundesbauministers las sich so: »4.2.2 Aufenthaltsräume mit Schutzplätzen für weniger als acht Personen müssen mindestens sechs Quadratmeter Grundfläche und mindestens $14\,m^3$ Rauminhalt haben. Für jeden weiteren Schutzplatz erhöht sich bis zu einem Fassungsvermögen von 25 Schutzplätzen die notwendige Grundfläche um $0,50\,m^2$ und der notwendige Rauminhalt um $1,15\,m^3$. Ab 26 Schutzplätzen müssen je Schutzplatz $0,60\,m^2$ Grundfläche und $1,40\,m^3$ Rauminhalt vorhanden sein. Die im Aufenthaltsraum für die Einrichtung und den Betrieb der Lüftungsgeräte erforderliche Grundfläche ist zusätzlich vorgesehen; das gleiche gilt, wenn Aborte im Aufenthaltsraum vorgesehen werden.«

Dies Maß, auf das der Mensch schrumpfte – einen halben Meter Grundfläche und maximal anderthalb Meter Rauminhalt – war den Bildern von Bunkern nicht anzumerken.

Das Titelbild der volksnahen Broschüre zeigte eine energische Hand, die an einem Hebel so etwas öffnete wie Opas Panzer-

150

schrank. Durch einen schmalen Spalt war schon ein Blick hinein möglich. Zwei große Plastikkanister standen auf dem Boden vor einer geschwungenen braun gemaserten Holzimitationsbank. Die Lehne war die weiß gekalkte Wand. Aufgeblasene blaue, dreigeteilte Plastikkissen bildeten die Kopfstütze. Darüber war so etwas wie eine Fensteraussparung zu sehen, die mit zwei Reihen je vier Schuhkartons, numeriert, zugestellt war – später stellte sich bei der Lektüre heraus, daß es sich um ›Betonfertigsteine‹ für den ›Filterraumzugang‹ handelt. Dann war nur noch Platz für ein Brett mit Tante Olgas Reisekoffer, die Neonröhre, wuchtige Rohre und die unverputzte Betondecke.

Ein anderes Foto zeigte die ›Möglichkeit friedensmäßiger Nutzung: Lagerraum‹. Auf einem flauschigen Teppichboden stand ein Holzgerüst mit mehreren aufgestapelten Koffern, vermutlich von der letzten Überseereise. Der ausgediente Schlafzimmerkleiderschrank und die Kommode aus den Fünfzigern standen rechts, mittelgroße noch verschnürte Pakete neckisch daraufgelegt wie Weihnachtspräsente. Hinten dann das arg leere Holzbort mit drei Brauseflaschen, einer Thermoskanne, zwei Plastikeimern Binderfarbe (20 kg) und allerlei anderen Dosen ohne Etikett. Von Menschen weit und breit keine Spur.

Ein drittes Foto war zum Bersten aufgefüllt mit Gegenständen und dunklen Balken. Beim zweiten Hinsehen war der Umkleideraum eines unvermögenden ländlichen Fußballvereins der Amateurliga zu erkennen. Die Bildunterschrift lautete: ›Möblierung eines Hausschutzraumes‹.

»Jeder Hausschutzraum muß mindestens einen Trockenabort haben. Bei Hausschutzräumen mit mehr als 25 Schutzplätzen sind zwei Aborträume vorzusehen. Die Grundfläche für den Abort darf nicht kleiner als $0,80\,\text{m}^2$ sein; Abschluß mit Türen oder Vorhängen.« Auch von diesem Menschlichen war nichts zu sehen.

»Die lichte Höhe im Aufenthaltsraum darf nicht kleiner sein als $2,30\,\text{m}$ über Flächen für dreistockige Liegen. $1,7\,\text{m}$ über Flächen für zweistockige Liegen, zwei Meter über Bewegungsflächen, $1,50\,\text{m}$ über Sitzflächen.« Ich saß mit einem kleinen Buckel da. Zufrieden streckte ich mich, als ich über mir mindestens zwei Meter Luft sah. Ich atmete auf, denn ich war in die Lektüre wie in einen Science-Fiction-Roman von einer fernen Welt versunken gewesen. Besonders das Foto ›Zuluftverteilung unter der Decke und Betonfertigteile für Filterraumzugang‹, das einen völlig kahlen Bunker mit aus der Wand genommenen und säuberlich aneinandergereihten Quadern zeigte, fesselte mich. Was mochten das für Wesen sein, die sich hier einrichteten, wie mochten sie in diesen vermutlich 24 Kubikmetern Nichts ihr Leben gestalten?

Die kahlen Räume gaben Rätsel auf über die Kultur.

Am Ofen goß ich mir Kaffee nach. Er schmeckte fade. Ich schritt im Raum sechs Quadratmeter ab, die Grundfläche für sieben Personen. Die Fläche versuchte ich mir zu merken. Welche Gegenstände würde ich in dieses Rechteck mitten in meinem Zimmer legen? Ein Buch. Welches? Für vierzehn Tage – von dieser Zahl war in den Broschüren immer die Rede gewesen – würde eines auch nicht reichen. Doch zwei mochte ich nicht ins Rechteck legen. Ich sah die 12 anderen Füße eng aneinanderschurren. Wenn ich es gelesen hätte, könnte ich es den anderen erzählen. Anfangs würden sie es vielleicht nicht wollen. Aber nach einigen Tagen war jeder bestimmt für ein gesprochenes Wort dankbar, das nicht ›Hilfe‹ hieß. Wir könnten uns gegenseitig Bücher erzählen. Der Aufenthalt wäre dann kein sinnzermürbendes Warten und wir nähmen an der Rettung dessen teil, woran Generationen vor uns gearbeitet hatten – wenn wir nur die richtigen Bücher mitnähmen, jeder eines, sieben Stück für alle.

Ich sah mich um. Ein Bild an den kahlen Betonwänden wäre schön. Vielleicht die Vergrößerung der in Jahrhunderten terrassierten Felder im Tal des großen Königs, im Valle Gran Rey auf der kanarischen Insel La Gomera. Die Mauern aus Abertausenden ungleichförmiger Steine, die das Grün am unbezwingbar wirkenden Felsen hielten, mochten auf die Dauer im Bunker unästhetisch wirken. Auch das Foto von der Hauswand mit dem halb geöffneten Fensterflügel, den halbhoch aufgetragenen Farben, die wie das Meer gleich nebenan grün und blau schillerten, und dieser von der Sonne verblichene und vom Putz gefallene leicht Lilaton darüber, würden unten nicht wirken. Ich verabschiedete mich von den Bildern und wollte sie mir im Kopf fest verwahren. Aber wie schnell hatte ich vergessen, wie die Stadt vor der ›Sanierung‹ ausgesehen hatte.

Ich setzte mich an den Tisch, außerhalb des Rechtecks. Über dem Sofa mit seinen hohen Armlehnen, der verschnörkelten Holzeinfassung und dem weich wie eine norddeutsche Endmoränenlandschaft erhabenen Rückenteil hingen die beiden Lithografien, die niemand außer mir mochte. Sie waren auf Steinplatten mit nur zwei Farben – wohl ein Ockerton und ein Wiesengrün – im letzten Jahrhundert gedruckt worden. Die eine zeigte einen durch Wiesen geschlängelten Bach. Weiter hinten führte ein Sandweg an einem Birkenhain vorbei zu Feldern. Die andere zeigte vier Menschen beim Beladen eines Ochsenkarrens mit Heu nahe eines dichten Waldes. Die Motive seien kitschig und die Bilder düster, war oft gesagt worden. Das widersprach sich. Es waren einfach nur vergangene Eindrücke, schlicht, aber nicht verschönert. Unten war das egal.

Ratlos ging ich im Zimmer um das Viereck. Aus der Speisekammer holte ich mir die Trittleiter, um mal von oben auf den Grundriß zu sehen. Die Betonwände waren langsam im Zimmer hochgewachsen. Den Ficus benjamina würde ich gerne hineinstellen, ich habe ihn in den letzten vier Jahren so hoch gezogen. Aber dann wären wir siebeneinhalb.

Ohnehin mußte ich an das Leben denken, beim Überleben. Schließlich handelte es sich nach der Gebrauchsanweisung nur um ›Grundschutz‹. Nahrungsmittel müßte ich zusammenstellen, wenn schon nicht Lebensmittel. Nur schwer konnte mich Antje vom Junggesellenkochen an frische und vollwertige Kost gewöhnen. Jetzt schmeckte mir kein Dosenpfirsich mehr, kein vor Jahren in eigenem Saft umblechtes Fleisch. Kochen war bei uns nicht ›Essenmachen‹, sondern ein gegenseitiges Streicheln. Ich wundere mich, daß Menschen, die sagen, Liebe geht durch den Magen, Tiefkühlpizza mögen.

Überhaupt, wenn Antje nicht zu den sieben gehörte…

Die Leiter stand noch da, aber die Mauern waren verschwunden. Ich ging wieder ungehindert im Zimmer auf und ab, von dem Nähmaschinengestell, auf dem die Schreibmaschine stand, fünf Schritte zum Ofen, drei quer zur Couch, sitzen, rund um den Tisch, fünfeinhalb zur Plattensammlung, vier nach links zum Plattenspieler – es war eine befreiende kleine Raserei.

Es war spät geworden. Ich wollte gerade die Gestaltungspläne für den Bunker aufgeben, als mir einfiel, daß sich andere Menschen bereits professionell des Themas angenommen hatten. Das ›Referat Öffentlichkeitsarbeit, BSV-Service‹, ein oder eine ›Dr. Schneider‹, hatte mir noch eine Broschüre geschickt, die ich nicht beachtet hatte, weil sie ein braun eingewickeltes Postpaket auf dem Titel zeigte und eben nach Tarifinformation der Deutschen Bundespost aussah – wäre da nicht der Adreßaufkleber gewesen, auf dem ›Ihr Vorsorgepaket‹ stand und der rote schmale Streifen – sonst Vermerken über die Versendeform vorbehalten – mit der ›Information über Vorsorge und Eigenhilfe der Bürger‹ bedruckt war. Gerhardt Rudolf Baum, Bundesminister des Innern, den ich bis dahin als klugen, abgewogenen Mann geschätzt hatte, schrieb zur 2. Auflage im Mai 1982: »Es bedarf nur wenig Mühe, die Informationen und Ratschläge zu lesen und zu befolgen. Jeder Bürger sollte rechtzeitig sein Vorsorgepaket schnüren. In der Stunde der Not kann es zu spät sein.«

Der Text war trocken eingefügt zwischen den verschiedensten Aufzählungen, welche ›folgende Einrichtungen‹ in den Bunker gehörten, wie ein ›behelfsmäßiger‹ Schutzraum ›folgendermaßen beschaffen sein‹ sollte, welche ›Hygienemittel im Ernstfall‹ vorsorglich ›bereit‹ liegen müßten und welche Familienurkunden, Versicherungspolicen, Sparbücher, Zeugnisse, Verträge und Testamente in die ›Dokumentenmappe‹ gehörten.

Am Schluß der 32 Seiten Tips für das Überleben wurde es noch praktischer: auf vier Seiten waren Listen zusammengefaßt, mit den Spalten ›vorhanden‹ und ›beschaffen‹ zum Abhaken.

Die Reihe ›Energie und Beleuchtung‹ nannte ›Kerzen, Streichhölzer, Taschenlampe, Kochplatte, Spirituskocher, Trockenspiritus, Kanonenöfchen, Kohlen, Holz, Briketts, Rundfunkgerät, Reservebatterien‹. Ich wunderte mich, wie auf meinen sechs Quadratmetern noch ein Kanonenöfchen samt Brennmaterial Platz finden würde und ob wohl der Rauch in den Filterraum geleitet werden sollte. So gerne ich auch Kerzenlicht mag, so wenig wäre mir eingefallen, bei einem $14\,\mathrm{m}^3$ großen Raum mit sieben Menschen auch noch Luft und Licht zu verbrauchen. Auch Kochen mit offenem Feuer schien mir wenig sinnvoll.

154

Ich blätterte nervös zurück. Doch, die Rede war vom Atomkrieg, von vierzehn Tagen ›Aufenthalt‹ im Schutzraum. Als Beispiel für die Notwendigkeit der Maßnahmen aber wurde immer wieder die ›Schneekatastrophe‹ genannt.

Kurz war auch die Liste ›Lebensmittel und Trinkwasser‹: ›Dauerbrot in Dosen, Knäckebrot, Zwieback, Kaffee, Tee, Haferflocken, Marmelade, Honig, Zucker, Salz, Gewürze, Kondensmilch in Dosen, Milchpulver, Speiseöl, Pflanzenfett, Schmalz, Fleischkonserven, Fisch-Vollkonserven, Babynahrung, Diät- oder Krankenverpflegung, Trinkwasser, Mineralwasser, Säfte, Fertiggericht- und Suppenkonserven, Obst- und Gemüsekonserven.‹ In der Reihenfolge, wie bei einer Urlaubsfahrt ins Ferienhaus an der See. Nur, daß man ›regelmäßig auf die Haltbarkeitsdaten achten‹ sollte, bei ›Lebensmitteln, die länger als 5 Jahre haltbar und daher nach dem Gesetz nicht mit Datum versehen werden‹ brauchten, sollte man sich ›das Kaufdatum notieren‹.

Dann folgte die längste Liste, die ›Hygiene- und Hausapotheke‹, eben das, was ordentliche Deutsche ohnehin in ihrem ›Kulturbeutel‹ mitzunehmen pflegen: »Seife, Waschmittel, Zahnbürste, Zahnpasta, Einweg-Geschirr und Besteck, Einweg-Handschuhe, Haushaltspapier, Toilettenpapier, Müllbeutel, Camping-Trocken-Klo, Ersatzbeutel, Torfmull, Sägemehl, Chlorkalk, Desinfizierungsmittel, Schmierseife, DIN-Verbandskasten, Fieberthermometer, Wunddesinfektionsmittel, Wundgel, Kamille-Extrakt zum Gurgeln und für Spülungen, Beruhigungsmittel, Vorbeugende Mittel gegen gripp. Infekte, Schmerzlindernde Tabletten, Tabletten gegen Halsschmerzen, Medikamente, die vom Arzt verordnet sind, Wärmeflasche (Gummi), Augenklappe, Kalziumtabletten, Vitamintabletten, Kohletabletten, Abführmittel.«

Es wurde eng. Ich prüfte, ob ich nicht das Einweggeschirr und andere Ex- und Hopp-Kultur von der Liste streichen sollte. Doch die Broschüre warnte, daß mit dem kostbaren Wasser nicht abgespült werden dürfe. Da würden manche Menschen erst im Krieg merken, was sie in der Natur mit dem Wegschmeißen von Ex-und-Hopp-Gegenständen angerichtet hatten, die Berge würden sich im Bunker stapeln und den Lebensraum nehmen, weil Wasser wichtig war, das vorher weniger wert war als der Müll der Industriegesellschaft. Eine späte Übung. Oder vielleicht sogar eine konsequente? Ich war verwirrt: Waren die Zutaten für ein unterirdisches Existieren so wenig verschieden von dem, wie sich viele bereits oben eingerichtet hatten? Waren Alltag und Atomkrieg so nah beieinander, oder sollte das bloß die Angst nehmen vor einer unvorstellbaren Welt?

Ich grübelte vor mich hin, während ich die Broschüre durchblätterte. Die Fotos zeigten eine Hand, die ein Streichholz entzündet, eine andere öffnete die Schutzraumtür und ein anderes Mal den Verbandskasten. Das war alles sehr handgreiflich, wie der griffige Text: »Immer wieder hört man die Behauptung ›in einem Atomkrieg gibt es keinen Schutz!‹ Das stimmt nicht. Diese Behauptung wäre nur dann richtig, wenn man sich einen Krieg vorstellt, in dem ein Land mit einem dichten Teppich von Atombomben belegt würde. In einem solchen Fall, wenn sich die Radien der totalen Zerstörung überschneiden, dann gäbe es tatsächlich keinen Schutz mehr. Durch eine solche Verwüstung und radioaktive Verseuchung aber würde nicht nur ein Land, sondern unter Umständen sogar der ganze Erdteil auf lange Zeit unbewohnbar gemacht. Das aber kann nicht das Ziel eines Gegners sein, und darum ist diese Vorstellung unrealistisch.« Es war also ganz einfach, daß Oben-Leben unten fortzuführen, das war ›realistisch‹, das ›stimmte‹.

Es war eine brave Welt, in der es ›einen Gegner‹ gab, wohlgemerkt ›einen‹, und der verfolgte ›Ziele‹. Ausgeklinkte Computer, die Marschbefehle für Atombatterien gaben, fehlten in diesem Realitätssinn wie die von Kommunikation abgeschnittenen Generäle oder Bomberpiloten, die unter Zeitdruck nicht über die Gesamtwirkung ihrer Einzelentscheidung philosophieren konnten. Was war schon ›realistisch‹ im Atomkrieg? ›Kriegsbilder‹ heißen in der Sprache der Militärs malerisch die Szenarien der Schlacht, und kulturbeflissen nennen Nordamerikaner die geplanten Kriegsräume Europa und Pazifik ›Theatre‹. Da mochten Ausmalungen der Bilder und Kulissen stilistisch ›Realismus‹ sein oder gar ›Sozialistischer Realismus‹ – wohl kaum war die Welt der Militärs aber feinnervig für ›Surrealismus‹ oder absurdes Theater.

Das Adjektiv ›realistisch‹ hatte mir nie behagt, weil es mehr Bedeutungsgehalte verdrängt als benennt, anders als die Adjektive, die den Charakter von Eigennamen haben, beispielsweise ›schwarz‹. Ist man anderer Auffassung als der mit solchen positiven Begriffen Beschreibende, und widerspricht ohne Überlegung, so rutscht das Wort ›unrealistisch‹ heraus, nie aber das Wort ›unschwarz‹. Daß es aber keine einfache Verneinung der Begriffsbedeutung gibt, kann ein Hinweis sein, daß schon die Bewertung falsch war.

Daran hatte ich viel denken müssen, als mir meine Suche nach einem Bunker ›verrückt‹ vorkam. Ich war mir selbst mit dem Etikett auf den Leim gegangen, hatte mich unter Rechtfertigungsdruck gesehen – angesichts einer Rüstungspolitik, die ich nur als ›verrückt‹ empfinden konnte, ein trostloses Unterfangen.

Was die Autoren der Broschüre mit dem Wort ›unrealistisch‹ – durchaus stimmig zu sich selbst – meinten, hatten sie wenige Zeilen zuvor geschrieben: »Wenn man sich einen Krieg vorstellt, . . .«. Und eben diese Vorstellung wollten sie nicht – wie niemand – nach dem ›gesunden Menschenverstand‹ so etwas in Realität wollen konnte. Mit anderen Worten war es realistisch, sich vorzustellen, daß es nur Vorstellbares gibt, oder eben sich nicht vorstellen zu können, daß es etwas nicht Vorstellbares gibt.

Damit war ich beim ›Notgepäck und Dokumentenschutz‹ sowie dem Handwerkszeug zum Überleben angekommen: »Wolldecke oder Schlafsack, Unterwäsche, Strümpfe, Gummistiefel, derbes Schuhwerk, Eßgeschirr, Eßbesteck, Thermos-Feldflasche mit Trinkbecher, Behelfsmäßige Schutzkleidung, Verbandspäckchen, Heftpflaster, Dosenöffner und Taschenmesser, Mullbinde, Dreiecktuch, elastische Binden, strapazierfähige warme Kleidung, Kopfbedeckung, Schutzhelm, Schutzmaske oder behelfsmäßiger Atemschutz, Arbeitshandschuhe, Dokumentenmappe, Behelfsmäßig hergerichteter Kellerraum, Behälter für Löschwasser, Keller und Dachboden entrümpeln, Einstellspritze, Wassereimer, Einreißhaken, Löschdecke (notfalls Wolldecke), Rettungsleine, Garten- oder Autowaschschlauch, Feuerlöscher, Halblange Schaufel, Spaten (Camping- oder Klappspaten) Spitzhacke, Brechstange, Bügelsäge, Fuchsschwanz, Stichsäge, Beil, Fäustel,

Spitz- und Flachsteinmeißel, Kneif- oder Beißzange, Bergetuch, Rettungsleiter, Verdunkelungsmaterial.«

So würde ich also nach Abhaken aller Listenpunkte die 14 m³ voll nützlicher Sachen haben. Ein Foto zeigte, wie ein Rucksack mit dem Notgepäck stramm geschnürt wurde. Ich war froh, daß ich wenigstens schon mit der Suche nach einem Schutzraum in meiner Nähe begonnen hatte und wußte, das ganze Abbuckeln würde keinen Sinn machen: alle S-Bahn-Fahrgäste müßten sonst so einen Ränzel mit sich schleppen.

Zum Schluß kamen noch zwei Tabellen für den Überblick, die erste mit ›Der Hausschutzraum‹ überschrieben: »Liege- und Sitzmöglichkeiten, Wolldecken, Waschgelegenheit, Verschließbarer Behälter für verstrahlte Kleidung, Verschließbarer Abfalleimer, Notabort, Spielzeug für Kinder, Unterhaltungsspiele, Lektüre.« Die andere hatte zwei abweichende Spalten zum Ankreuzen, nämlich ›teilgenommen‹ und ›angemeldet‹, ›Die Selbstschutzausbildung‹: »Selbstschutz-Grundlehrgang, Selbstschutz-Ergänzungslehrgang ›ABC-Schutz‹, Selbstschutz-Ergänzungslehrgang ›Wohnstätten‹, Selbstschutz-Ergänzungslehrgang ›Landwirtschaft‹, Erste-Hilfe-Grundlehrgang durch die Hilfsorganisation.«

Es waren zwei Stunden vergangen, seit ich mich in die Einrichtung des Bunkers vertieft hatte. Das Unten-Leben, wie ich das in Gedanken nannte, schien mir interessante Rückschlüsse über das Oben-Leben zu geben. Wie lange mochte ein Mensch brauchen, der sich an die Organisation all dessen machte, was auf 35 luftig gedruckten Seiten locker zu lesen war, wieviel Leben würde er für sein Über-Leben aufbrauchen?

Ich wunderte mich über das Allerletzte, ein Raum zum Notieren ›wichtiger Rufnummern‹ (›Hausarzt, Notarzt, Unfall-Notruf, Unfall-Krankenhaus, Polizei, Feuerwehr, Apotheken-Bereitschaftsdienst, Taxi-Ruf.‹) – von einem Telefon, das ins Notgepäck gehöre, war keine Rede gewesen.

Antje kam nach Hause. Kriegsende. Sie war beschwingt, hatte viele lustige kleine Begebenheiten zu erzählen und fing gleich mit dem Kochen an. Ich wollte ihr gar nichts von dem Buch für Familienväter und gewissenhafte Hausfrauen erzählen, aber dann legte sie ein Buch auf den Tisch, das sie im Ladenfenster gesehen hatte:

›Selbstschutz bei Krisen und Katastrophen‹.* Ich konnte das Abendessen kaum abwarten.

In meinem Zimmer sah es aus wie vorher. Die Mauern standen schon wieder nicht auf dem Grundriß, und auch das aufgestapelte Gerät war vor meinem inneren Auge verschwunden. Der Autor, Hans-Peter Wimmer, war noch praktischer als der Bundesverband für den Selbstschutz, obwohl er vornehmlich aus dessen Broschüren vortrug. Aber da gab es solche netten kleinen Kapitel wie ›Dauer eines Schutzraumaufenthaltes‹. Es bestand aus vier Sätzen, die lesefreundlich graphisch über eine ganze Seite verteilt waren. Da stand: »Durch einfache Regeln läßt sich die Aufenthaltsdauer in einem Schutzraum nach einem A-Angriff berechnen. Als Faustregeln gelten: Regel Nr. 1 – Die Strahlungsintensität am Ende einer bestimmten Zeitspanne nach der Explosion sinkt bis zum Ende der doppelten Zeitspanne auf die Hälfte. Regel Nr. 2 – Die Strahlungsintensität am Ende einer bestimmten Zeitspanne nach der Explosion sinkt bis zum Ende der 7fachen Zeitspanne auf 1/10, 7x7fachen Zeitspanne auf 1/100, 7x7x7fachen Zeitspanne auf 1/1000, 7x7x7x7fachen Zeitspanne auf 1/10000. Wenn eine Stunde nach der Explosion 50 R/h, 100 R/h oder 200 R/h gemessen wurden, so dürfen Sie den Schutzraum verlassen, ohne eine Dosis von mehr als 5 Röntgeneinheiten (rem) zu riskieren.«

Es folgte eine Tabelle, die knapp sagte, bei 50 R/h könne man nach 3,5 Tagen schon mal für einen ganzen Tag wieder raus oder im schlimmen Fall bei 200 R/h erst nach 12 Tagen. Aber für eine Stunde dürfe man bei 50 R/h schon mal sechs Stunden nach der Explosion raus.

Das Kapitel schloß mit einem kursiv gesetzten Satz: »Die Zeit arbeitet also für uns!«

Es war diese Bündigkeit, die die knappe eigene Ästhetik einer nüchtern wirkenden Sprache ausmachte, die sich auf Abkürzungen schon deshalb stützte, um negative Assoziationen des Wortklanges zu vermeiden, wie ›A-Angriff‹ statt Atombomben-An-

---

* Hans-Peter Wimmer, Selbstschutz bei Krisen und Katastrophen. Humboldt–Taschenbuchverlag, München 1984

griff oder ›SR‹ für Schutzraum oder Bunker. Die kurzen Sätze machten mich ganz atemlos.

Wimmer brachte ›einige Argumente für Schutzraumbau und Vorsorge, die meines Erachtens schwer wiegen‹: »Die Erscheinungsformen der atomaren Panne, der Atomexplosion, wirken nur kurzfristig. Die Radioaktivität schwächt sich in wenigen Tagen auf ein erträgliches Maß ab. (Nach zwei Tagen sind aus 1500 R/h 15 R/h geworden.) Ein ABC-Krieg dürfte nur wenige Tage dauern (6 bis 10 Tage, laut Berechnung von Fachleuten). In Hiroshima und Nagasaki war das Leben nach dem Überleben auch möglich. SR schützt auch bei vielen ›zivilen‹ Katastrophen. Zugegeben, die Lebensqualität nach einem ABC-Krieg wird für die Überlebenden nicht mehr mit heutigen Maßstäben zu messen sein. Die Vielzahl der Behinderten und Krebskranken liefern uns jedoch täglich das Beispiel, daß ein Leben auch unter ungünstigeren Bedingungen lebenswert ist. Darüber hinaus trägt der Mensch die ›Kultur‹ in sich, die ihn – in welchen Situationen und unter welchen Bedingungen auch immer – zum Wiederaufbau motiviert.«

Zwischenstation Bunker

Ich machte Zwischenstation im Bunker. Auf dem Weg nach Hause war ich im S-Bahnhof Harburg ausgestiegen. Es war naßkaltes Wetter draußen. Auf den gräulichen Bodenfliesen waren die Wege des Tages als Schmutzfilm zu sehen.

Ich ging zu einer der orange und dunkelblau gekachelten Schachtwände, um niemandem im Weg zu stehen. Der Zug verschwand quietschend im Tunnel. Er würde stehenbleiben, wenn Alarm gegeben würde. Bis zu dreißig Tonnen schwere Betontore würden in seine Fahrtrichtung schwenken. Oben würden hydraulische Hubtore jeden Weg versperren, sobald die Lichtschranken dem elektronischen Zählwerk fünftausend Bewegungen gemeldet hätten.

Keiner käme mehr rein – oder raus, auch wenn er sich gar nicht ›schützen‹ lassen wollte.

Ich setzte mich auf eine der wenigen Plastikbänke. Hier mochte niemand lange sitzen, weil es selbst im Sommer entlang der beiden zweihundert Meter langen Bahnsteige eisig war. Es war Rush-hour, und die nächste S-Bahn hielt am anderen Bahnsteig. Die Menschen stiegen hastig aus und stürzten auf die Rolltreppen zu. Den meisten war es zu anstrengend, die vielen Stufen selbst zu gehen.

Innerhalb von zwei Minuten war der Bahnsteig wieder fast leer. Ein Zug stand dunkel und einsatzbereit auf dem Nachbargleis.

Es fiel mir schwer, mir drei Züge gleichzeitig in den beiden Röhren vorzustellen, noch dazu voller Menschen, die nicht ausstiegen, sondern sitzenblieben, weil nur für ein Drittel der fünftausend Menschen Liegen da waren. Umschichtig müßte geschlafen und gegessen werden. Viel Bewegungsfreiheit würde es auf den Bahnsteigen nicht geben, die heute endlos lang und leer wirkten. Denn in einer Nebenkammer zum Bahnsteig lagerten, hochkant gestapelt, Reihe um Reihe, hunderte Feldbetten, die auf dem Bahnsteig, dicht an dicht, aufgeschlagen würden, direkt neben den schweren Zügen. Es blieben knappe Gänge, gerade genug, daß sich zwei Menschen aneinander vorbeidrücken könnten, der eine froh, endlich ein Etagenbett gefunden zu haben, auf das er schon stundenlang auf dem Bahnsteig gelauert hatte, der andere, weil er nicht mehr liegen konnte.

Ich ging auf dem Bahnsteig auf und ab, die Schritte hallten. Wenn ein Zug einlief, klapperten die Pömps, Trenchcoats knautschten, ein Gemurmel zog vorüber, wie eine Lawine breiteten sich die Geräusche aus, um wieder der unheimlichen Stille zu weichen. Mit geschlossenen Augen versuchte ich mir das Lager der Erschöpften und Ratlosen auf dem Bahnsteig vorzustellen, die Mühe hatten zu schlafen, Menschen, die leise waren, als wären sie ihr ganzes Leben geprügelt worden, Schreie irgendwo, die aus keinem Alptraum kamen, ein dumpfer Klang von Gestöhn aus allen Ecken, nervöses, ja irres Lachen – wie laut sind fünftausend Menschen, die sich selber nicht hören mögen, in Bahnhöfen, die sie sonst nach Sekunden verlassen hatten?

In den gekachelten Wänden waren unter all den gleichmäßigen Fugen einige, die einen kaum bemerkbaren Gummifalz hatten –

zum Druckausgleich im Bunkerkörper, wenn es oben krachte. Die Türen in dem engen Rest der Unten-Welt waren mit Stahl gehärtet wie ein Tresor, nur würden sie nicht verborgenen Mammon freigeben, sondern ungekachelte Waschräume, nach Geschlecht getrennt, je siebzig ›Waschplätze‹.

Die Wände sind so grün gestrichen, daß es beruhigend wirken soll und nervend ist. Die Neonröhren strahlen grell auf die vier je fünf Meter langen Waschrinnen entlang der unverputzten Mauern, darüber hängen spiegelnde Quadrate aus bruchsicherem Chromstahl. Streifen mit phosphorisierender Farbe weisen an den wenigen Wänden den Weg zu dem ›WC-Raum‹ neben den ›Waschplätzen für Damen‹ oder ›Waschplätzen für Herren‹. Der Raum ist durch Stangen unterhalb der Decke aufgeteilt, von denen herab Plastikvorhänge die siebzig Klokabinen aufteilen.

Zwei Großdiesel-Notstromanlagen würden so lange schnurren, bis in den Tanks des Nebenraumes die fünfzehntausend Liter Kraftstoffreserve verbraucht wären. Das gleichmäßige Geräusch würde sich mit dem leichten Rauschen der allgegenwärtigen Lüftungsanlage mischen, deren Ansaug- und Belüftungsklappe unter der Plastikdeckenverschalung der Bahnsteigdecken lagen, wo feine Siebe zu sehen waren.

Der Bahnsteigwärter auf der anderen Gleisseite hatte begonnen, mich zu beobachten. Ich hatte vier Züge fahren lassen, strich die Wände entlang, stand vor den Stahltüren und drang im Geiste ein. Mein Starren mußte unwirklich im ›Normalbetrieb‹ aussehen.

An einem Ende des Tunnels würde auch gedämpft die Pumpe zu hören sein, die aus zweihundert Meter Tiefe unter den einst meistbefahrenen Harburger Straßen unverseuchtes Wasser bergen sollte, das in einem kleinen Raum noch einmal zur Vorsicht gefiltert würde.

Das Kochen auf den vier Elektrogeräten mit je zwei Heizplatten wäre eine Frage der Geduld. Es stehen acht Kaffeekannen für je zehn Liter bereit, vier Schöpfkellen mit einem Durchmesser von acht Zentimetern und acht Zehn-Liter-Kochtöpfe. Vierzig Handtücher und zwanzig Geschirrhandtücher sind aufgestapelt, Eßnäpfe, Plastikbecher, ein Putzeimer (10 l, Kunststoff), Besen und Schrubber mit Stiel, Aufnehmer, Handbesen und Kehrschaufel –

162

ganz wie es die ›Zusammenstellung des Bundesinnenministers über die Ausstattung mit Einrichtungsgegenständen in Großschutzräumen in Verbindung mit Tiefgaragen und unterirdischen Bahnen (Haltestellen und Bahnhöfe) als Mehrzweckbauten vom 30. Mai 1979‹ vorsieht.

Ich hatte mich umgedreht und sah dem Bahnwärter in die Augen. Verlegen schaute er auf seine Monitore, in denen er verfolgen konnte, ob ich ihn aus den Augen ließ. Sein Häuschen auf dem Bahnsteig würde mit den Überwachungsmöglichkeiten und der Lautsprecheranlage für Durchsagen eines der beiden Zentren für den ›Betreuungsdienst« sein. Das andere liegt im Trakt hinter den Kachelwänden, der ›Befehlsstand‹ des ›Bunkerwartes‹. Hier laufen die Feldtelefonleitungen zu den ›Diensträumen‹ und der Pumpstation zusammen.

Der Mann sah müde aus, obwohl er die Schicht erst am Nachmittag begonnen hatte, als ich in die Gegenrichtung gefahren war. Er zündete sich eine Zigarette an und ging auf dem Bahnsteig zu der Bank hinter der Litfaßsäule. Ein alter unrasierter Mann mit einem speckigen Wildlederhut, einem abgetragenen Lodenmantel und einer großen zerfransten Reisetasche mit darangebundenen Plastiktüten war darauf zusammengesunken. Der Beamte beugte sich zu ihm hinunter, sprach ruhig auf ihn ein und fing an, ihn zu rütteln. Er kam zu sich, rappelte sich auf, machte einige unbeholfene Schritte, schwankte und sackte auf das andere Ende der Bank.

Ich fuhr heim.

Eine Insel in der Stadt

Seit Jahren wurde in Harburg der ›Innenstadtring‹ heftig diskutiert und befahren. Die breite Trasse für die Einbahnstraße wurde mitten durch die Stadt geschlagen und war von der Baubehörde als Beginn der ›Sanierung‹ deklariert worden. Entlang des Ringes, der den Kern der Stadt bald wie einen Burggraben umschloß, wurden neue Geschäftshäuser, Einkaufszentren und einige Wohnungen errichtet.

163

Erst richtete sich die öffentliche Kritik gegen das ›IV. Teilstück‹ des Ringes, das als klaffende Schneise durch den Alten Friedhof geschlagen werden sollte, das letzte große ›Grüngebiet‹ im Innenstadtbereich. Dann wurden Stimmen wegen der abgelegenen und unwirtlichen Fußgängertunnel unter dem Ring laut. Schließlich blieb eine derartige Zahl von angefahrenen Fußgängern auf der Strecke – einige, die Tunnel mieden, wurden für immer unter die Erde gebracht –, daß von der Grün-Alternativen Liste eine ›Entschärfung‹ des Ringes durch Ampeln gefordert wurde. Damit war aber das ›Konzept‹ der Stadtplaner in Frage gestellt, die einen kreuzungs- und ampelfreien großzügigen Verkehrsfluß angestrebt hatten.

Da meldete sich Ditmar Machule zu Wort, ein Ingenieurprofessor, der seit der Gründung der Technischen Universität in Harburg lebte. Der Radfahrer wollte gemeinsam mit ›interessierten Bürgern‹ den Ring ›zurückplanen‹.

Ich hatte zufällig von dem zweiten Treffen an diesem Abend erfahren. Die Stadt war bereits menschenleer. Ich ging ungern durch die einsamen, hellerleuchteten Straßen. Das Licht des Gemeindehauses hinter der stehengelassenen Ruine der ausgebombten Kirche sah schon weihnachtlich aus. Der Garderobenständer hing voller schwerer Mäntel. Die Tür zum Saal war schon geschlossen, obwohl es gerade zwanzig Uhr geworden war. Um die aus kleinen Tischen zusammengestellte große Arbeitsplatte mit riesigen Grundrißplänen saßen fünfundzwanzig meist ältere Menschen. Sie unterhielten sich angeregt untereinander, bis der Professor und sein Assistent um Gehör baten. Knapp rekapitulierten sie den Stand der Dinge: das vierte Teilstück werde aus Geldmangel vorerst nicht realisiert, am Morgen waren zwei neue Ampelanlagen in Betrieb genommen worden, es sollten noch weitere folgen. Die Verwaltung sei sehr an Arbeitsergebnissen der Gruppe interessiert.

Vier junge Leute, die nebeneinander saßen, schüttelten heftig mit den Köpfen und murrten ungläubig. »Ich glaube nicht an die plötzliche Lernfähigkeit der Verwaltung,« sagte einer im karierten Flanellhemd mit hoch ausrasiertem Nacken. Die anderen nickten. Doch die Alten in der Runde mißbilligten spürbar das Mißtrauen, und die Wissenschaftler, die allein die mittleren Jahrgänge repräsentierten, schlichteten.

Es stellte sich heraus, daß drei der älteren Herren ›zur Verwaltung‹ gehörten. Zwei standen ein wenig verlegen auf und erklärten dann mit zunehmendem Stolz, was sie sich für eine der beiden Ampeln ausgedacht hatten: eine ›Y-Anlage‹, wo sich die Fußgänger aus dem eingeschlossenen Innenstadtbereich auf einer Verkehrsinsel in zwei Richtungen der vom Ringzubringer noch weiter aufgespalteten Stadt verteilen konnten.

Machule, der sich als vermittelnder Moderator eingeführt hatte, runzelte die Stirn. »Halten Sie das für gut für die Stadt?«, fragte er immer wieder. Ich wunderte mich, wie wenig mir an diesem Abend die Diskussion bedeutete. Monatelang hatte ich Behörden und Politikern geschrieben, um sie vom Weiterbau des Ringes und der Tunnel abzubringen. Das war vier Jahre her. Alles war täglich schlimmer geworden, hatte ich den Eindruck. Die Autofahrer hatten sich an die freie Fahrt gewöhnt und rasten mit hoher Geschwindigkeit. Als Fußgänger oder Radfahrer war man zwischen diesen Geschossen verloren. Oft hatte ich mich voller Angst durch die über zwanzig Meter breite Schlucht gestürzt, weil ich den langen Umweg durch die dunklen Tunnel meiden wollte, besonders wenn ich das Rad dann die Stufen hinunter und hinauf tragen mußte. Das erste Mal bemerkte ich, daß mir diese Umstände zuwider waren, aber ich mich mit ihnen abgefunden, mit der kahlen Ästhetik der Stadt arrangiert hatte. Ich wußte nicht mehr, wie es vorher war und wie ich es ändern sollte, wenn ich könnte. Ich schwieg.

Aus der Runde kamen zögerliche Einwände. Auf der Insel würde es schnell eng werden, wenn Menschen aus drei Richtungen, von den Ampeln zur Eile gemahnt, aneinander vorbei müßten. Machule war nicht zufrieden. Er wolle sich nicht in den Vordergrund drängen mit seinem Empfinden, aber ihm reichten die Reformen am Ring nicht. »Die Straße sollte auf ein menschengerechtes Maß zurückgenommen werden. Der Fußgänger sollte die Autobewegungen wieder überschauen können und den Weg von einer Seite zur anderen an einer beliebigen Stelle so schnell wie möglich bewältigen können.« Er sprach lange davon, wie er sich eine ›menschengerechtere‹ Stadt vorstelle und reihte eine Forderung an die andere. Die Beamten, die mehrfach betonten, das sie aus ›privatem Interesse gekommen‹ seien, waren wie versteinert stehengeblieben. Sie wollten die ›Anregungen gerne mitnehmen‹, aber sie waren sichtlich enttäuscht, daß ihre Ampelanlage so schlecht aufgenommen wurde.

Ich hatte mich gewundert, daß es ihnen nicht zu peinlich gewesen war, sich mit diesem läppischen Herumgefummel an einer vernichtend kritisierten Wirklichkeit vor ein Auditorium zu trauen, das wohl aus Leuten bestehen mußte, die an einer Änderung mitarbeiten wollten. Doch sie hatten sich an eben diese Wirklichkeit gewöhnt, die sie noch hartnäckig beredeten, die Träume von einer menschlichen Stadt waren ihnen fremd, die Forderungen ›unrealistisch‹. Mit den Beamten wollten sie erst einmal, ›selbstverständlich von Bürger zu Bürger‹, diskutieren, ob nicht ›Änderungen‹ bei der ›Y-Anlage‹ möglich wären, denn sie lag, wie schon die Tunnel, abseits der ›gewohnten Fußgängerpfade‹.

»Zwischen der Ausfädelspur und dem Ring ist doch noch eine Insel, die auf dem Weg von der Fußgängerzone liegt und genügend Raum bieten würde«, warf eine grauhaarige, hagere, akkurate Frau ein. Ihr wurde von allen Seiten beigepflichtet. Erst schien es den Beamten der Rede wert zu sein. Doch dann erinnerten sie an die S-Bahn-Trasse, die unter dem Ring lag. »Wir können an dieser Insel nichts ändern. Hier liegen die Abluftsysteme von der Pommes-frites-Bude im Schaltervorraum des Bahnhofs. Daneben befinden sich die Ansaug- und Filteranlagen des Atomschutzbunkers.«

Da war die Diskussion vorbei. Umbrandet vom dichten Autoverkehr, fettige Abluft neben sich, würde die Sauerstoffversorgung planerisch für den Atomkrieg in Frieden gelassen.

Eine ganz spezifische Künstlerpsychose

Den Senatsdirektor Dr. Volker Plagemann hatte ich kurz nach seinem Amtsantritt einmal zu einem Interview in den NDR gebeten. Er erklärte ohne Umschweife, daß er sehr viel für ›alternative Kultur‹ in Hamburg tun werde, vor allem in den Stadtteilen und in Zusammenarbeit mit ›freien‹ Theatergruppen, Rockmusikern und anderen, die von der bisherigen Politik nicht ernst genommen worden waren.

Überrascht hatte ich hier und da gelesen, daß dieser sich fortschrittlich gebende Mann von Hamburger Künstlern als reaktionär angefeindet wurde, weil er den ›Ideenentwurf Hochbunker‹ verteidigte.

Andererseits hatte die ›Staatliche Pressestelle Hamburg‹ am 6. Juni 1983 unter der Überschrift ›Ideenwettbewerb zur künstlerischen Auseinandersetzung mit Hochbunkern abgeschlossen‹ berichtet: »Nach Auslobung des Wettbewerbs war es zu heftigen Auseinandersetzungen über das Ziel des Wettbewerbs gekommen. Hamburger Künstler hatten zu einem Boykott aufgerufen, da sie trotz äußerst weitgehender Zusagen des Auslobers befürchteten, daß ›Bunker nur verniedlicht und verharmlost werden sollen‹. Das Preisgericht hat lediglich vier Arbeiten gleichrangig auf einen dritten Platz gesetzt, da sie nach Meinung des Preisgerichtes in Ansätzen Ideen beinhalten, die den Zielen des Wettbewerbs in etwa nahe kommen. Das Preisgericht hat ausdrücklich betont, daß keines der Konzepte geeignet sei, realisiert zu werden. Die Kulturbehörde hat die Empfehlung des Preisgerichts, die von der Kunstkommission bestätigt wurde, übernommen und beendet den Wettbewerb. Aus Mitteln ›Kunst im öffentlichen Raum‹ werden zunächst keine Arbeiten mit Hochbunkern ausgeführt werden.«

Es wunderte mich nicht, daß ich den schwerfälligen und aussagearmen Text nicht in einer Zeitung gelesen hatte. Aber der Tonfall klang sehr angestrengt, als hätte der Diskussionsprozeß seit der ›Auslobung‹ im September 1983 Blessuren bei allen Beteiligten hinterlassen.

Ich las die Presse-Erklärung noch einmal und fand nichts erklärt. Aus meinem vollgekrakelten Adreßbuch konnte ich noch mit Mühe Plagemanns Telefonnummer erkennen. Es war leicht, jemanden zum Reaktionär zu stempeln, der sich innerhalb einer Behörde erklären mußte und sich nur im Behördendeutsch verteidigte.

Volker Plagemann erinnerte sich nur müde an den Wettbewerb, käute die staatliche Presse-Erklärung wieder und war trotz seiner Freundlichkeit gar nicht guter Dinge. In Bremen, dem Bundesland mit der größten ›Bunkerdichte‹ in der Bundesrepublik, habe er vor seinem Wechsel nach Hamburg keinerlei Probleme mit der ›künstlerischen Auseinandersetzung‹ zum Thema gehabt. Es sei eine andere Zeit gewesen, die Projekte waren konkreter und der Anspruch daran nicht so generell. Der Senatsdirektor sagte das mit unüberhörbarem Selbstvorwurf.

»Was wir dachten – das Gegenteil hat man uns dann unterstellt – war, das künstlerische Intuition eingesetzt wird, um Bunker der Bevölkerung entlarvend als Kriegsgerät präsentieren zu können. Es hat dieses große Tam-Tam gegeben, wo uns unterstellt wurde, ›Aha, da wollen welche die Bunker mit Blümchen bemalen‹ und so. Völlig unsinnig! Da hatte sich die Hamburger Künstlerschaft offenbar so hineingesteigert, daß viele wichtige Leute sich nicht beteiligt haben und eigentlich nur von überregional Vorschläge kamen, aus Berlin und Bremen. Die wenigen aus Hamburg waren vielfach schwach oder tatsächlich die affirmativen Vorschläge, die wir nicht haben wollten, von denen man uns aber unterstellte, wir hätten sie haben wollen. Weil das Ergebnis so trübe war, haben wir gesagt: Na gut, dieses war ein Angebot an die Künstlerschaft – wenn sie sich verweigert oder das Ganze nicht für eine interessante Aufgabe hält, dann wollen wir das nicht weitermachen. Ein Wettbewerbsentwurf ist direkt mit Friedensinitiativen gemeinsam entwickelt worden. Die Friedensbewegung ist diejenige, die kapiert hat, das dies 'ne Möglichkeit war. Aber die Künstler waren da so völlig verbohrt, die haben sich ja verrannt.« Seine Worte klangen, als könne er es immer noch kaum fassen.

Es gäbe eben eine Aversion in der Stadt gegen Bunker, warf ich ein, Zivilverteidigung werde mit militärischer Verteidigung gleichgesetzt. »Zu Recht, zu Recht!« rief Dr. Plagemann. »Das zu entlarven war unser Hintergedanke: wir haben keine affirmativen

168

Sachen machen wollen, sondern gerade Wieder-Aufrüstung an die Wand malen wollen.« Seine Stimme wurde nach der Euphorie wieder leise und traurig: »Ja, und da kam eben nichts.«

Ich gab zu bedenken, daß das auf einen Konflikt zwischen der Kultur- und der Baubehörde hinausgelaufen wäre, die sich der ›Reaktivierung‹ der Bunker angenommen hatte. Plagemann lachte: »Ja, aber ja!« Er gefiel mir, wenn er Positives zu sagen hatte, doch seine Stimme schlug gleich wieder ins Traurige um, als ich fragte, ob das denn zu einer klärenden Auseinandersetzung im Hamburger Senat geführt habe. »Nein, is' nicht ausgetragen worden. Es ist ja in der Sache nicht zu Ergebnissen gekommen.«

Das hatte ich verdrängt, daß unter pragmatischen Politikern nur dann über etwas diskutiert wurde, wenn ›Entscheidungsbedarf‹ bestand – der Grund, weswegen ich nachfragen wollte, solange noch nicht der alles erschlagende ›Handlungsbedarf‹ herrschte.

Ich sagte, daß ich das tragisch fände, und Plagemann stimmte mir zu. Er lachte gereizt: »Das war eine ganz spezifische Künstlerpsychose, die hier passiert ist.«

Tief unter dem Boden der
FDGO · *Sichergestelltes*

Mir war eine Szene aus einem Film des ›Bundesverbandes für Selbstschutz‹ im Gedächtnis geblieben. Die Familie stand geordnet aus dem Wohnzimmer auf, als habe Mutter zum Sonntagsbraten gerufen, die Jalousien wurden geschlossen, Vater nahm eine Kiste Sprudel mit. Da kam dann einer nach dem anderen im Keller an. Die Kinder spielten ein geselliges Brettspiel, Vater musterte die Zeitschriften, oben wurde die freiheitlich-demokratische Grundordnung verteidigt.

Am Schluß ging Papa nach draußen, nachsehen, was los war. Die Demokratie war anscheinend gerettet. Er brauchte nur kurz das bißchen Verstrahlung in der Freiheit abzuduschen.

Die Beziehungslosigkeit der Szenen zum Krieg und zu dessen Anlaß oder Ziel fiel in dieser alltäglichen Seite des Atomkrieges nicht auf. Wenn die Familie – die grundgesetzlich geschützte Keimzelle unserer Gesellschaft, wie sie gerne von Politikern gerühmt wird – sich als Lebensgemeinschaft so verhielt wie auch als Über-Lebensgemeinschaft, nur ohne Sesamstraße und ohne Dallas, dann war die westliche Lebensform tief unter dem Boden der FDGO optimal geschützt.

Es ist dies eine international noch nicht mit einem Eigennamen benannte deutsche Eigenschaft zur mühelosen Selbstreproduktion der nationalen Soziokultur, wie sie in ihrer Leichtigkeit schon nach dem Ersten und dem Zweiten Weltkrieg zu beobachten war. Während die bundesdeutsche Demokratie mit unübersetzbaren, weil oft kaum zu verstehenden Hervorbringungen in den Wortschatz der Völker einging, etwa mit the Wirtschaftswunder oder le Berufsverbot, letztlich sogar mit the Waldsterben, fehlt es über-

170

greifend noch an einer Bezeichnung, die etwa the Selbstschutz heißen müßte.

Die Dickfelligkeit, moralische Gewissenlosigkeit, Verdrängung, Skrupellosigkeit und der Zynismus des Zivilschutzes waren bei meiner Suche nach einem Bunker merkwürdigerweise von denen mit humanitären Zielen gerechtfertigt worden, die ihn im geringen Umfang vorbereiteten oder die ihn unter Verweis auf die Abschreckung durch Atomwaffen vernachlässigten, die Leben und Demokratie schütze.

Ich überlegte, was ein Mensch im Bunker, als einer der letzten Überlebenden, wohl mitgenommen haben würde von dem, das oben nicht länger mit atomarer Androhung erhalten werden konnte. Das Verteidigungsweißbuch der Bundesregierung 1975/76 schreibt, daß selbst ein konventionell geführter Krieg die ›Substanz dessen, was verteidigt werden soll‹, zerstören würde.

Nach Analysen der Bundeswehr würde ein konventionell geführter Krieg von zwanzig Tagen Dauer die Bundesrepublik Deutschland genauso verwüsten wie ein fünftägiger Schlagabtausch mit taktischen Atomwaffen. Daß dennoch für diesen Fall, den der Bundesverband für Selbstschutz in seinen Broschüren als wahrscheinlichsten Fall des Krieges und des Überlebens apostrophiert, mit administrativer Akribie Vorbereitungen getroffen wurden – z. B. Lebensmittelrationierung, militärische Sicherung von Presse- und Funkhäusern, Rekrutierung von Helfern und Reglementierung des Notstandsdaseins – mochte mir nicht einleuchten.

Eine Antwort darauf erwartete ich schon gar nicht mehr nach den Erfahrungen, die die Suche mit sich gebracht hatte. Sowohl die, die dem Zivilschutz Sinn oder auch im Gegenteil keine Chance gaben, konnten nicht genau sagen, auf welcher Grundlage – militärisch oder humanitär, strategisch oder heimelig, völkerrechtlich oder bauwirtschaftlich – sie das taten, ausgenommen die Paragraphen. Doch die haben oft eine aussagekräftigere Sprache und eine nachvollziehbare Geschichte.

Ich setzte meine Suche in Büchereien fort, in den Ecken, wo man sonst kaum Menschen trifft, wo alte Gesetze einstauben, juristische Kommentare der ersten Stunde liegen für Bedeutungen, die heute vergessen scheinen.

In meinem Zimmer lagen bald Fotokopien einer verwirrenden und detailliert geregelten Lebenswelt, die sich verwalten, ausrichten und kontrollieren ließ – in denen aber kaum noch Begriffe vorkamen, die sonst sicher abgefragt werden, wenn mal ein DKP-Mitglied Postbote sein will: Grundrechte, Freiheit oder Demokratie.

Das ›Gesetz über die Erweiterung des Katastrophenschutzes vom 9. 7. 1968‹ (BGBl. I, 1968, S. 776) war mir bei meiner Nachfrage immer dann genannt worden, wenn jemand nicht an den Sinn eines Schutzes von Atombomben glaubte, wohl aber – wie beispielsweise der Hamburger Senat – Vorsorgemaßnahmen für eine Katastrophe organisieren wollte. Da waren 1968, zur Zeit der ›Großen Koalition‹ aus CDU/CSU/SPD, in fast lyrischer Weise die Natur-Gewalten wie Flut und Sturm um den Krieg eigens gesetzlich ›erweitert‹ worden – doch bei der Nachfrage hatten Verantwortliche Katastrophenschützer vom Gegenteil geredet: der Verringerung des Katastrophenschutzes um den Krieg, für den sie nicht ›zuständig‹ seien.

Den atomaren Vernichtungskrieg als eine Realität gesetzlich festzuschreiben, hat Methode: es ist nicht Fatalismus oder der Glauben an höhere Gewalt, als es der Krieg ohnehin ist, sondern die gesetzliche Lücke in einer Demokratie, die 1949 im festen Glauben an eine friedliche, vor allem unbewaffnete deutsche Zukunft im Grundgesetz festgeschrieben wurde.

Denn schon 1951, so las ich verblüfft, nahm der Bundesluftschutzverband (BLSV) seine Arbeit wieder auf, eine Nachfolgeorganisation des nationalsozialistischen Reichsluftschutzverbandes. Der BSLV bestand zunächst als Verein aus ›natürlichen Personen‹, dem erst 1957 nach dem NATO-Beitritt der Bundesrepublik die ›juristischen Personen‹ Bund, Länder und Gemeinden folgten. 1958 wurde der Verein dann zur ›Körperschaft des öffentlichen Rechts‹ befördert, sozusagen einer Behörde ohne Amtsbereich. 1968 nahm dann der ›Bundesverband für den Selbstschutz‹ (BVS) die Aufgaben des ›Bundesluftschutzverbandes‹ (BLSV) wahr – der traditionsbelastete Name war zivilisiert worden.

Die Arbeit des Reichsluftschutzbundes ist an vielen Stellen der ›Deutschlandberichte‹ der SPD nachzulesen. Beispielsweise 1934,

172

Berlin: »Ständig werden Kurse abgehalten, nicht nur in Berlin, sondern auch in den Vororten Berlins sind die Organisationen des Luftschutzbundes in Verbindung mit dem Roten Kreuz und mit der Polizei am Werk, die Bevölkerung aufzuklären. Das Ziel ist, jeden Einwohner mit den Maßnahmen vertraut zu machen. (...) Bei den Vorträgen werden auch Gasmasken gezeigt.« Im August 1934: »Dresden: In jedem Hause ist ein Hauswart eingesetzt, dessen Anordnungen jede im Haus wohnende Person zu befolgen hat. Ihm unterstehen in jedem Haus ein Brandwart, eine Samariterin und zwei Meldegänger. Mehrere Häuser sind unter einem Blockführer zusammengeschlossen, diese wiederum unter einem Straßenführer zur Straßenorganisation und die Straßen unter dem Bezirksführer zum Selbstschutzbezirk, der dem Polizeirevier gleicht.« November 1934: »Alle reden vom kommenden Krieg, die Entsetzten wie die Resignierten, wie die Kriegslustigen. Dies Reden vom Krieg ist eine Kriegsgefahr an sich. Es bringt den Krieg dem Volk wie dem einzelnen näher. Der Krieg wird aus einem unvorstellbaren Schrecknis zur Selbstverständlichkeit, aus einer finsteren unmenschlichen Macht zur menschlichen Normalität. Es tritt Gewöhnung ein, die am Tag des Kriegsausbruchs sagen wird: Nun ist es ja endlich so weit. Diese Gewöhnung vernichtet die Kräfte des inneren seelischen Widerstandes, sie lähmt die moralische und menschliche Empörung. Sie bereitet den Boden für eine Hurrahstimmung am Tage des Kriegsausbruchs.« Im selben Jahr: »Wichtige Funktionen im Rahmen des Luftschutzes sind der ›Technischen Nothilfe‹ (TeNo) übertragen worden.« Juni 1936: »Die Sorge vor einem Krieg erhält ihre dauernde Nahrung durch die unablässigen Kriegsvorbereitungen. Entzieht sich Ausmaß und Tempo der eigentlichen Rüstung in hohem Maße den Blicken der großen Masse, so ist es vor allem der Luftschutz, der die Bevölkerung immer aufs neue unter den Zwang stellt, an den Kriegsvorbereitungen teilzunehmen.« Dezember 1936: »Es wurden grauenhafte Sachen erzählt. Wenn in Spanien die Roten gewännen, so müßte Deutschland eingreifen. Es könne nicht warten bis es überfallen würde. Der Krieg würde zum überwiegenden Teil mit der Luftwaffe geführt werden. Rußland verfüge über riesige Luftbomber, die das ganze Land in kürzester Zeit massenhaft überfliegen würden. Frauen und Kinder würden am meisten gefährdet sein, weil sie zu Hause bleiben müßten. Gegen solche Möglichkeiten gelte es, sich rechtzeitig zu schützen. Die Frauen hätten die Pflicht, sich im Luftschutz rechtzeitig zu üben. Material für den Fliegerschutz müsse jede Frau selber beschaffen. Als Stahlhelm müßten die Leute Kochtöpfe nehmen und sie mit Putzwolle ausfüllen.« März 1937: »Die breiteste Aktivität wird für den Luftschutz entfaltet. Was auf dem Gebiet in Deutschland organisatorisch geleistet wird, geht weit über alles hinaus, was in anderen Ländern für den gleichen Zweck geschieht. Diese Aktivität trägt am meisten dazu bei, in der Bevölkerung die Vorstellung zu erwecken, daß sich Deutschland unausgesetzt im Stadium der unmittelbaren Kriegsvorbereitung befindet. Vom Standpunkt des Regimes ist das eine sehr gewünschte Nebenwirkung, weil das Volk auf diese Weise psychologisch auf den Krieg vorbereitet und die für den Ernstfall zu befürchtende Panikstimmung soweit wie möglich bekämpft wird.« April 1937: »Zur Kriegsvorbereitung gehört auch der Ausbau des Roten Kreuzes. Wie beim Luftschutz nimmt auch hier die Neuorganisation gigantische Formen an. Die Ausbildung der Frauen und Männer wird zum großen Teil von Militärärzten geleitet. Jedermann weiß, daß die an sich begrüßenswerte Tätigkeit des Roten Kreuzes nicht wegen der Friedensarbeit so gefördert wird, sondern daß das Ziel die höchste Kriegsbereitschaft im Hinterland ist.«

Parallel zur Reaktivierung des Luftschutzes in der Bundesrepublik begann ab 1950 der Aufbau der Bundesanstalt ›Technisches Hilfswerk‹ (THW), die 1953 in Koblenz eingerichtet wurde. Ebenfalls 1953 wurde in Bonn-Bad Godesberg die ›Bundesanstalt für zivilen Luftschutz‹ gegründet. Anders als die Wiederbewaffnung wurden diese Maßnahmen zur Zeit des Kalten Krieges kühl gesehen. Auch die ab 1956 geschaffenen ›Planungsgruppen‹ für die Warnämter und das ›Versuchsamt Düsseldorf‹ paßten eher zu der Russen-Angst als zur Konsequenz des NATO-Beitritts.

Im ›Handbuch der NATO‹ von 1957 sind diese Vorbereitungen rekapituliert: »Wenn bei der Umstellung vom Frieden auf den Krieg Fehler gemacht werden, oder wenn es dabei an der entsprechenden Koordinierung der Regierungen fehlt, kann es geschehen, daß die Nahrungsmittel knapp werden, daß das Vertrauen der Zivilbevölkerung in die Führung erschüttert wird, daß die Waffenproduktion behindert wird und daß Verwirrung im wirtschaftlichen Gefüge zu sozialen Unruhen führt. (...) Seit 1952 besteht ein Ausschuß Zivile Organisation im Kriege; seine Aufgabe ist es, in Friedenszeiten Maßnahmen vorzubereiten, um die ›Heimatfront‹ in Kriegszeiten zu stärken. Es ist klar, daß die Rolle der zivilen Bevölkerung im Kriege wesentlich sein wird: Die Streitkräfte könnten den Kampf nicht fortsetzen, wenn sie nicht von ihren Ländern normal versorgt werden können. Ebensowenig kann die Zivilbevölkerung eine möglicherweise lange Kriegsanstrengung überstehen, wenn ihre Moral nicht so hoch erhalten wird, daß sie den Willen zum Sieg nicht verliert.«

Dementsprechend hat der ›Nordatlantikrat‹ der NATO seinen Mitgliedsländern in einer ›Empfehlung‹ 1956 aufgetragen, sich in nationaler Zuständigkeit um die Zivilverteidigung zu kümmern, um ›Staats- und Regierungsfunktionen‹ nötigenfalls ›aufrechterhalten‹ zu können, die Versorgung sicherzustellen, die Streitkräfte aus zivilem Potential zu unterstützen und schließlich die Bevölkerung zu schützen.

Doch auch die NATO selbst unterhält eine überstaatliche und daher – anders als die nationale Zivilschutzplanung – schwierig durchschaubare oder parlamentarisch zu kontrollierende ›Zivile Notstandsplanung‹ (Civil Emergency Planning). Einmal im Monat tagt der koordinierende ›Oberausschuß für Zivile Verteidigung‹ (Senior Civil Emergency Planning Commitee), dem acht Unterausschüsse unterstehen: Ernährung und Landwirtschaft, Industrie, Erdöl, Hochseeschiffahrt, Europäischer Binnenverkehr, Zivilluftfahrt, Ziviles Nachrichtenwesen und Zivilschutz. Entsprechend wurden diesen Sachgebieten ›Zivile NATO-Kriegsbehörden‹ (NATO Civil Wartime Agencies) zugeordnet, beispielsweise die ›Defence Shipping Authority‹, die nötigenfalls ein rasches Requirieren von zivilen Handelsschiffen für Kriegszwecke organisatorisch vorbereitet, oder die ›Central Supplies Agency‹, die sich um Nachschub aus Landwirtschaft und Industrie sorgt, ebenso wie die ›NATO Wartime Oil Organisation‹ oder die ›NATO Refugee Agency‹, die unkontrollierte Bevölke-

rungsbewegungen international koordiniert verhindern oder bekämpfen soll.

Der Organisation dieser Aufgaben in der Bundesrepublik
Deutschland ist keine grundsätzliche gesellschaftliche und parla-
mentarische Diskussion ihrer Bedeutung und Tragweite vorange-
gangen. Wie auch das ›Gesetz über die Erweiterung des Katastrophenschutzes vom 9. 7. 1968‹ wurden die entsprechenden Gesetze
allenfalls aus Anlaß der vorangegangenen notwendigen Verfas-
sungsänderung diskutiert, der sogenannten ›Notstandsgesetzgebung‹ des ›Siebzehnten Gesetzes zur Ergänzung des Grundgesetzes vom 30. Mai 1968‹ – doch lediglich im Hinblick auf ihre fiktive
Anwendung in einem als unvorstellbar angenommenen ›inneren
oder äußeren Notstand‹, im sogenannten Krisen-, Spannungs- und
Verteidigungsfall nach den Grundgesetzartikeln 80 a und 115.

Die bereits zuvor oder kurz darauf beschlossenen sogenannten
›Sicherstellungsgesetze‹ wurden aber in ihrer Systematik der Ver-
einnahmung aller Lebensbereiche und ihrer teilweisen Anwendung bereits im Frieden nicht genügend beachtet – denn immerhin
schränken sie grundgesetzliche Garantien wie das Postgeheimnis
oder die freie Wahl des Arbeitsplatzes ein.

Diese ›Sicherstellungsgesetze‹ wurden zwar landläufig mit dem
Schutz der Bevölkerung in Krisensituationen begründet, ihre historischen Vorgänger sprechen jedoch eine unverblümte Sprache.

So soll das ›Arbeitssicherstellungsgesetz‹ (ArbSG) vom
9. 7. 1968 Männer und Frauen in bereits bestehenden Arbeitsver-
hältnissen festhalten und Wehrpflichtige zu diesen Arbeiten her-
anziehen, wenn keine ›freiwilligen‹ Arbeitnehmer nach dem Ar-
beitsförderungsgesetz zur Verfügung stehen. Unerwähnt im
ArbSG blieb, daß dies bei einer Mobilmachung für Militär oder
Zivilschutz der Regelfall ist. Verpflichtungsbehörden sind die Ar-
beitsämter, eine Verwaltungsinstitution, die erst aus einem inhaltsgleichen Gesetz von 1916 hervorgegangen sind: dem ›Gesetz
über den Vaterländischen Hilfsdienst‹.

Für die Führung des Ersten Weltkriegs war dieses Gesetz notwendig geworden, weil Rüstungsindustrie und Versorgung unter
dem Mangel an Facharbeitern und Hilfskräften litten, die so entweder vom Frontdienst freigestellt werden konnten bzw. Frauen

176

und Jugendliche für Handlangerarbeiten rekrutiert werden konnten. Die SPD stimmte dem kaiserlich-wilhelmschen Wort ›Ich kenne keine Parteien mehr, nur noch Deutsche‹ in diesem Gesetz in einer Allparteienkoalition zu, um sich im Gegenzug die künftige Regierung durch Zugeständnisse beim Wahlrecht zu sichern. Die Gewerkschaften machten beim ›Hilfsdienstgesetz‹ trotz ihrer Opposition zum Krieg mit, weil sie darin erstmals als gleichberechtigte Wirtschaftsorganisation neben den Unternehmern amtlich anerkannt wurden und die wahlpolitische Überlegung der SPD unterstützen wollten. Daß diese unmoralische Vernunft sich 1968 am selben Gesetzesthema mit denselben Motiven wiederholte, entspringt derselben Krisenmentalität; die SPD demonstrierte in der ›Großen Koalition‹, die kaum mehr Parteien kannte, ihre künftige Regierungsfähigkeit durch Zustimmung zu Grundgesetzsänderungen über den inneren Notstand, die den mit allen Mitteln zu schützenden ›Staat‹ noch über die grundgesetzlichen Inhalte des Staatswesens stellt. Die Gewerkschaften bewiesen ihre Autorität in einer innerorganisatorischen Schwächezeit angesichts Rezession und Wilden Streiks durch Duldung der Notstandsgesetze. Beim ArbSG setzten sie durch, daß eine Ermächtigung über dessen Anwendung im Parlament nur mit Zweidrittel-Mehrheit gegeben werden dürfe – wenn es dann noch ein Parlament gibt.

Das ›Ernährungssicherstellungsgesetz‹ (ESG) vom 4. 10. 1968 regelt die Bewirtschaftung und Rationierung von Lebensmitteln. Die Stadt- und Kreisverwaltungen müssen dazu auf Anordnung besondere Ernährungsämter einrichten, die – wie schon im Ersten Weltkrieg – bereits gedruckte Lebensmittelkarten ausgeben. In Hamburg liegen diese Karten in den Bezirksämtern und bei der Wirtschaftsbehörde bereit, die Verteilung soll in den bekannten Wahllokalen von Lehrern anhand der Melde-Register vorgenommen werden. Das Ernährungsministerium, das 1916 als selbständiges Ressort aus dem Kriegsernährungsamt hervorging, muß bereits heute in der ›Bundesreserve Getreide‹ und der ›Zivilen Verteidigungsreserve‹ ständig einen 30-Tage-Vorrat, als Gnadenbrot für die Republik, bewirtschaften.

Das ›Wirtschaftssicherstellungsgesetz‹ (WiSG) vom 3. 10. 1968 stellt die mit dem ESG für den Ernährungssektor schon einge-schränkte ›freie Marktwirtschaft‹ völlig auf eine staatlich gelenkte Kriegswirtschaft um. Doch bereits jetzt gelten bestimmte Aus-kunfts-, Buchführungs- und Meldepflichten, es werden Läger für einige Waren betrieben, und Unternehmen werden zur Reserve-haltung etwa beim Öl, Gas und Elektrizität verdingt.

Das ›Verkehrssicherstellungsgesetz‹ (VSG) vom 8. 10. 1968 soll im Krisenfall den Verkehr den Verhältnissen anpassen, etwa durch Fahrverbote. Daß diese Ver- und Gebote im ›Ernstfall‹ kei-nen Realitätsbezug haben werden, deutet darauf hin, daß es dem Gesetzgeber mehr um den im Frieden anzuwendenden Teil ging: nach dem VSG werden beispielsweise Sonderfernmeldegesetze zur Verkehrsregelung installiert; 1968 waren die Kosten hierfür mit 165 Milliarden DM veranschlagt. Es sind Ersatzübergänge an Wasserstraßen (Behelfsbrücken, Rampen, Zufahrtsstraßen) ebenso vorgesehen wie elf Nothäfen an der deutschen Küste, Be-helfsstellwerke für die Deutsche Bundesbahn und ein Konzept zur Sicherung des Fernmeldenetzes der Post, für das schon vor dem Gesetz, bis 1967 nämlich, nach einem Bericht der Bundesregie-rung 458 Millionen Mark ausgegeben waren.

Die vergleichsweise geringen Geldmittel des Bundeshaushaltes für ›Zivilverteidigung‹ und die wenigen und unverbindlichen oder freiwilligen Aktivitäten des fachlich zuständigen Innenministe-riums kriegen im Licht der Sicherstellungsgesetze eine weniger naive Kontur und beachtliche Dimension. So ist beispielsweise der Ausbau des Autobahnnetzes auch nach Hitler noch eine militär-politische Anforderung. Trassen mit leicht demontierbaren Leit-planken zwischen den Gegenfahrbahnen statt des gesetzlich sonst vorgesehenen fünf Meter breiten Sicherheitsstreifens werden als Notflughäfen geplant, Ortsumgehungen sollen Truppen vom Chaos in den Städten trennen, der Ausbau der Frankfurter Start-bahn-West ging auf das ›Wartime Host Nation Support‹ zurück, das Flugplatzkapazitäten für die Einfliegung größerer amerikani-scher Truppenverbände bereithalten will, nämlich dreihundert-tausend Soldaten und zusätzliche 310 Kampfflugzeuge. Alle drei Maßnahmen, die nicht im Verteidigungsetat enthalten sind und gleichwohl militärische Bedeutung haben, sind aus den Zivilverteidigungsplanungen entwickelt, obwohl es kaum humanitäre Gesichtspunkte daran gibt.

Scheinbar so zivilen Organisationen wie der Deutschen Bundesbahn oder der Deutschen Bundespost kommen dementsprechende ›sicherstellende‹ Bedeutungen zu. Die Bundesbahn ist nach dem Verkehrssicherstellungsgesetz zur Beibehaltung eines Schienennetzes auch dort genötigt, wo es verkehrspolitisch keinen Sinn macht, etwa im ›Zonenrandgebiet‹. Spezielle stark belastbare Trassen für den Güterverkehr werden auch mit Blick auf militärische Anforderungen des VSG geplant. Durch die ›Verordnung über Verkehrsleistungen der Eisenbahnen für die Streitkräfte‹ sowie die ›Verordnung über die Sicherstellung des Eisenbahnverkehrs‹ ist die Deutsche Bundesbahn zur Unterhaltung spezieller Verkehrskommandanturen für die Abwicklung von Militärtransporten verpflichtet. Die ›Deutsche Bundespost‹ hält analog ›reservierte Leitungen‹ zur Ergänzung des ›Bundeswehr-Grundnetzes‹ bereit, die schon dem Militär unterstehen. Im ›Ernstfall‹ bekommt die Armee durch die ›Posteinschränkungsverordnung‹, ›Dienstpostverordnung‹ und ›Feldpostverordnung‹ den Postapparat als Infrastruktur komplett überstellt. Die privaten Telefone werden zur Entlastung des Netzes abgestellt, dazu sind die Anschlüsse in den Schaltzentralen entsprechend farblich gekennzeichnet worden. Weil die militärische Befehlskette aber stör- und abhörsicher, wichtiger noch, auch gegen den von Militärs gefürchteten Elektromagnetischen Impuls aus einem Atombombenblitz, unempfindlich sein muß, soll die Bundesrepublik mit Glasfaserkabeln vernetzt werden. Den strategischen Anfang machte im Juli 1984 das Kanzleramt zu den 16 Bundesministern, dem Bonner Polizeipräsidium, je einer Leitung in den Sitzungssaal des Bundestages und des Bundesrates sowie Leitungen zu den Parteiführungen der CDU, SPD und FDP. Die GRÜNEN wurden von der Glasfaser ausgenommen.

Diese detaillierten Gesetze waren bereits im Januar 1963 von der CDU-Regierung dem Parlament als ›Notstandspaket‹ zugeschickt worden, doch vor der Einigung der CDU/CSU/SPD über die verfassungsändernden und Realität bestimmenden Paragraphen für das gesellschaftliche Leben wurde nur am 24. 8. 1965 das unproblematisch scheinende ›Wassersicherstellungsgesetz‹ verabschiedet.

Ein weiteres Sicherstellungsgesetz hatte die CDU-Mehrheit sogar schon wesentlich früher im Alleingang beschlossen. Im Zuge der Wehrgesetzgebung 1956/67 wurde das ›Bundesleistungsgesetz‹ (BLG) erlassen, daß die Beschlagnahme jedweder beweglicher Sachen und die Erzwingung von ›Werkleistungen‹, vor allem Instandsetzungsleistungen, sowie die Beanspruchung von Grundstücken und Gebäuden regelt, letzteres sogar noch durch ein eigenes ›Landbeschaffungsgesetz‹. Die Formulare für ›Leistungs‹- oder ›Bereitstellungsbescheide‹ liegen in den Behörden bereits vor, probeweise werden bei Manövern schon heute private Tankwagen und Baufahrzeuge herangezogen. In der Logistikschule der Bundeswehr in Bremen wurde sogar eine Liste mit kooperationsunwilligen Personen und Firmen geführt, die zwar gesetzlich hätten gezwungen werden können, doch nur um den Preis von erhöhter Öffentlichkeit. In Hamburg, so teilte der Senat der Bürgerschaft am 15. 2. 1983 mit, sei »im Rahmen der weiteren Vorarbeiten mit der Versendung von Bereitstellungsbescheiden zu rechnen«.

Die Ausweisung von Etatposten für die Durchführung dieser Sicherstellungsgesetze würde einen nationalen Aufschrei angesichts der Streichungen im Bereich des inneren Friedens, nämlich den Sozial-, Bildungs-, Umwelt- und Kulturhaushalten auslösen, zusammengenommen mit den ausgewiesenen Verteidigungskosten würde international ein bedenkliches Raunen entstehen.

Weil die Wahrnehmung der Sicherstellungsgesetze wechselweise in die Verantwortung von Bund und Ländern führt, wäre dies auch schwierig möglich. Darüber hinaus ist die Zusammenarbeit des Bundes, der Länder und der Kreise/Gemeinden vielfach weder institutionell noch gesetzlich geregelt.

Dies Problem wird in Fachkreisen indessen als Vorteil gewertet. In dem Band ›Zivil-Militärische Zusammenarbeit‹ der Schriftenreihe ›Die Bundeswehr. Eine Gesamtdarstellung‹, herausgegeben vom Präsident der Bundesakademie für Wehrverwaltung und Wehrtechnik, H. Reinfried, und dem Generalmajor a. D. H. F. Walitscheck, zählt vor allem das Machen: »Dort wo und solange

180

entsprechende Gremien auf den einzelnen Ebenen nicht gebildet sind oder dort, wo bisher ihre Errichtung nicht vorgesehen ist, wird der Notfall zur Zusammenarbeit zwingen. Diese Kenntnis muß aber bereits außerhalb einer bestehenden Notsituation und im Frieden dazu führen, wenigstens das ›informelle‹ gegenseitige Zusammentreffen anzuregen und zu fördern. (...) Der Schwerpunkt solcher Aktivitäten muß auf Landes-/Wehrbereichsebene gesehen werden. Schon das persönliche Kennenlernen der sich hierbei treffenden Verantwortungsträger ist neben der Fülle der sich dabei – oft auch beiläufig – ergebenden Erkenntnisse ein nicht hoch genug zu bewertendes Teilergebnis solcher Treffen.«

Daß es in Rechtsstaaten einer Rechtsgrundlage bedarf und das Parlament der Ort der Diskussion von Gesetzesinhalten und deren Durchführung ist, stört Macher nicht: »Es wäre wohl für die bei den einzelnen Aufgabenbereichen verbleibende unverzichtbare Eigeninitiative auch schädlich, durch eine gesetzliche Bestimmung etwa generell und bis ins letzte Detail auflisten zu wollen, wo es Zivil-Militärischer Zusammenarbeit bedarf und wie diese im einzelnen zu praktizieren sei; dies muß als ständiger Auftrag dem Einzelbereich und der lage- und sachbezogenen Initiative der Beteiligten überlassen bleiben, sofern sie nur die Notwendigkeit dafür einsehen, den Partner und ggf. auch das Gremium kennen, in dem sie Gehör finden.« Daß die Empfehlung zum Klüngeln und ungesetzlichen Handeln für Demokraten schon ohne den politischen Hintergrund der Notstandsgesetzgebung ein ernster Fall ist, lassen die Autoren der Monographie über ›Zivil-Militärische Zusammenarbeit (ZMZ)‹, Berchtold und Leppich, für den Ernstfall ebenso hinter sich wie die Demokratie: »So perfektionistisch den Laien die Notstandsverfassung des Grundgesetzes auch anmuten mag, es sind durchaus Entwicklungen möglich, die nur nach dem Grundsatz ›Not bricht Gebot‹ zu bewältigen sind.«

Vom Hinübergleiten in den Krieg

Die Diskussion um die Notstandsgesetze habe ich nicht bewußt miterlebt. Ich war 14, wollte mir gerne ein Tonbandgerät vom Taschengeld kaufen, begann mich für die Mini-Rock-Mode zu interessieren und las schauerlich schlechte Science-Fiction zu Groschenpreisen.

Ich erinnere mich nur dunkel, daß damals viel von der Gefährdung der Demokratie die Rede war, daß die Notstandsparagraphen dem Ermächtigungsgesetz für Hitler gleichkämen und daß die Studenten, die dagegen demonstrierten, vergast gehörten. Heute sind die Warnungen vor einer Putschgefahr vergessen, die folgenden Sicherstellungsgesetze sind Alltag geworden, und die Verbindung zum Zivilschutz ziehen Verantwortliche heute trotz des gesetzgeberischen Zusammenhanges nicht mehr – nur der Haß gegen Studenten und Studierte ist geblieben, wenn sie nicht gerade von Eliteschulen kommen. Ist das die politische Kultur, die der bundesrepublikanische Zivilschutz zu verteidigen hätte?

Ich hatte in den Broschüren des ›Bundesverbandes für den Selbstschutz‹ (BVS), der im Auftrag des Bundes über Kriegs- und Krisenzeiten informieren soll, und auch in dem Chaos, wie es sich Werbefilmer vorstellen, zwar gelernt, daß ich als Schutz gegen Fall-Out bei flachen Schuhen die Socken über die Hosenbeine zu tragen hätte, doch nicht, an welchen Schritten und Spuren zu erkennen sei, daß es sich bei einem Notstand nicht um ein Problem beispielsweise von Hochwasser handeln könne, sondern um das Fall-Out einer Regierung aus der Demokratie. Krieg wurde, in der Konsequenz der gesetzlichen Bearbeitung als erweiterte Katastrophe, über den irdischen Kalamitäten der Krisenerklärer dargestellt. Er fand einfach statt, wie Zivilschutz eben gemacht wird – keine Frage! Daß Krieg entsteht, daß er verhindert oder gebremst werden könnte, gab es nicht. Es gab nur Krieg als vorübergehenden Zustand.

Desto mehr interessierte mich, wie in der Notstandsgesetzgebung – die dem BVS nicht der Information wert war, obwohl sein Thema der Notstand ist – der Übergang vom Frieden zum Krieg geregelt ist.

Die Notstandsgesetzgebung unterscheidet nach Friedenszeiten, in denen bereits ein Teil der Sicherstellungsgesetze angewendet wird, drei Stufen zum Krieg: die Krisensituation, die Feststellung des sogenannten Spannungsfalles nach Artikel 80 a Grundgesetz durch das Parlament und den sogenannten Verteidigungsfall nach Art. 115 GG.

Die Krisensituation können Kanzler und Kabinett als gegeben ansehen, ohne den Bundestag zu fragen. Selbst wenn das Parlament dem mit einem Beschluß widerspricht, kann der NATO-Rat mit Zustimmung der Bundesregierung einen ›Alarmbeschluß‹ treffen.

In beiden Fällen, bei einem Regierungsalleingang und gegen den erklärten Willen des Parlamentes, kann die Bundesregierung den Großteil der Sicherstellungsgesetze anwenden, bis auf das ›Arbeitssicherstellungsgesetz‹ (ArbSG), das aufgrund eines NATO-Alarmplanes nicht, sondern nur mit einer Zweidrittel-Zustimmung des Parlamentes in Kraft treten darf. Die Bundeswehrverwaltung kann so ermächtigt werden, private Fahrzeuge, Baumaschinen und anderes nach dem ›Bundesleistungsgesetz‹ zu beschlagnahmen, etwa leerstehende Fabrikhallen oder Bauernhöfe zur Unterbringung von Gerät und Soldaten. Alle friedensmäßigen Manöverbeschränkungen würden aufgehoben. Die Bundesregierung könnte alle Wehrpflichtigen im Alter von 16 bis 60 Jahren erfassen, mustern und zu ›Wehrübungen‹ einberufen. Zusätzlich kann ›Bereitschaftsdienst‹ angeordnet werden, die Kasernierung unterliegt keinerlei Zeitbegrenzung. Nach § 12 ›Katastrophenschutzgesetz‹ kann die Bundesregierung anordnen, was herrschende NATO-Doktrin ist und vom ›Bundesverband für den Selbstschutz‹ als freiwilliger Appell an die Einsicht verkauft wird: die ›Aufenthaltsregelung‹ – sonst ein gesetzlicher Terminus, der Ausländern das Bleiben in Deutschland verwehren soll – verbietet Bürgern der Bundesrepublik, ihr Land oder nur ihre Stadt zu verlassen. Das Grundrecht der Freizügigkeit wird mit diesem ›Stay Put‹, wie es in der NATO-Sprache heißt, oder ›Bleib' zu Haus‹, wie es der BVS anpreist, außer Kraft gesetzt. Der Spruch der Friedensbewegung ›Stell' dir vor, sie gäben Krieg – und keiner geht hin‹ hat so gesetzliche Geltung: Wo Krieg ist, soll keiner hingehn.

Die Monografie über ›Zivil-Militärische Zusammenarbeit‹ schildert die Krisensituation so: »Die möglichen Gefahren und damit die vermehrten Anforderungen auch an die Streitkräfte im Verlauf einer Krisenzeit sind leicht auszumalen: vermehrtes Verkehrsaufkommen und die Lenkung von militärischen Märschen und Versorgungsbewegungen einschließlich der Freihaltung von ›Militärstraßen‹, spontane Bewegungen ganzer Bevölkerungsteile, die Sperrung oder Räumung von Gebieten, innerhalb und außerhalb gesteuerter Aktionen des ›verdeckten Kampfes‹, des ›Kleinkrieges‹ unterhalb der Schwelle eines Krieges im Sinne des Völkerrechts, der Kräftebedarf für den Schutz von bestimmten Personen und Objekten, die Notwendigkeit der Durchsetzung von Verwaltungsakten im Bereich des Zwangsleistungsrechts und von Bewirtschaftungsmaßnahmen, ggf. das Auftreten von Banden bis zu bürgerkriegsähnlichen Situationen sind Vorgänge, die auch ohne übertriebene Phantasie mit einiger Sicherheit zu erwarten wären und ihrer Bewältigung harren.«

Das von der Bundesregierung anwendbare ›Gesetz über die Anwendung unmittelbaren Zwangs und die Ausübung besonderer Befugnisse durch Soldaten der Bundeswehr und zivile Wachpersonen‹ (UZwGBw) vom 12. August 1965 ist nach der Mobilmachung und der Mobilitätsbeschränkung ein Schritt, im Lande jede Opposition zu verhindern. Denn die Bundeswehr und teilweise auch der Werkschutz großer Firmen kann danach polizeiliche Befugnisse wahrnehmen, wie Personenkontrolle, Festnahme, Durchsuchung, oder Aufgaben wie Objekt- und Personenschutz, Straßensperren und Demonstrationsauflösung, die sonst an festgefügte demokratische Regelungsinstanzen gebunden sind. Daß diese Maßnahmen außenpolitisch eher An-Spannung als Entspannung demonstrieren, hat neben der Suspendierung der Demokratie im Innern eine Verringerung der Verhandlungsaussicht zur Folge. Dies gilt insbesondere, wenn die NATO ergänzend beispielsweise Evakuierungen anordnet, etwa des Fulda-Gap oder der norddeutschen Tiefebene. Aber auch die für diesen Fall bereits vorgesehene Evakuierung der Angehörigen von US-Soldaten dürfte einen Gegner eher beunruhigen. Zudem werden diese Massenbewegungen innenpolitisch bei gleichzeitigem Stay Put Panik auslösen. Am 18. Juli 1984 fanden sich in Unterfranken allein 16082 Menschen nach entsprechender Aufforderung ein, allerdings standen nur 15833 Personen auf den Evakuierungslisten. Außerdem kann sich die Krise psychisch auch die Verstärkung der US-Streitkräfte zuspitzen, die nach dem ›Long Term Defense Programm‹ mit Kampfgerät aufwendig eingeflogen würden.

Wolfgang Beßlich definierte in ›Rechtsgrundlagen der Zivilen Verteidigung‹, einem Buch der BVS-Schriftenreihe, die Krisenzeiten als »Zeiten der langsamen Zuspitzung einer internationalen Krise, sei es bis zum offenen Krieg oder bis zu ihrer Beilegung oder Entspannung wie im Oktober 1962 bei der Kuba-Krise oder im August 1968 bei der Besetzung der CSSR« Diese Beispiele sind realitätsnah. Sie ließen sich aktuell ergänzen durch den Falklandkrieg des britischen NATO-Partners, die Grenada-Invasion des US-amerikanischen Bundesgenossen, die bisher nur angedrohte Intervention in Nicaragua oder die befürchtete Öl-Sperre im Golfkrieg. Gleichwohl sind sie nach den gesetzlich definierten Grundlagen der Bundeswehr, die die bundesdeutsche Souveränität zu verteidigen hat und nichts anderes, alles andere als eine begründete ›Rechtsgrundlage der Zivilen Verteidigung‹ – und doch gäbe es keine Möglichkeit, die ungerechtfertigte Anwendung einer Krisenerklärung aufzuhalten, mit allen oben genannten Konsequenzen.

Mit dem zweiten, dem Spannungs-Fall nach Art. 80a GG, sieht es für die kriegsverhindernde Wirkung oder zumindest die innenpolitische Erhaltung des Friedenszustandes nicht viel besser aus. Zwar muß immerhin nach dem Grundgesetzartikel die Zweidrittel-Mehrheit des Deutschen Bundestages den Spannungsfall erklären – aber Erklärungsgrundlagen, was ein Spannungsfall denn sei, hat das Gesetz eigentümlicherweise nicht vorgeschrieben.

So wird sich der Bundestag – der Bundesrat und der Bundespräsident werden als Institutionen schon gar nicht mehr gefragt – wohl im wesentlichen an die zuvor bereits geschaffenen Fakten des Krisenfalles halten müssen. Denn der formale Gang der Entscheidung könnte nichts Substantielles ändern: zwar darf beispielsweise erst im ›Spannungsfall‹ das ›Arbeitssicherstellungsgesetz‹ in Kraft gesetzt und von der Bundesregierung in seinem Anwendungsbereich erweitert werden, etwa auf die im Gesetz bisher nicht genannte Rüstungsproduktion; auch darf die Bundeswehr erst dann zur Aufstandsbekämpfung im Innern mit allen ihr zur Verfügung stehenden Waffen eingesetzt werden. An der bereits erfolgten Kriegsvorbereitung im Land ändert das nichts mehr.

Die renommierten und eher konservativ zu nennenden Grundgesetzkommentatoren Maunz, Dürig und Herzog beschreiben die Bedeutung des Art. 80a daher kritisch:

»Die Feststellung des Spannungsfalles insgesamt ist ... der Generalmobilmachung, ja unter Umständen sogar einer förmlichen Kriegsdrohung so ähnlich und damit so sehr mit außenpolitischen Risiken belastet, daß die Gefahr eines fast automatischen Hinübergleitens in den Kriegsbzw. Verteidigungsfall fast in jedem Einzelfall gegeben sein dürfte.«

Ebenso unklar, wie das Gesetz definierte, was überhaupt ein ›Spannungs-Fall‹ ist, wurde sein Ende gelöst: Das Grundgesetz enthält keinerlei Vorschriften, einen einmal erklärten ›Spannungsfall‹ wieder aufzuheben. Die Grundgesetzkommentatoren erklären sich das so: »Der verfassungsändernde Gesetzgeber hat sich offensichtlich so sehr von der Vorstellung leiten lassen, daß die Phase des Art. 80a fast automatisch in den Verteidigungsfall überleite und infolgedessen ihre eigenständige Beendigung nicht mehr in Betracht komme.«

Für den Frieden ist beides vernichtend: daß außenpolitisch die Erklärung eines ›Spannungsfalles‹ wie eine Kriegserklärung gegen einen Staat wirkt, der vielleicht noch nicht einmal einen Angriff vorhatte, und Verhandlungen mit einem Angreifer nach der gesetzgeberischen Logik wegen des ›Hinübergleitens in den Krieg‹ sowieso sinnlos wären.

Für den Zivilschutz, der nach der BVS-Werbung die Folgen eines Krieges lindern soll, ist die geschichtliche und systematische Verknüpfung mit den Notstandsgesetzen, die das Gleiten in den Krieg zu einem weltgeschichtlichen Ausrutscher ohne Zukunft werden lassen, widersinnig.

Eine Bundesregierung, die Krieg nach innen oder außen – aus welchen Gründen auch immer – zu führen gewillt ist, braucht aber nicht einmal eine kontrollierende Zweidrittel-Mehrheit.

Die konservativen Kommentatoren beschreiben, was eher wie das Drehbuch zu einem Putsch klingt,

»daß eine Bundesregierung, die Maßnahmen im Sinne des Absatzes 1 (Spannungsfall) durchführen möchte, dabei aber die Mehrheit des Bundestages nicht auf ihre Seite bringt, das Erfordernis der parlamentarischen Zustimmung durch die Rückversicherung beim NATO-Rat ... zu umgehen imstande ist. Der Artikel sagt ja nichts darüber aus, ob die Initiative zu den in ihm vorgesehenen Maßnahmen von dem betreffenden internationalen Organ oder von der deutschen Bundesregierung ausgeht, und deckt in seinem Wortlaut auch jenen Fall, in dem dem Beschluß des internationalen Organs eine Anregung der Bundesregierung vorausgegangen ist. ... Dies gilt um so mehr, als der Artikel einem Gegenstoß des Bundestages die unmittelbare Rechtswirkung verweigert und sein Zustandekommen überdies ... von der absoluten Mitgliedermehrheit abhängt.«

So kann eine Bundesregierung, »die in Kollusion mit internationalen Organen, d. h. mit verbündeten Regierungen, den Art. 80 a III zur Unterhöhlung der geltenden Verfassungsordnung zu mißbrauchen versucht, durch die Inhaftierung einzelner Abgeordneter bzw. durch die Verhinderung ihrer Anreise eine Korrektur durch das Parlament vereiteln.«

Der dritte, der ›Verteidigungsfall‹, der den eigentlichen Bestimmungszweck des Zivilschutzes betrifft, hebt gleichzeitig die Bedingungen der freiheitlich demokratischen Grundordnung auf, deretwegen überhaupt ein Krieg nach den Prospekten des BVS und den Bekundungen der Parteien, die an diesem Untergang gesetzgeberisch mitgewirkt haben, gewagt werden müsse.

Der ›Verteidigungsfall‹ wird auf Antrag der Bundesregierung vom Bundestag festgestellt, mit Zustimmung des Bundesrates, ›wenn die Bundesrepublik mit Waffengewalt angegriffen wird oder ein solcher Angriff unmittelbar droht‹.

Klingt diese Gesetzesvorschrift des Art. 115 a I im Gegensatz zu den vorangegangenen beiden Notstandsstufen nach einer nicht willkürlich zu treffenden Erklärung, die zudem an kontrollierende Instanzen gebunden ist, so ist die Vorschrift in der Praxis Papier. Die Grundgesetzkommentatoren räumen ein, daß sich die Frage stelle, »inwieweit etwa kaum nachkontrollierbare Berichte von Geheimdiensten u. ä. zur Grundlage von fundamentalen Entscheidungen der obersten Bundesorgane gemacht werden können.«

Die Änderung der NATO-Strategie zur Vorwärts-Verteidigung, die präventive Angriffe tief ins feindliche Gebiet vorsieht, verunmöglicht eine Entscheidung sowohl durch die Tatsache, daß schon verteidigt wird, noch ehe überhaupt das eigene Territorium angegriffen wurde, als auch durch die nicht mehr klar unterscheidbare Bewertung des Kampfgeschehens, was Angriff und was Verteidigung Warschauer-Pakt-Truppen ist, die sich gegen US-amerikanische Verbände auf ihrem Territorium stellen.

Doch neben der zweifelhaften Inhaltsdefinition des Grundgesetzartikels ist auch die formale Erklärung des ›Verteidigungsfalles‹ so gut wie gar nicht mit Rechten einer Opposition versehen, die Krieg aufhalten will.

Der Bundestag muß die Entscheidung mit einer Mehrheit von zwei Dritteln der anwesenden Mitglieder fällen. Es reicht, wenn die Hälfte der MdBs anwesend ist. Die Kommentatoren räumen ein, es müsse »den Kritikern der Notstandsgesetzgebung zugegeben werden, daß die jetzige Regelung, die die Beschlußfähigkeit schon bei Anwesenheit der Hälfte seiner gesetzlichen Mitglieder bewirkt und die dieser Hälfte auch die Möglichkeit zur Feststellung des Verteidigungsfalles gibt, tatsächlich die Möglichkeit des Staatsstreiches durch eine Mehrheitspartei eröffnet.«

Sollten Bundestag und Bundesrat nicht mehr zusammentreffen können (unter welchen Bedingungen dies sein könnte, läßt das Gesetz offen), so übernimmt der ›Gemeinsame Ausschuß‹ die Rolle dieser beiden Organe. Er trifft die Entscheidung über den Verteidigungsfall, er beschließt die Gesetze in der Zeit des Krieges. Der Gemeinsame Ausschuß besteht aus 22 Bundestagsabgeordneten und 11 Mitgliedern des Bundesrates. Die Mitglieder werden ›zu Beginn jeder Wahlperiode vom Bundestag durch Beschluß entsprechend dem Stärkeverhältnis der Fraktionen bis zu einer erneuten Bestellung bestimmt‹.

Aus dem Deutschen Bundestag werden augenblicklich in dieses Notparlament, das zweimal im Jahr probt, entsandt: von der CDU/CSU Dr. Barzel, Dr. Dregger, Dr. Marx, Müller (Remscheid), Reddemann, Rühe, Dr. Schäuble, Schmitz (Baesweiler),

Stücklen, Dr. Waigl, Weiskirch (Olpe); von der SPD Dr. Vogel, Porzner, Dr. Apel, Jahn (Marburg), Roth, Westphal, Dr. Ehmke (Bonn), Frau Renger, Kolbow; von der FDP Mischnik und von den GRÜNEN Otto (Schily).

Die ›Notstandsverfassung‹ hebt im übrigen auch die Rechte der Bundesländer auf. Die Bundesregierung kann den Landesregierungen und -behörden unmittelbare Weisungen erteilen. Sie kann, falls eine Landesregierung möglicherweise von einer Oppositionspartei gestellt wird und Widerstand erwarten läßt, aus ihren Reihen einen ›Landesverteidigungskommissar‹ ernennen, der diktatorische Vollmachten im Auftrag der Bundesregierung hat. Interessant ist in diesem Zusammenhang eine Anmerkung zum Notstands-Kommentar: »Während der parlamentarischen Beratungen war wiederholt auch von Reichsstatthaltern oder allgemein Statthaltern die Rede. Die Bezeichnung würde besser als der Terminus Landesverteidigungskommissar klarmachen, daß der Weisungsbefugte der Bundesregierung auch – ja vornehmlich – zivile Befugnisse besitzt, ist aber aus historischen Gründen zu sehr vorbelastet, als daß sie eingebürgert werden sollte.«

Doch die Landesregierungen können auch von sich aus die Waffen strecken. Der Notstands-Kommentar vermutet, »daß die Landesregierung ... jedenfalls ernstlich erwägen wird, ob sie nicht gerade den in ihrem Einflußbereich befindlichen ranghöchsten Offizier der Bundeswehr auch zum Beauftragten für die Ausübung ihrer Notstandsbefugnisse gemäß Art. 115f I beruft. Dies dürfte in der Tat der einzige Weg sein, die dann erforderliche unumgängliche Konzentration sämtlicher Kräfte sicherzustellen«.

Daß diese Militarisierung der Befehlsgewalt dem Ansinnen einer zur Verteidigung – der sich somit verabschiedenden Demokratie – entgegenläuft, ist im Hinblick auf ein Kriegsende weit weniger beunruhigend als der Umstand, daß für das Militär damit keine Kontrollinstanz mehr gegeben ist.

Als ›weithin ungeklärt‹ charakterisieren die Kommentatoren im übrigen das Verhältnis zwischen Verteidigungsfall und NATO-Vertrag. Entscheidungen des NATO-Rates können zwar rechtlich nicht die bundesrepublikanische ›Notstandsverfassung‹ in Kraft setzen, aber ›dabei darf nicht vergessen werden, daß die Entscheidungen des Nordatlantikrates, die das Vorliegen des Bündnisfalles feststellen oder gar militärische Maßnahmen bewirken, fast automatisch Aktionen des Gegners auslösen werden, die in aller Regel die tatbestandlichen Voraussetzungen des Art. 115 a I – wenn sie bis dahin noch nicht vorliegen – schaffen werden. Da derartige Entscheidungen des Nordatlantikrates nur einstimmig, also nicht gegen die Stimme des deutschen Vertreters (Außenminister, Verteidigungsminister oder Bundeskanzler) getroffen werden können, heißt dies nichts anderes, als daß die Bundesregierung es in gewissem Umfang in der Hand hat, ob sie die Voraussetzungen des Art. 115 a I eintreten lassen will oder nicht. Daß ein deutsches Parlament sich dem Antrag der Bundesregierung, den Verteidigungsfall festzustellen, angesichts des großen psychologischen Drucks eines NATO-Beschlusses kaum wird verschließen können, liegt auf der Hand.‹

All dies gelte selbstverständlich nur in einer Situation, die hinreichend Zeit ließe, Sitzungen des Bundestages einzuberufen. Unter anderen Bedingungen, so der Kommentar, verbliebe nur der »NATO-Kommando-Weg. Da diese Alternative nach den Erwartungen, die die moderne Kriegsführung zwischen den Blöcken in Aussicht stellt, leider der Regelfall sein dürfte, bedeutet dies, daß die Stunde der Entscheidung über Krieg und Frieden in der Bundesrepublik eine Stunde der Exekutive sein wird und nicht einmal eine Stunde der deutschen Exekutive, sondern der amerikanischen, genauer des amerikanischen Präsidenten; denn als amerikanischer Offizier steht der Oberste Befehlshaber der NATO in Europa (Saceur) unmittelbar unter dem Kommando des amerikanischen Präsidenten und wird von diesem im Eilfall über das rote Telefon den Einsatzbefehl erhalten«. Der Oberste Befehlshaber in Europa, laut NATO-Absprache immer ein amerikanischer Offizier, wird vom US-Präsidenten auf Ersuchen des NATO-Rates ernannt. Er ist zugleich in Personalunion Oberbefehlshaber der amerikanischen Truppen in Europa, die nicht der NATO unterstellt sind (das trifft vor allem auf die Atomwaffenverbände zu, aber auch auf die 6. Flotte im Mittelmeer). Bereits in Spannungszeiten werden die Bundeswehrtruppen bei Auslösung bestimmter Alarmstufen seinem Kommando (›Operational Command‹) unterstellt.

Es heißt zwar im Art. 115 GG: ›Mit der Verkündung des Verteidigungsfalles geht die Befehls- und Kommandogewalt über die
Streitkräfte auf den Bundeskanzler über.‹ Gemeint sind damit
allerdings nur die nicht-NATO-assignierten Streitkräfte (territo-
riale Verteidigung, Sanitätswesen, Bundeswehrverwaltung); Hee-
resverbände, Marine und Luftwaffe unterstehen nicht seinem
Kommando, sondern der NATO. Es ist also vorauszusehen, daß
bereits in Krisensituationen und im Spannungsfall die NATO-
Hierarchie, und hier insbesondere der amerikanische Oberste Befehlshaber, den Grad der militärischen wie auch zivilen Eskalation
hin zum Krieg bestimmt. Und sollte es im übrigen Schwierigkeiten
geben, den NATO-Rat zum Auslösen bestimmter Alarmstufen
und Kriegsvorbereitungen zu gewinnen, so bleibt es dem amerikanischen Präsidenten unbenommen, seine NATO-unabhängigen
Truppen in Europa in Alarmzustand zu versetzen und damit die
NATO-Mitgliedsstaaten in Zugzwang zu setzen.

Dies ist jedoch, wenn man einmal Ronald Reagan seine gele-
gentlichen weltpolitischen Witzchen zeihen will, nach dem Stand
der Dinge bereits in dem Auseinanderklaffen der augenblicklichen Militärstrategie schon im Frieden der Fall: die gültige US-
Feldgefechtsanweisung 100 – 5 schafft mit ihrer aggressiven Vor-
wärtsverteidigung-Strategie einen faktischen Zwang für andere in
der NATO operierende, noch laut Auftrag defensiv, auf Vorne-
verteidigung orientierte, aber nicht unterscheidbare Einheiten.
Doch welchen Wert gibt eine Verteidigung des Grundgesetzes
dem Grundgesetz, die sich bereits im Grundgesetz über das
Grundgesetz hinwegsetzt und sich militärischer Logik und Logi-
stik unterstellt?

Der Soldat ohne Uniform

Ich hatte mich während meiner Lektüre an den Gedanken gewöhnt, daß ein Bundeskanzler ja durchaus in der Zeit nach dem
Zweiten Weltkrieg zum Staatsmann geworden sein könne und dabei möglicherweise nicht genügend Zeit zum Nachlesen dessen ge-

funden hatte, was ihm nicht begegnet war. Gerade wer sich als Generalist verstand, über den Dingen stehend, mußte sich, wenn es unter die Erde gehen sollte, auf seine Fachreferenten verlassen können.

Je länger ich Historisches las, die zum Alltag geronnene Perfektion der Sicherstellung verwirrt zur Kenntnis nahm und Szenarien der Notstände durchdachte, desto weniger hatte ich eine Vorstellung, was 1984 das Bundesinnenministerium noch in eine Reform, den Entwurf eines neuen Zivilschutzgesetzes, hineinschreiben sollte, angesichts neuer, präziserer und vernichtenderer Waffentechniken, neuer Verteidigungskonzepte und alter Ängste.

Erst schien mir der Text nichts auffallend Neues zu enthalten von dem, wie der Staat seine Bürger notfalls unter die Erde bringen wollte. Es waren scheinbar kleine redaktionelle Änderungen längst eingelesener Vorschriften, vielleicht eine landläufige Anpassung an Gewöhnung. Dann zog ich zur Beurteilung des Referentenentwurfes für ein neues Zivilschutzgesetz vom 5. Juni 1984 einen Referentenentwurf vom 27. Juli 1982 zum Wortvergleich heran, den der liberale Innenminister Gerhart Rudolf Baum vor der Wende nicht mehr dem Bundestag vorlegen konnte, wie der es am 3. Juli 1980, einstimmig übrigens, gewünscht hatte.

Da gaben die Nuancen nach und nach ein Bild, das zu dem – mit Hilfe der Notstandsgesetze wieder demontierbaren – Anspruch vom ›Bürger in Uniform‹, als Verkörperung der Verteidigung unserer freiheitlich-demokratischen Grundordnung (FDGO), paßte: in der Zivilverteidigung wird es, wenn der Referentenentwurf aus der Periode Zimmermann (CSU) Gesetz werden sollte, einen Soldaten ohne Uniform geben, den Bürger.

Während es im Baum-Entwurf noch hieß »Der Zivilschutz hat die humanitäre Aufgabe ...«, nimmt der Zimmermann-Nachschlag dies Ziel für erfüllt, auch wenn es noch keine Probe aufs Exempel gab: ›Zivilschutz ist die humanitäre Aufgabe ...‹ Auch führt der CSU-Minister eine ›Zivilbevölkerung‹ gegenüber der unterschiedslosen ›Bevölkerung‹ früherer Zeiten ein, die ›vor den Gefahren eines Verteidigungsfalles zu schützen‹ sei – gegenüber den liberalen ›im Verteidigungsfall drohenden Gefahren‹

192

immerhin ein demokratischer Fingerzeig auf die Notstandsgesetze, wenn auch sprachlich unfreiwillig.

Während der Baum-Entwurf danach gar nichts mehr als Zivil-
schutzziel nannte, notiert Zimmermanns Referent noch die
›Überwindung‹ der ›unmittelbaren Auswirkungen von Feindselig-
keiten‹ und die ›Schaffung‹ der für ›das Überleben der Zivilbevölkerung notwendigen Voraussetzungen‹. Daß es sich um einen Ge-
setzesentwurf mit juristischen Definitionen handelt, fällt schwer
zu glauben. Sind ›Feind-Seligkeiten‹ noch nicht oder schon mehr
als ein atomarer Krieg? Lassen sich die ›un-mittelbaren‹ Auswirkungen wie atomares Höllenfeuer und unirdischer Explosions-
sturm eher ›über-winden‹, als die mittelbaren wie Fall-Out, Strah-
lenkrankheit, Erblindung, Seuchen, Hunger und unvorstellbares
Elend? Warum ließen sich überhaupt nur Auswirkungen, nicht
Ursachen ›überwinden‹, und was sind denn die ›notwendigen Voraussetzungen‹ für das ›Über-Leben der Zivil-Bevölkerung‹, wenn
nicht der Frieden?

So verklausuliert ein Gesetz auch immer im Bezug auf die Wirklichkeit oder gesetzgeberische Ansprüche sein mag, so wenig kann
es sich eine Paragraphen-Poesie unter Bezugnahme auf andere
Gesetze erlauben. Beide Entwürfe für ein Zivilschutzgesetz der
achtziger Jahre nannten nicht die Notstandsverfassung als Rah-
menbedingung für das in Grundrechte eingreifende einfache Gesetz. Lediglich das Zitieren der Vokabel ›im Verteidigungsfall‹ bei
Baum knüpfte noch an die formell legitimierte Notstandsverfassung der Republik an. Bei Zimmermann ist daraus ein simpler
Wes-Fall geworden: »Die Gefahren des Verteidigungsfalles« –
keine Rede davon, daß erst nach der demokratischen Ausrufung
des Verteidigungsfalles in die Grundrechte der Bürger eingegrif-
fen werden sollte. Das Gesetz läßt sich so anwenden, auch wenn
der ›Verteidigungsfall‹ der Verfassung noch nicht eingetreten ist.

Dementsprechend ist das gesamte Gesetzesvorhaben weniger
am Grundgesetz als an den Lücken der Sicherstellung in der Zivil-
Militärischen Verteidigung orientiert. Während der ›erweiterte
Katastrophenschutz‹ eben noch vornehmlich im Frieden an der
Vorsorge gegen Naturgewalten ausgerichtet war, ist im neuen Zi-
vilschutzrecht nur eine eingeschränkte Kann-Bestimmung vorge-

sehen: ›Einheiten, Einrichtungen und Ausstattung des Zivilschutzes können im Frieden auch für andere Zwecke eingesetzt werden, wenn dadurch ihre Verwendung für den Zivilschutz nicht beeinträchtigt wird.‹ (§ 1 Abs. 3, Satz 3)

Ganz im hintersten Teil des Gesetzes, in § 57, heißt es schlicht: »Die Grundrechte der körperlichen Unversehrtheit (Artikel 2 Abs. 2 Satz 1 des Grundgesetzes), der Freiheit der Person (Artikel 2 Abs. 2 Satz 1 des Grundgesetzes), der Freizügigkeit (Art. 11 Abs. 1 des Grundgesetzes) und der Unverletztlichkeit der Wohnung (Art. 13 des Grundgesetzes) werden nach Maßgabe dieses Gesetzes eingeschränkt.«

Zwar wird beispielsweise bei der Aufenthaltsregelung auf die Aufhebungsmöglichkeit der an keine Voraussetzungen gebundenen Anordnung des Bundesinnenministers durch den Deutschen Bundestag verwiesen – gewissermaßen wird die Beibehaltung parlamentarischer Gewaltenteilung mit der Einschränkung der bürgerlichen Freizügigkeit aufgewogen. Doch ist diese Kann-Bestimmung nach den sonstigen Gegebenheiten der Notstandsverfassung eher ein Könnte-Paragraph.

Auch der Hinweis, daß die neu ins Gesetz aufgenommene generelle, von den Kreisen und Gemeinden nach ›lokaler Erforderlichkeit‹ durchzuführende, Zivildienstpflicht (§ 38) für alle Männer über 18 Jahren erst im erklärten Spannungs- oder Verteidigungsfall gelten werde, verliert praktisch an Gewicht durch die neuen Bestimmungen, daß die Einberufung nur mündlich zu erfolgen braucht, die Polizei nötigenfalls zwangsweise die Einberufenen den zugeteilten zivilen Katastrophenschutzorganisationen wie Rotes Kreuz ›zuführt‹ (die bis dahin auf dem Prinzip der Freiwilligkeit gearbeitet hatten) und schließlich erhebliche Gefängnisstrafen auf Verstöße gegen die Dienst- und Gehorsamspflicht hinzugekommen sind. Dazu kommt, daß der Referentenentwurf, im Orwell-Jahr 1984, als Organisationsprinzip des Zivilschutzes die Aufteilung in Wohnbereiche der Gemeinden vorsieht und dazugehörige ›Selbstschutzberater‹ und ›-leitstellen‹ einrichten will (§ 8), also das Blockwart-Prinzip.

Das 1980 am Widerstand der Ärzte gescheiterte ›Gesundheitssicherstellungsgesetz‹ wird in die Paragraphen 26–32 eines neuen

Zivilschutzgesetzes integriert und erweitert. Danach ist nicht nur eine Dienstpflicht für Personal aus dem Gesundheitswesen und ihre Meldepflicht in Friedenszeiten möglich, sondern die unter Ärzten umstrittene Triage, die Aussonderung von zu Behandelnden. Nach § 32 Abs. 1 Satz 3 wird dem Arzt dieser Gewissenskonflikt vom ›zentralen Bettennachweis der Rettungsleitstelle‹ auf dem Verwaltungswege abgenommen.

Ebenfalls vollständig von der Militarisierung ihres Berufsstandes betroffen wird die Beamtenschaft, die sich heute bereits fraglos an der Zivil-Militärischen Zusammenarbeit beteiligt. Nach dem § 54 wird das Beamtenrechtsrahmengesetz auf die Bedürfnisse des Verteidigungsfalles so zugeschnitten, daß der Beamte kaserniert, abkommandiert, gegen seine Ablehnung und Befähigung eingesetzt, aus dem Ruhestand zurückberufen und rund um die Uhr verbraucht werden kann.

Indessen wird den Dienstverpflichteten, seien es Beamte, Ärzte, Krankenschwestern, Männer über 18 und andere, neben allen Einschränkungen der Grundrechte zumindest ein Privileg zuteil: sie sollen, so will es gleich der Paragraph 2 des Zivilschutzgesetzentwurfs von 1984, einen Ausweis und ein Abzeichen bei sich tragen, der sie unter den besonderen Schutz der Genfer Zusatzprotokolle zum IV. Abkommen über den Schutz der Bevölkerung in Krieg und Bürgerkrieg stehen. Schon nach den bestehenden Verwaltungsvorschriften wäre davon ein Heer von 600 000 Helfern im Zivilschutz gegenüber Kriegshandlungen zumindest rechtlich immun. Nach den Dienstpflichterweiterungen würde sich dieses Plansoll aktuell vervielfachen, eine Maßnahme, die ein Gegner in diesem Umfang für ein billiges Manöver auf Kosten des Völkerrechts ansehen könnte, denn außer bei den Verpflichteten des Gesundheitswesens dürfte die Unterscheidung von zivilschützenden oder kriegsfördernden Handlungen nicht zuletzt aufgrund der Systematik der sonstigen Sicherstellungsgesetze schwierig sein.

Der Befehlston, der den Soldaten ohne Uniform, den zivilschutzverpflichteten Zivilisten, kommandieren wird, gilt schon in Friedenszeiten. Zackig und knapp militärisch ordnet der Paragraph 1 Abs. 3 Satz 4 des geplanten Gesetzes an: »Die Bevölkerung ist über die Aufgabe und die Maßnahmen des Zivilschutzes aufzuklären.«

Die Krankheit des Volkes

Da ich nach meiner Lektüre keiner Regierung aus wechselnden Parteikoalitionen, die den nationalen Notstand und den Schutz der Bevölkerung so betrieb, Putschabsichten unterstellen oder die Bewußtheit ihres irrsinnigen Tuns psychiatrisierend abtun wollte, lautete die Frage nicht mehr, wie Leben durch Zivilschutz gerettet würde, sondern wie die verantwortlichen Politiker das Leben noch vor dem Zivilschutzfall sahen.

Der mit dem Zivilschutz propagierte Selbst-Schutzgedanke ist jedenfalls spätestens mit dem neuen Zivilschutzgesetz passé, das den mündigen Bürger nicht bei der Rekrutierung für die Zivil-Militärische Zusammenarbeit (ZMZ) braucht.

Doch auch ohne Anwendung des Gesetzes ist der sich selbst schützende Bürger Doppel-Denken und gleichzeitigen Therapiebemühungen durch den Zivilschutz ausgesetzt.

Mir wäre die dümmliche Mischung des BVS aus derber Hausmannskost (bei dem das Entfernen von Frikassee-Flecken auf der reinen Weste schwieriger ist als das von Fall-Out) und geopolitischer Strategie für Stammtische (nach der Atom- und Keulenschläge gewissermaßen staatenpsychologisch das gleiche waren) vielleicht noch als anbiedernde Volksnähe vorgekommen, wenn sie nicht hinter einer tragikomischen Fassade so zynisch menschenverachtend gewesen wäre.

Das betraf nicht nur eine das Leben von Dutzenden Millionen Menschen gefährdende Verteidigungspolitik, sondern auch eine angeblich in der Bundesrepublik diese Menschen zu drei Prozent schützende Zivilschutzpolitik, die alle Züge einer überkommenen Kriegsführungs- statt Verhinderungspolitik übernahm.

Der für die Ausgestaltung der Zivilschutzpolitik derzeit verantwortliche Innenminister Friedrich Zimmermann (CSU) hatte ›anläßlich der ersten offiziellen Sprengung‹, so schrieb es die Fachzeitschrift ›Zivilverteidigung‹, am 30. Mai 1983 richtungsweise Worte gefunden:

»Die Bevölkerung der Bundesrepublik Deutschland ist in ihrer großen Mehrheit von der Notwendigkeit militärischer Verteidigungsbereitschaft überzeugt. Beim Zivilschutz sieht es ganz anders aus, dabei ist der Zivilschutz nur die andere Seite der gleichen Medaille, der Sicherung von Frieden und Freiheit. Die öffentliche Meinung zum Zivilschutz ist selten paradox. Tut der Staat nichts, so wird ihm die Gefährdung der Bürger für den Konfliktfall angekreidet. Werden Schutzräume gebaut, so unterstellen manche, hier solle der Konflikt vorbereitet werden. (...) Neben unserer militärischen Verteidigung, die ausschließlich defensiven – also friedensorientierten Charakter hat, kommt gerade auch dem Zivilschutz, der wichtigsten Komponente unserer zivilen Verteidigung, eine starke friedensfördernde Funktion zu. (...) Wer den Frieden will, muß sich für den Zivilschutz engagieren und ihn stärken. Einen wirksamen Zivilschutz, der diesen Namen verdient, werden wir nur dann erreichen, wenn staatliches Handeln und private Vorsorge einander sinnvoll ergänzen. Zunächst einmal aber müssen wir den Zivilschutz aus seinem Schattendasein befreien. Ihn endlich herausholen aus der Tabuzone, in der er sich noch immer befindet. Wir werden dem Zivilschutz nur dann zum entscheidenden Durchbruch verhelfen, wenn wir die Ursachen seiner geistigen Verdrängung beseitigen. (...) Bedenken Sie bitte: Jeder von Ihnen ist gegen alle möglichen Fährnisse des täglichen Lebens versichert. (...) Ebenso selbstverständlich müßte es für jeden Bürger sein, den Zivilschutz im eigenen Lebensbereich durch geeignete Vorsorgemaßnahmen selbst zu verwirklichen. (...) Der Zivilschutz lebt von der uneigennützigen Mitwirkungsbereitschaft und dem Idealismus seiner vielen tausend freiwilligen Helfer. (...) Daneben hat der Einsatz der Helfer zugleich eine hohe gesellschaftspolitische Relevanz. Hier wird erfolgreich gegen eine weitverbreitete Krise unserer Zeit angegangen. Ich meine damit das Zusammentreffen von überzogenem Anspruchsdenken und gleichzeitig nachlassender Leistungsbereitschaft, die weite Teile unseres Volkes – gleichsam wie eine Krankheit – befallen hat. Zu viele haben zu lange auf Kosten anderer gelebt: der Staat auf Kosten der Bürger; einzelne Bürger auf Kosten des Staates oder ihrer Mitbürger; wir alle letztlich auf Kosten unserer Kinder und Enkel.«

Oben war Hamburg
Heimatkundliches

Mehrmals während meiner Suche hatte ich mich der Verdächtigung oder der Selbstzweifel ausgesetzt gesehen, die Frage nach dem Schutz der Menschen in einem Krieg würde Angst und mithin Irrationalität entspringen. So ließ es sich schwer fragen nach den Umständen, unter denen – trotz des Vorwurfs der Irrationalität an den Frager – ›Zivilschutz‹ rational organisiert und verwaltet wurde.

Dabei war er alles andere als vernünftig, wie mir die Frage nach meinem Bunkerplatz zeigte. Denn die Garantie für meine Sicherheit, mit der ein Zivilschutz für überflüssig erklärt wurde, war die Abschreckung, eine mehr als instabile psychische Komponente. Denn sie verlangt vom Gegner, Angst zu haben vor der Vernichtungskraft der Atomwaffen – was freilich Nachrüstungen zu einem Pokerspiel mit Bluff macht. Nach Friedrich Carl Weizsäcker gibt es durchschnittlich alle sieben Jahre eine technische Fortentwicklung der Waffensysteme, die das ›Gleichgewicht des Schreckens‹ in Frage stellt. Zum Zeitpunkt seiner Analyse ›Durch Kriegsverhütung zum Krieg?‹ hatte die Verbunkerung vorher zerstörbarer nordamerikanischer Interkontinentalraketen gerade die ›Zweitschlagfähigkeit‹ wiederhergestellt: die Drohung an die Sowjetunion, daß sie bei einem nuklearen Angriff gleichfalls die völlige Zerstörung des eigenen Landes in Kauf nehmen müßte. Die Stationierung sowjetischer SS-20-Raketen, die Mittelstreckenraketen sind und also nur Ziele in Europa vernichten können, hat daran nichts geändert. Doch Weizsäckers seinerzeitige Befürchtung, daß wir schon rein statistisch betrachtet mit ›einer Wahrscheinlichkeit von 99 % wenigstens sieben Jahre des nächsten Halbjahrhunderts ohne den Schutz der Zweitschlagskapazität leben‹ müssen, hat sich schnell und unerwartet bewahrheitet. Denn die NATO-Nachrüstung mit Mittelstreckenraketen hat gar nichts mit ›Gleichgewicht‹ zu tun, weil sie – anders als die SS 20, die nicht die US-Interkontinentalraketen erreichen könnten – das sowjetische Zweitschlagpotential vernichten kann und damit den Erstschlag zu einem kalkulierbaren Risiko macht. Nicht nur die Erhaltung der eigenen Zweitschlagskapazität gehört nämlich zur irren Logik der Abschreckung, sondern theoretisch auch die Erhaltung der gegnerischen Zweitschlagkapazität – eigentlich sollte die NATO mehr mobile, nicht-angreifbare Interkontinental-Raketen an die Sowjetunion liefern.

Gegenstück zur Abschreckung ist die ›Selbstabschreckung‹, nämlich das öffentliche Eingeständnis, daß man bei Angriff oder Verteidigung Selbstmord beginge.

Zu solcher Logik gehören die Niederungen der Politik, die der ehemalige Verteidigungsminister Hans Apel (SPD) mit der Befürwortung der Nachrüstung markierte, als er einwarf, daß sein Heimatstadtteil Hamburg-Barmbek ein rauhes Pflaster sei, wo man leicht Prügel beziehe, wenn man sich nicht wehren könne. Auf die Selbstabschreckung übertragen hieße dies: Wenn mich ein bewaffneter Straßenräuber bedroht, setze ich mir gleichfalls eine Waffe an die Schläfe und warne ihn, mich umzubringen, wenn er mich tötet.

Auf diesem Biertischniveau wird häufig über Existenzfragen der Menschheit palavert. Mit dieser Weltsicht aus Cowboystiefeln, in der ein Mann noch mit Drohgebärden Eindruck macht und der US-Marshall der schnellste weit und breit ist, kann sich jeder an den fünf Fingern einer Faust abzählen, was und wem die Stunde geschlagen hat – nur nie einem selbst.

So wurde auch meine Frage nach meinem Bunker, also nach der Konsequenz einer solchen politischen Denkweise und dem nicht abstrakten, sondern wörtlich zu verstehenden Getroffensein, teilweise mit trivialen Anekdoten und trügerischer Selbstsicherheit, daß es nicht so weit kommen werde, überspielt.

Das andere Phänomen war das ›ehrliche‹ Eingeständnis, daß es für jeden Schutz zu spät sei, wenn der Schrecken versagt habe. Ich war mir bei den Menschen, die das unumwunden zugaben, sicher, daß sie bei einer Krebsdiagnose in Tränen ausbrechen und alles tun und über sich ergehen lassen würden, um sich zu retten – doch wie unbeteiligt gaben sie, ohne es aussprechen zu müssen, ihr Leben für die irre Ideologie der Abschreckung auf.

So wenig war ihnen bewußt, was sie da sagten, daß sie nicht einmal merkten, wie sie en passant das Schicksal anderer beschlossen. In jeder anderen Lebenssituation hätten sie dies als Zynismus oder Misanthropie erkannt. Das Menschenbild war ihnen vor dem Kriegsbild verlorengegangen.

Daß selbst Politiker sich der Logik der atomaren Abschreckung nicht sicher sind, zeigte das Beispiel des CDU-Politikers Alfred Dregger, der – keineswegs aus ethischen, sondern aus militärtaktischen Gründen – im Sommer 1980 im Bundessicherheitsrat beklagte, die Bundesregierung unterminiere die Sicherheit des Landes ›durch Streichungen im Zivilschutzbereich‹. Obwohl ›die Sowjets‹ nur darauf warteten, »Westeuropa unter ihre Kontrolle zu bringen, stellt die Bundesregierung durch ihre Absage an den Mindestschutz der Bevölkerung die Glaubwürdigkeit unserer Sicherheitspolitik in Frage«. Kanzler Helmut Schmidt (SPD) hatte mehr Zivilschutz in der Befürchtung abgelehnt, die Sowjetunion könne dies als Kriegsvorbereitung mißdeuten. Dies hielt Dregger für ›naiv‹.

In seinem Buch ›Geisel Europa‹ kommentierte der stern-Journalist Wolf Perdelwitz*, dies sei keineswegs naiv, sondern vielmehr ›konsequent‹. Die ›Basis‹, daß es in Europa seit 1945 keinen Krieg gegeben habe, sei – was Politiker nie aussprechen mögen –, ›die ganze Bevölkerung als Geisel dem Atomschlag des möglichen Gegners‹ auszuliefern.

Perdelwitz, der sich sonst um sachliche Darstellung bemühte, wurde in diesem Zusammenhang bemerkenswert lax und am Schluß sogar blumig: »Wer versucht, die Gewichte zu verschieben – und sei es nur dadurch, daß er im großen Umfang Bunker baut –,

---

* Wolf Perdelwitz, Heiner Bremer, Geisel Europa. Verlag Olle & Wolter, Berlin 1980

gefährdet das Gleichgewicht des Schreckens. Denn es ist ja nicht so, daß nur wir vor den Sowjets Angst haben – die haben genausoviel Angst vor uns, und das nach ihren historischen Erfahrungen wohl auch mit einiger Berechtigung. Nur weil wir alle im ›Ernstfall‹ Geiseln für einen sowjetischen Atomschlag wären, können wir ohne Krieg leben – so wie auch die Sowjetmenschen ohne Krieg leben können. Wer das als Tanz auf dem Vulkan betrachtet, hat sicher recht. Aber es erscheint besser, auf dem Vulkan zu tanzen, als in ihn hineinzufallen.«

Ich war im Laufe meiner Suche empfindlich geworden gegen Metaphern, die aus der Verlegenheit entstanden, daß Unausgesprochene und vielleicht auch das Unaussprechliche zu sagen. Das Grauen eines Atomkrieges ist nicht mit einer landläufig saloppen Redensart vom ›Tanz auf dem Vulkan‹ zu vergleichen, die eher als Slogan zum Maskenfest in einer Uni-Mensa paßt. Daß es ›besser‹ – ein auffällig blasser Komparativ angesichts der Gewalt des Atomtodes – sei, als da ›hineinzufallen‹, was nach Slapstick klingt, versteht sich von selbst. Aber wer versteht das für sich selbst? Die Aporie bringt unfreiwillig derart tragikomische Sprachspiele hervor. Zu der Lebenshaltung des ›Tanz auf dem Vulkan‹ würde die Einsicht gehören: Warum sollte ich ausgerechnet bei Bombenstimmung mich tief in den Keller ziehen lassen?

Die Widersprüche um das, was in der Abschreckungspolitik ›vernünftig‹ ist oder eben nicht, hatte mich in der Annahme bestärkt, daß meine Nachfrage nach den persönlichen Konsequenzen dieser Politik sich nicht an der umstrittenen ›Logik‹ eben dieser messen lassen durfte. Es war nicht naiv, sondern vernünftig und konsequent für mich, mein Leben nicht aufzugeben und mich zu vergewissern, wie und wer sich mit welcher Ethik anmaß, mir diese Entscheidung abzunehmen.

Meine Selbstvergewisserung half mir. Denn anders als die Selbstabschreckung fand ich sie im Gespräch, die Nachfrage ließ andere in ihrer Selbstgewißheit nicht ruhen.

Und es half mir, meine Angst als real begründet zu erkennen, nicht als irrationales Verhalten, als die sie in Antworten schon mal hingestellt wurde. Mit Angst könne man keine Politik machen, sondern Menschen einschüchtern und manipulieren, hatte mir

Hamburgs oberster Zivilschützer Heinz Breuer gesagt. Im übrigen sei es »inhuman«, die Menschen in »Angst und Schrecken« zu versetzen.

Ich empfand das Gegenteil, denn Angst muß nicht unkontrollierte Reaktionen hervorrufen. Angst ist hilfreich. Sie war bei Selbstvergewisserung ein durchaus stabiler und produktiver Bewußtseinszustand zum aufgeklärten Sehen der Gefahr, ein emotionaler Indikator gegen die vielfältigen verborgenen Verharmlosungen und versteckten Kraftmeiereien, die unsere Verteidigungspolitik bei allem Bemühen um ›Sachlichkeit‹ bestimmen.

Das Ende dieser schützenden Sachlichkeit war dann erreicht, wenn die einfache Wahrheit der einfachen Frage beantwortet werden mußte: daß mein Leben und meine Freiheit verteidigt wurden, indem sie bedingungs- und alternativlos aufs Spiel gesetzt werden.

Es fiel mir immer schwerer, die fachlich ausgewiesenen Bücher zum Thema zu lesen, die eigenes Getroffen-Sein durch die Distanziertheit der Sprache nicht aufkommen ließen. Zwischen den mit technischen Details gespickten Analysen, der klinisch emotionsfreien Problemsicht und den mal bürokratisch, mal hausmännischen Über-Lebenshilfen verschwand die Seriosität hinter der zur Schau gestellten Ernsthaftigkeit. Selbst Aphorismen wie ›Wer zuerst schießt, stirbt als Zweiter‹ oder lyrisch makabere Zuspitzungen der Technikhörigkeit wie die physikalische Gattungsbeschreibung vom ›beschleunigten Menschen‹ änderten daran nichts.

Der Weg, den ich zwischen diesen Wörtern suchte, war geprägt von meiner Erfahrung mit der Nachfrage, der Enttäuschung über die vorgefundene Resignation, Lethargie und Zynik und der Gewißheit, die Angst vor dem Ausgeliefertsein in einem unvorbereitet kommenden Atomkrieg gewandelt zu haben in eine Angst zur Seite, die eine Vorbereitung auf den Atomkrieg erschweren würde.

Dazu gehörte auch die leidvolle Lektüre der – vergleichsweise zu den militärpolitischen, strategie- oder taktisch-kritischen, technischen oder philosophischen Anhandlungen – seltenen Berichte dessen, was in Hiroshima und Nagasaki passiert war und in Hamburg oder anderswo jederzeit wieder passieren könnte.

Ich las zuerst mit Unverstand, denn die Informationen und Spekulationen konnte ich nicht mit dem Anspruch aufnehmen, sie zu einem Bild der Welt zusammenzusetzen, das ein Krieg brächte. Ich notierte mir schließlich Bausteine eines Mosaiks, wie Leben, Schutz und Überleben aussähe – nicht als Horrorszenario, sondern als Anhaltspunkt, daß Angst begründet war vor einer Politik, die auf der Angst der Abschreckung aufbaute und die totale Vernichtung dessen riskierte, was sie zu schützen vorgab.

Die Kanalisierung zu Killing Grounds

Eine schwarze Heimatkunde: Seit 1964 ist bekannt, daß mindestens elf Städte in Schleswig-Holstein Ziele für NATO-Raketen sind, nämlich Brunsbüttel, Flensburg, Grünenthal, Itzehoe, Kappeln, Kiel, Lauenburg, Lübeck, Neumünster, Rendsburg und Schleswig.

Dahin aber würden die Hamburger fliehen, wenn es denn zutreffen sollte, wie sich NATO-Strategen einen Angriff der Warschauer-Pakt-Organisation vorstellen: sie könnten, an der Elbe entlang, einen ›Durchstoß zur Nordsee‹ wagen, die relativ grenznahe ist. Dann wäre ›Westeuropa geteilt‹, was für die Militärs bedeuten würde, daß ein Keil zwischen zwei wichtigen NATO-Verbänden läge, den AF North (Allied Forces Northern Europe) und AF Cent (Allied Forces Central Europe). Zudem wären bei solchen Kriegshandlungen keine nordamerikanischen Soldaten betroffen, sondern aus dem Süden nachrückende britische und holländische, so daß der US-Präsident nicht unter unmittelbarem Handlungsdruck stünde.

Wie ernst diese Theorie genommen wird, zeigt die Massierung von Militär allein in Hamburg. Zwölf Kasernen mit einer ›Friedensstärke‹ von zwanzigtausend Soldaten sind im Hamburger Stadtgebiet zuständig für die Kriegsaufgaben der Panzergrenadiere, Panzerartillerie und Flugabwehr – die militärtechnisch gebotenen Einheiten gegen eine luftunterstützte Panzerattacke.

Von den dreitausend Atombomben, die innerhalb der NATO trotz entgegenstehender völkerrechtlicher Vereinbarungen der Bundeswehr zur Verfügung stehen, sind die Hälfte für den Einsatz bei Artillerieeinheiten bestimmt. Die Panzerhaubitze 203 mm zur Verschießung der ›Gefechtsköpfe‹ W 15 Y 1 mit zwei Kilotonnen (kt) Sprengkraft, einem Zehntel der Hiroshima-Bombe, und W 15 Y 2 mit 8 kt, gehört zur Standardausrüstung der Hamburger Bataillone. Das Problem dieser zwei Zentner schweren Geschosse ist ihre Reichweite: 20,6 km, zu nah, um Hamburg selbst vor indirekten Wirkungen der Explosion wie Fall-Out zu schützen. Dasselbe gilt für die dreihundert Atomminen, die bei den ›schweren Pionier-Sperrzügen‹ der Bundeswehr lagern. In Straßen und Brücken des Bezirks Bergedorf und des angrenzenden Landkreises Lauenburg sind bereits Schächte angebracht mit einem auffällig großen Gullydeckel, einer Messingschraube in der Mitte und einem kreuzförmig verankerten Eisen, die solche in Hamburg gelagerte Minen aufnehmen können. Sie sollen den Weg durch riesige Krater unpassierbar machen und, so das Feldhandbuch der US-Army FM 5-26 über diese Atomic Demolition Munition (ADM), die feindlichen Truppen ›kanalisieren‹ in ›killing grounds‹, wortwörtlich Schlacht-Felder, oder beim Rückzug der NATO-Einheiten ›verbrannte Erde‹ hinterlassen.

Selbst wenn Hamburg also nicht angegriffen, sondern verteidigt würde, hätten die Hamburger allen Grund zu fliehen. Eine ›Mathematische Analyse der Wirkungen von Kernwaffen in der Bundesrepublik‹* ergab 1971, daß die Explosionen von 36 kleineren Atomminen entlang der Grenze, von der Elbe bis nach Lübeck verteilt, mit einer Gesamtsprengkraft von 20 kt, also der Gewalt der Hiroshima-Bombe, 87 000 Tote und 357 000 Verletzte ergeben würde, wenn der Wind in Richtung Lübeck wehen sollte. Bei Wind in Richtung Hamburg wären es ›nur‹ 52 000 Tote, aber 2 382 000 Verletzte. Schlimmer könnte es noch kommen, wenn die Minen nicht großflächig verteilt, sondern – wie es augenblicklich

---

* Philipp Sonntag, Mathematische Analyse der Wirkungen von Kernwaffenexplosionen in der BRD. In: C. F. Weizsäcker (Hg.), Kriegsfolgen und Kriegsverhütung. Hanser-Verlag, München 1971

den Eindruck macht – in mehreren Linien im Herzogtum Lauenburg konzentriert sind.

Im Kriegsfall gäbe es so unweigerlich eine zweite Front, die Heimatfront. Bürger der Bundesrepublik, die in Panik fliehen, wären dann ein innerer Feind – ›Störfaktor‹, wie das in der Militärsprache heißt. Denn ihre Fluchtbewegungen würden den Aufmarsch der NATO-Verbände beeinträchtigen, die Verteidiger würden sich nach ihrer Logik gegen die Verteidigten verteidigen.

Der ehemalige britische General Sir John Hackett schrieb in seinem Szenario ›Der Dritte Weltkrieg‹*, was Militärs sonst nicht aussprechen bzw. nur – wie hier – als Vorwurf an die Gegner:

»Ein ungeheurer Strom von Flüchtlingen aus den Städten und Dörfern Niedersachsens führte zu erheblichen Schwierigkeiten für die NATO und brachte den Sowjets einen wesentlichen Vorteil: Sie konnten das Durcheinander steigern, aber die Hauptachsen ihres Vorstoßes freibehalten. Erdkampfflugzeuge belegten daher diese Achsen pausenlos mit Maschinengewehrfeuer und kleinen Splitterbomben. Es war weniger die Absicht der Sowjets, Verluste zuzufügen, als vielmehr den Flüchtlingsstrom von den Straßen zu vertreiben, die sie benutzen wollten. Panzerspione schoben verlassene zivile Fahrzeuge mit Spezialgerät zur Seite, ohne daß dabei das Tempo der vorrückenden Kolonnen merklich beeinträchtigt worden wäre. Die Panzer selbst fuhren ohne Zögern durch Menschengruppen, die sich vergebens bemühten, an die Seite zu springen, und rollten mit hoher Geschwindigkeit auch über Leichen weiter vorwärts, die Fahrzeuge vor ihnen zermalmt hatten. Einige Nebenstraßen waren bald verstopft, und die NATO-Truppen wurden ernstlich durch ein Chaos aus Fußgängern und Fahrzeugen behindert, das trotz des unermüdlichen Einsatzes von deutscher Polizei und Heimatschutzeinheiten kaum unter Kontrolle zu bringen war.«

Die Führungsakademie der Bundeswehr in Hamburg-Blankenese rechnet mit 550000 Autos aus dem Gebiet Lübeck/Hamburg in Richtung Nord- und Ostfriesland, die deutsche Polizei nach gleichlautend unschuldigen Beteuerungen ›unermüdlich‹ unter Kontrolle bringen soll.

* John Hackett, Der Dritte Weltkrieg. Bertelsmann-Verlag, München 1978

Zwar ist nach den Notstandsgesetzen ohnehin die Benutzung von privaten PKWs in Kriegszeiten untersagt, und auch der § 12 des Katastrophenschutzgesetzes regelt bei Bedarf den ›Aufenthalt‹, beispielsweise durch ein Verbot, ein bedrohtes Gebiet zu verlassen. Doch über die Durchsetzung dieser NATO-Doktrin vom ›Stayput‹ – frei übersetzt ›Bleib', wo du bist‹ – laut Vorschrift CM 77–52 herrscht in der Öffentlichkeit Unklarheit – ein Tabuthema innerhalb des tabuisierten Themas Zivilschutz. Sollen Polizisten eines demokratischen Gemeinwesens mit Trillerpfeife, Warnkelle, spitzem Bleistift und Verwarnungsblock in nicht umkämpfte ›Aufnahmeräume des rückwärtigen Bundesgebietes‹ umleiten, wie eine NATO-Studie zum Stay-Put rät?

Erfahrungen mit solchen großräumigen Absperrungen ganzer Bundesländer sammelten jedenfalls gemischte Truppen der Länderpolizeien, die nach föderativen Gesetzesprinzipien eigentlich nicht in anderen als ihrem eigenen Bundesland tätig werden sollten, zuletzt bei der Demonstration um das Atomkraftwerk Brokdorf 1981 sowie bei vorangegangenen ähnlichen Anlässen wie Kalkar, Grohnde und Gorleben. Beobachter waren sich angesichts der unverhältnismäßigen Polizeieinsätze, insbesondere des Bundesgrenzschutzes mit seinen Großhubschraubern, einig, daß es sich um Manöver für andere Zwecke handele.

Schon 1976 gab W. Siedschlag in der Fachzeitschrift ›Die Polizei‹ diese Ausweitung der innerstaatlichen Feinderklärung vor: »Viele Maßnahmen, die heute zur Abwehr des Terrorismus getroffen werden, kommen auch der öffentlichen Sicherheit im Spannungs- und Verteidigungsfall zugute.«* Regierungsdirektor Siedschlag ist nicht etwa Beamter des Bundeskriminalamtes, wie sich nach diesem Zitat vermuten ließe, sondern einer der Denker der ›Akademie für Zivile Verteidigung‹ in Bonn.

Nach den Erfahrungen der Brokdorf-Demonstration mit über einhunderttausend Teilnehmern, wurde beim Bundesgrenzschutz eine ›Einsatzreserve‹ von dreitausend Mann aufgestellt, die, so weiß es die konservative ›Frankfurter Allgemeine Zeitung‹, ›mitwirken soll an der Räumung und Sperrung von Gebieten, sie soll

* Die Polizei 1/76

Bevölkerungsbewegungen lenken und die Streitkräfte bei der Freihaltung der Militärstraßen unterstützen‹.*

Das ›Bundesamt für Zivilschutz‹ nennt diese ›Aufgabenstellung der Zivilen Verteidigung‹ in der 1980 erschienenen Schrift ›Realität Krise‹, die »von der wirklichkeitsgerechten Annahme ausgeht, daß die Bundesrepublik Deutschland nicht ewig im ›Windschatten‹ internationaler Krisen bleiben wird«, im Amtsdeutsch: ›der Operationsfreiheit der Streitkräfte dienen‹. Als Mittel für eine ›wirkungsvolle Polizeiarbeit‹ wird daher die Bewaffnung und Ausrüstung gezählt, die ›zu den wichtigsten psychologischen Voraussetzungen‹ neben der ›Motivation‹ der Beamten gehören und ›in den letzten Jahren stark ideologisiert‹ worden sei mit dem Begriff ›Militarisierung‹. Die Qualität jedes Krisenmanagements steige zudem mit der Verdrängung von Tabus.**

Noch ist es tabu, was Zivilschützer und Polizeistrategen verklausuliert sagen und was die von der Bundesregierung und dem Bundesverteidigungsministerium unterstützte ›Stiftung Wissenschaft und Politik‹ in einer geheimen Studie feststellte, nachdem beispielsweise das NATO-Manöver ›Wintex 77‹ ein ›unübersehbares Chaos‹, so die Süddeutsche Zeitung***, gezeigt hatte: die ›Geheimhaltungsvorschriften‹ ständen einer ›vorsorglichen Unterrichtung der Beamten‹ über Maßnahmen gegen Massenflucht entgegen; ›deshalb könnten schon unmittelbar nach Aufmarschbeginn und bei Einnahme der Verteidigungsräume Lagen eintreten, in denen die Streitkräfte entweder ihre Verteidigungspläne nicht erfüllen könnten oder rücksichtslos gegenüber der Zivilbevölkerung vorgehen müßten, um ihrem Auftrag nachzukommen‹.

Als dies von der Bundesregierung unwidersprochen zur Kenntnis genommen wurde, war Helmut Schmidt (SPD) noch Bundeskanzler. Er war es, der 1958 – die Bundeswehr war gerade erst der NATO beigetreten – im Deutschen Bundestag das NATO-Plan-

---

* FAZ v. 18.7.1981
** J. Kurt Klein, Realität Krise. Schriftenreihe des Bundesamtes für Zivilschutz Nr. 13, Bonn 1980
*** Süddeutsche Zeitung, Vernichtende Kritik am Zivilschutz – Ergebnis der NATO-Übung ›Wintex 77‹: Im Konfliktfall ein unübersehbares Chaos. München 5.5.1977

spiel ›Lion Bleu‹ attackierte: »Offiziere, deutsche Offiziere, die dieses Planspiel vorbereiten mußten, haben dabei geweint! Sie mußten sich nämlich realistisch darauf einstellen, daß sie der Hunderttausende Flüchtlinge auf den Straßen nicht anders Herr werden konnten, als sie durch die Panzer von den Straßen zu fegen.«

Diese Widersprüchlichkeit, einerseits öffentlich zu kritisieren, daß die Bevölkerung den Militärs kaum mehr als Manövriermasse gilt, und andererseits insgeheim diese Auffassung zu akzeptieren, ist tatsächlich nur auf dem Hintergrund der Tabuisierung des Themas in der Öffentlichkeit denkbar.

Die Konsequenzen aus der ›vernichtenden Kritik am Zivilschutz‹ während der Übung ›Wintex 77‹ veranlaßten den CDU-Wehrexperten Manfred Wörner, ein ›neues Konzept der Zivilverteidigung‹ von der Bundesregierung zu fordern, das eine ›andere Gewichtung dieses Bereiches‹, nämlich unter die Belange der militärischen Verteidigung, brauche.

Inzwischen sitzt Wörner in der Regierungsverantwortung, als Verteidigungsminister, und der zuständige Innenminister, Friedrich Zimmermann (CSU), bereitet ein neues Zivilschutzgesetz vor – ohne eine vorherige öffentliche Diskussion des Warum und Wie. Der SPD-Bundestagsabgeordnete Alfons Pawelczyk hatte seinerzeit Wörner davor gewarnt, den »Zivilschutz auf die gleiche Stufe zu stellen mit den militärischen Verteidigungsanstrengungen«. Doch als Hamburger Innensenator gab er sich am 15. Februar 1983 bedeckt, als er auf Nachfragen der grün-alternativen Abgeordneten Angelika Birk antwortete: das »Staatswohl« sei bei der konkreten Beantwortung »gefährdet«, die »entsprechenden Vorgänge unterlägen der ›Geheimhaltung‹«. Außerdem sei »die Anwendung bestimmter Waffen von der jeweiligen Lage abhängig und daher nicht allgemein zu planen«. Angelika Birk hatte nach der polizeilichen Planung von ›Auffanglinien und Sperrpunkten‹ gefragt, die ein hoher Polizeibeamter in dem Film ›Recherchen über den Tag X‹ von Detlef Langer erwähnt hatte. Die GAL-Abgeordnete wollte wissen, ob dabei § 26 des Hamburger Gesetzes zum Schutz der öffentlichen Sicherheit und Ordnung (SOG) zur Anwendung käme, wonach Schußwaffen gegen eine Menschenmenge eingesetzt werden dürfen, ›wenn Zwangsmaßnahmen gegen einzelne keinen Erfolg versprechen‹. Der Senat kann in diesem Fall die Ermächtigung zum ›Einsatz besonderer Waffen‹ nach § 27 und 28 SOG geben – das sind nach § 18 SOG Maschinengewehre, Granatwerfer, Handgranaten, Sprengsätze, Minen, eben jene Polizeibewaffnung, die das ›Bundesamt für Zivile Verteidigung‹ schon aus ›psychologischen Gründen‹ befürwortet.

So ist es denn wohl eher als sich selbst erfüllende Prophezeiung zu verstehen, daß Bürger ›zu Hause am sichersten‹ seien, wie das Bundesinnenministerium behauptet.

Dagegen spricht die mangelhafte Ausstattung der Städte mit Schutzräumen. Hamburg verfügt derzeit über 49 454 Plätze in ›öffentlichen Schutzräumen‹, weitere 14 433 sind bereits in Bau sowie 22 149 noch in Planung; in Behörden wurden bisher 14 304 Bunkerplätze erstellt, vornehmlich in Gebäuden der für Zivilschutz zuständigen Innenbehörde. Sie aber wären die einzige Alternative zur Flucht, wenn Hamburg nicht direkt von atomaren Explosionen, wörtlich, betroffen wäre, sondern Minen fernab gezündet werden oder Hannover beispielsweise Angriffsziele einer Bombe im Megatonnenbereich wäre: dann würde der Fall-Out binnen kurzem Hamburg mit tödlichem Regen belegen.

Ist der Bürger also bereits schutzlos in seiner Stadt, und wird die Flucht erst recht zum lebensgefährlichen Risiko, wenn die Bombenwirkungen nur indirekt sind oder erst befürchtet werden, so ist dies erst recht bei einem direkten Angriff katastrophal.

Gründe dafür gibt es in der Logik der Militärs noch mehr als für den Vorbeimarsch an Hamburg: Die zweitgrößte Industriestadt der Bundesrepublik wäre gut als atomare Geisel.

Anders als bei Städten wie München, Frankfurt, Essen oder Hannover kommen in Hamburg allerdings mehr Gründe als nur für einen demonstrativen Schlag gegen eine Großstadt zusammen: neben der erwähnten Konzentration von Kasernen in Hamburg befinden sich hier die Führungsakademie der Bundeswehr in Blankenese, die Bundeswehrhochschule in Wandsbek und das große Verteidigungsbereichskommando 10 in Pöseldorf – für die Führung der Bundeswehr zentrale Dienststellen. Auch arbeiten siebenunddreißig nennenswerte Rüstungsbetriebe, davon 18 große mit einer Gesamtzahl von zehntausend Beschäftigten, in der Hansestadt, zum Beispiel Dynamit Nobel (Sprengstoff, Munition) in Eimsbüttel, AEG/Telefunken (Marineelektronik) in Wedel und die Werften HDW und Blohm & Voss (Fregattenbau, Kriegsschiffe, Panzerbauteile). Da vierzig Prozent des bundesdeutschen Seehandels in der Hafenstadt abgewickelt werden und auch der größte Rangierbahnhof Europas, Maschen, hier liegt, würde die atomare Verbrennung Hamburgs die Nachschubwege für die NATO zerschneiden. Das trifft auch die Vorräte, denn in Hamburg befinden sich drei große Raffinerien und Läger, die Panzer und Flugzeuge im Kriegsfall mit Treibstoff versorgen müßten.

Überhaupt wird die Energieversorgung Norddeutschlands aus den vier mit Hamburger Mitteln gebauten Atomkraftwerken im Krieg explosiv: sollte einer der Meiler bei Stade, Brunbüttel, Brokdorf oder Krümmel getroffen oder in seiner elektrischen Eigenversorgung beeinträchtigt werden, so käme es zu unkontrollierbaren Folgewirkungen, selbst wenn der Krieg ›konventionell‹ geführt würde.

Ein Forscherteam um Carl Friedrich von Weizsäcker gab 1971 unter der Annahme einer 2-Megatonnen-Explosion über Hamburg die Zahl der Sofort-Toten mit einer Million und zweihundertundsiebzigtausend an, die Zahl der Verletzten mit einer halben Million.

Zwar übersteigt diese Bombengröße bereits um das Vielfache die Explosionskraft dessen, was in fünf Jahren Luftangriffen auf die Städte des Deutschen Reichs geworfen wurde. Doch ist die Sprengkraft der zur Abschreckung heute bereitstehenden Bomben zehnmal so groß, nämlich zwanzig Megatonnen, das entspricht etwa der eintausendfünfhundertfachen Sprengkraft der Nagasaki-Bombe.

Als ›Standardmodell‹ für die Berechnung der Bombenwirkungen wird immer wieder die Rechengröße von ›nur‹ einer Megatonne angenommen, was der fünfzigfachen Wirkung von Hiroshima entsprechen würde. Solche Berechnungen wurden bisher für Washington und London angestellt.

Zur Verdeutlichung muß man sich vorstellen, daß in Hiroshima einhunderttausend Menschen sofort starben und weitere einhunderttausend an den Spätfolgen der atomaren Verseuchung – die Sprengkraft betrug 13,5 Kilotonnen. Fünfzig Sattelschlepper voll herkömmlichen Sprengstoffs Trinitrotoluol (TNT) entsprächen einer einzigen Kilotonne, wovon also die 13,5fache Menge in einem vergleichsweise winzigen Punkt über der japanischen Stadt konzentriert war, im ›Little Boy‹.

Die Annahmen für die Explosion einer Megatonnenbombe sind daher kaum vorstellbar und eher als vorsichtige Beschreibung von Einzelphänomenen aufzufassen, die Überlebenden in einem Bunker weit ab vom Nullpunkt, dem Ground Zero oder Zündungspunkt, kaum mehr an Landschaftsbeschreibung lassen wird als die Feststellung: oben war Hamburg.

Der Blitz der Bombe wäre in hundert Kilometern Entfernung vom Nullpunkt dreißigmal heller als die tropische Mittagssonne. Noch in Uelzen, Itzehoe oder Neumünster würden die Menschen erblinden, die in Richtung Hamburg sehen. Mit Lichtgeschwindigkeit würde sich ein Feuerball vom Nullpunkt ausbreiten, dessen Innentemperatur bei fünfzig Millionen Grad Celsius läge – die Temperatur im Mittelpunkt der Sonne wird auf zwanzig Millionen Grad geschätzt. Sand und Gestein würde kilometerweit im Umkreis wie Popkorn explodieren. Über dem Hauptbahnhof gezündet, ließe allein die thermische Wirkung der Bombe die Alster und Elbe verdampfen. Noch in weiter abgelegenen Stadtteilen betrüge die Temperatur über tausend Grad Celsius. Menschliche Haut verbrennt bei nur siebzig Grad in einer Sekunde. Selbst bei günstigsten Bedingungen würden nach 8 Kilometern vom Ground Zero noch tödliche Verbrennungen entstehen. In einem kleineren Umkreis wird unweigerlich alles sich selbst entzünden, Tanks und Polster von Autos, Fensterrahmen, Bäume, Metall werden schmelzen, die Straßen fließen. Tierische Fette und Blut werden kochen und verdampfen. Selbst tief gelegene und extra geschützte Bunker würden zu Krematorien.

Dies ist nur eine der drei hauptsächlichen Wirkungen der Explosion, die thermische Wirkung mit einem Drittel der Zerstörungskraft. Maximal drei Sekunden später würde zudem die Druckwelle einsetzen, die fünfzig Prozent Vernichtungspotential in sich birgt. Unter dem Nullpunkt risse sie einen Krater von hundert Metern Tiefe und vierhundert Metern Durchmesser, die Alster fände darin fünfmal Platz.

Fünf Millionen Kubikmeter zerstäubtes Hamburg würden so in die Luft gedrückt, die noch in Tausenden Kilometern Entfernung als radioaktiver Fall-Out niederkämen.

Ein Sturm mit einer Geschwindigkeit von dreitausend Kilometern je Stunde würde losbrechen und bis Wilhelmsburg, Billstedt, Ohlsdorf, Niendorf, Nienstedten, Francop alles dem Erdboden gleichmachen – in einem Radius von fünf Kilometern um den Nullpunkt gäbe es selbst in Bunkern keine Überlebenschance vor dieser Faust mit Millionen Tonnen Gewicht. Erst in Randbezirken wie Rissen, Poppenbüttel, Sasel, Rahlstedt, Bergedorf, Kirchwerder, Marmstorf, Neugraben oder Fischbek könnte sich der Druck auf Orkanstärke gemildert haben.

Jedoch läßt sich dies schwerlich hoffen, denn die Explosionshitze und der Druck hätten den Luftdruck binnen Sekunden derart radikal verändert, daß ein gewaltiger Überdruck gegenüber umliegenden Luftschichten entstünde, der seinerseits einen unvorstellbaren doppelt so langen ›Explosionswind‹ auslösen müßte. Hinzu käme der Feuersturm des Blitzes, der sich durch Explosion der Raffinerien im Hamburger Süden und der chemischen Fabriken im gesamten Stadtgebiet verstärken müßte und einen Luftsog durch den verbrannten Sauerstoff bewirkt.

Menschliche Phantasie kann sich das Grauen dieser ersten wenigen Sekunden der Explosion und ihrer unübersehbaren Folgewirkungen kaum ausmalen. Hilflose Hinweise bieten Berechnungen zu Einzelheiten, die in der Gesamtsicht schon keine Bedeutung mehr haben und doch krampfhafte Suche sind nach einem von Menschen erfaßbaren Maßstab dessen, was kommen könnte: beispielsweise, daß Fenster auf einer Fläche halb so groß wie das Saarland sich in Milliarden winziger Geschosse mit über hundert Stundenkilometern Geschwindigkeit atomisieren werden, die alles in ihrem Weg zerschlitzen.

Gegenüber den zahllosen qualvollen Todesarten für Menschen, die verbrennen, verdampfen, verkohlen, verkochen, zerquetschen, zersplittern, zerreißen und vieles, für das es nicht einmal die Annäherung einer Beschreibung gibt, ist die dritte Bombenwirkung langfristig und quälend detailliert medizinisch beschreibbar, die Kernstrahlung.

Abhängig von der räumlichen und zeitlichen Entfernung zum Explosionspunkt sind die Schäden auf Organismen und auf Erbanlagen, also vielleicht erst in Jahrzehnten geborenes Leben, individuell bestimmbar und doch gesellschaftlich unübersehbar.

Zwar ist bereits in der ersten Sekunde nach der Explosion ein Drittel der Radioaktivität freigesetzt, nach einer Stunde gar zwei Drittel, doch auch nach einem Jahr noch tritt Kernstrahlung auf. Denn nicht die Explosion selber, sondern der radioaktive Beschuß anderer Materialien, nämlich der zertrümmerten Stadt, erzeugt sie. Je nach Intensität der Strahlung und ihrer zeitlichen Einwirkung auf Menschen dauert der qualvolle Tod Stunden, Tage, Wochen oder Jahre.

Einige Symptome radioaktiver Verseuchung beschrieb eine englische Forschergruppe so: »Von der dritten Woche an entstehen kleine, zu Blutungen neigende Rißwunden auf der Haut und im Mund. Gleichzeitig entstehen Geschwüre im Mund und in den Gedärmen. Die Nahrungsaufnahme durch den Mund wird unmöglich und die Wunden entzünden sich immer mehr. Durch dauernden Durchfall, begleitet vom hohen Fieber, wird der Patient völlig entkräftet. Die Haare fallen in Büscheln aus. Delirien können folgen. Die Anzahl der roten Blutkörperchen geht zurück und die der weißen hat ihren größten Tiefpunkt erreicht. In diesem Stadium sterben die meisten Patienten oder erholen sich noch kurzfristig und sterben dann einige Wochen später. Wenn der Tod nicht einsetzt, folgt etwas Schlimmeres: weiterleben verbunden mit laufender Gewichtsabnahme, Verkrüppelung, maßlosen Schmerzen, Anfälligkeit gegen Krankheiten und Infektionen, Krebs und Leukämie, Verkürzung der Lebenserwartung, Beeinträchtigung der Geschlechtsorgane und Keimzellen, die, wenn überhaupt noch lebensfähig, nur Mißgeburten hervorbringen können.« Wer also beispielsweise in den Hamburger Randbezirken oder in Niedersachsen und Schleswig-Holstein von Hitze- und Druckwelle verschont blieb, muß ebenfalls, bei ungünstigem Wind, mit seinem Tod rechnen. Die Überlebenden in Hamburger Bunkern werden nur unter großer Gefahr ihren Schutzraum verlassen können und wochenlang das am schlimmsten verseuchte Gebiet in einem Radius von fünf Kilometern um den Nullpunkt nicht betreten können.

Die Suche der lebenden Toden nach ärztlicher Hilfe, Wasser, Nahrung und Trost wird unter denselben grausamen Vorzeichen stehen wie die zuvor geschilderten Fluchtbewegungen. Doch ein ›Bleib zu Hause‹ wird es dann nicht mehr geben.

Zu Hause, das wird eine endlos scheinende Trümmerlandschaft ohne Zeit sein, ohne Hoffnung und einem Vegetieren, das dem Wort ›Leben‹ hohnspricht. Die Hibakschas, Überlebende in Hiroshima, mußten ansehen, was Horror- und Zombiefilme, die sich heute bemitleidenswerte Menschen in ›zivilisierten‹ Industriestaaten mit Vergnügen betrachten, wie Ammenmärchen scheinen läßt.

Die Verschwörung des Schweigens

Es war für mich zu einem Grund-Satz geworden: Oben war Hamburg. Ich wußte nach den Szenarien-Splittern, die ich zu einem Mosaik zusammengesetzt hatte, daß die furchtbare Wahrheit des Satzes so real und gleichwohl unwirklich war wie die Behauptung, Abschreckung sichere unseren Frieden. Daß dieser so fern klingende Satz denkbar war, nicht nur intellektuelle Spielerei, sondern militärpolitisches Kalkül, hatte Auswirkungen für die Gegenwart: ›Oben war Hamburg‹ war mir zum Paradigma für mein an der Fiktion geschliffenes Realitätsbewußtsein geworden, das verhindern wollte, daß je so ein Satz gesprochen werden könnte.

Ich hatte während meiner Nachfrage, wo denn ein Schutz für mich in einem alles vernichtenden Atomkrieg sei, die Schliche der Sprache kennengelernt, die nicht sagen mochte, daß mein Leben wie das der anderen nichts galt in einer Politik, die sich höheren Werten wie ›Frieden in Freiheit‹ verschrieben und dabei vergessen hatte, daß dazu Menschen gehörten und eine lebenswerte Welt.

Auf einmal erinnerte ich mich an die journalistischen Gewissensbisse, die mich plagten, als ich im April 1982 für die Jugendillustrierte ›twen‹ neben dem damaligen Verteidigungsminister Hans Apel (SPD) und Hans-Ulrich Klose (SPD) als Partei- und Bedeutungsloser den Nachrüstungsbeschluß der SPD kommentieren sollte. Ich mochte nicht schreiben, was mich bewegte: daß ich mich dem Beschluß der Parteitagsdelegierten dieser, nicht meiner, Partei ausgeliefert fühlte, verraten und verkauft an die Raketenfirma Martin in Florida, die nach dem Ausverkauf der Pershing I nun ihre noch nicht einmal zur Serienreife entwickelte, angeblich zielgenaue Pershing II an die US-Army zufällig genau in der Menge verhökerte, die anderthalb Jahre später von der NATO als notwendig gegenüber dem sowjetischen Übergewicht erkannt wurde. Daß ich schrieb, der Doppelbeschluß sei eine ›Zwecklüge‹ und die ›Nachrüstung käme unserem Todesurteil‹ gleich, Apel und Klose seien ›Traumtänzer‹, konnte ich nur aus der Ausgewogenheit zu deren rhetorischen Radschlägen rechtfertigen.

Brandts Politik der Aussöhnung sei vorbei, befürchtete Klose und warnte gleichzeitig, daß ohne Nachrüstung Schmidt zurücktrete – als wären dies die größten Probleme der atomaren Drohung, als gäbe es nichts Wichtigeres, vor dem gewarnt werden müsse, als der angedrohte Rücktritt eines eitlen Kanzlers, der ein halbes Jahr später durch ein Schlitzohr wie Hans-Dietrich Genscher einem Helmut Kohl Platz machen mußte. Und Apel meinte lyrisch verkitscht, »der Griff zum Schwert« könne »seine Fortsetzung im atomaren Schlagabtausch finden«, insofern hätten Atomwaffen eine friedenserhaltende Wirkung, und der Doppelbeschluß sei ›progressiv‹ – ein wahrer Ritter, der noch, mit Helmut Schmidt, im November 1983 die Nachrüstung unter der Wenderegierung befürwortete, obwohl seine Bundestagsfraktion sich längst gewendet hatte zu Rüstungsgegnern.

Das wenige war mir Rechtfertigung zu kleinen Un-Sachlichkeiten in einem auf ›Fairneß‹ bedachten Business. Geschäftsgrundlagen und Konsequenzen waren mir dabei merkwürdig unbewußt – vielleicht hatte ich sie auch verdrängt, denn die Redaktion hatte sich in derselben Ausgabe Themen verschrieben wie ›Knochenbrecher – Helge Timmerberg besuchte Kampfschulen der Nation‹, ›Striptease – Helge Timmerberg schrieb eine Geschichte über die Kunst der Enthüllung‹, ›Die Philippinen – Mit dem Bumsbomber ins Inselparadies‹ und ›Nix Versöhnung – Offener Brief an die Eltern‹.

In dieser Sprache gab es kaum noch etwas Vernünftiges zu sagen, alle Bedeutungsgehalte waren weggeschleudert. Die nackte Haut war schon eine ›Enthüllung‹ wert, die ›Nation‹ hatte wieder ›Kampfschulen‹, daß die Knochen splitterten, ›Versöhnung‹ gab es da nicht – Schmidt hin, Brandt her – und aus ›Bombern‹ machte es fröhlich ›bums‹.

Es hat sich in den letzten Jahren viel geändert im Journalismus, die Anlässe mochten noch so schlimm sein, es gab immer wieder mehrdeutige Wörter und Zeilen, die mit Wort-Spiel der Sache den Ernst nahmen.

Wie blaß klingen die ›Publizistischen Grundsätze des Deutschen Presserates‹ gegenüber der Sprache, die heute in Illustrierten, Fernsehen und Zeitungen gepflegt wird: »Achtung vor der Wahrheit und wahrhaftige Unterrichtung der Öffentlichkeit sind oberstes Gebot der Presse; zur Veröffentlichung bestimmte Nachrichten und Informationen in Wort und Bild sind mit der nach den Umständen gebotenen Sorgfalt auf ihren Wahrheitsgehalt zu prüfen.«

Gewiß, es waren Fälle bekannt geworden, die öffentliche Zweifel begründeten, ob es mit der ›nach den Umständen gebotenen Sorgfalt‹ bei der ›Raketendiskussion‹ vorbei war. Der Chefkommentator des Bayrischen Rundfunks Ludolf Hermann (CDU) hatte beispielsweise Teilnehmer der ersten großen Bonner Friedensdemonstration verächtlich als pickelgesichtige, unter Bäumen beinahe kopulierende Teenager in Parkas dargestellt, nicht aber die Inhalte der Demonstration. Und dem Chefredakteur des Norddeutschen Rundfunks Jürgen Kellermeier (SPD) war es auch zuviel Inhalt, als sein Untergebener Rolf-Henning Hintze eine Nachricht um einen sachlichen Satz so ergänzte, daß deutlich wurde, die Friedensbewegung bekomme Verbündete in den USA. Hintze wurde ›abgemahnt‹.

Doch das war nur wenig Lärm um viel nichts – denn sonst war es still im Staat: als seien die Journalisten schon im Bunker.

Im Ausland schien das anders zu sein. Am Tag, als der Deutsche Bundestag mit der Mehrheit seiner Mitglieder, den Abgeordneten der CDU/CSU und F.D.P., die Nachrüstung mit Mittelstreckenraketen beschloß, debattierten in Paris Journalisten aus 28 Ländern über die ›kriegsverhütende Rolle‹ der Medien – in der Bundesrepublik wurde darüber kaum berichtet.

Die ›International Organization of Journalists‹ (IOJ) hatte eingeladen, die größte Journalistenorganisation der Welt mit 150000 Mitgliedern in 114 Ländern. Der Ire Sean MacBride, Träger des Friedensnobelpreises (1974) und Vorsitzender der UNESCO-Medienkommission, brachte einen optimistischen Grundton in die Konferenz: »Die Journalisten der Welt haben die Macht, den Dritten Weltkrieg zu verhindern.« Das Vertrauen in die Fähigkeit der Regierenden, den Frieden zu sichern, habe – dank journalistischer Aufklärung – weltweit abgenommen.

Mit deutscher Wirklichkeit hatte diese Analyse nicht viel zu tun, eher mit Hoffnung – denn in der Bundesrepublik hatte am 6. März 1983 die Mehrheit der Menschen eine Regierung gewählt, die ›Frieden schaffen mit immer weniger Waffen‹ versprach und sich für die Neuanschaffung der Mittelstreckenraketen stark machte.

Anfangs hatte ich bei meiner Suche nach Schutz vor einem Atomkrieg gedacht, es wäre inhaltlich egal, ob ich als Bürger oder Journalist fragte – doch daß die Antworten von der Rolle abhingen, in der ich kam, hätte mich stutzig machen müssen, nicht nur wegen der Erwartungen, die der Befragte damit offenbar verband, sondern wegen meiner eigenen Erfahrungen, die ich mit dem Stellen entsprechender Fragen gemacht hatte – es galten gegenseitige ungenannte Spielregeln, die es schwer machten, ernst zu nennen, was nicht galt, was nicht gesagt und also auch nicht geschrieben wurde. Es waren ja nicht die lauten Bekundungen für den Frieden oder das Schweigen zu den Konsequenzen einer Bewaffnung für die Bevölkerung, die das tägliche unbewußte Einverständnis mit einem Atomkrieg ausmachten, sondern die Sätze der Selbsttäuschung, die distanziert waren, sachlich, mal auch voll Zynismus oder anekdotenhaft vordergründig.

Ich hatte ein anderes journalistisches Verständnis von politischer Berichterstattung gewonnen durch die Selbstvergewisserung, die ich als Bürger erfahren hatte: nach Nach-Rüstung rüstete ich mich mit Nach-Frage.

Den Prozeß der Selbstvergewisserung machten zur selben Zeit andere anders: Nach den Ärzten und den Juristen suchten die Journalisten ein Selbstverständnis. Die im Nachrüstungsjahr 1983 gegründete ›Initiative Journalisten warnen vor dem Atomkrieg‹ * traf sich zu einer Fachtagung in Fulda, mitten im ›Fulda-Gap‹, das die NATO als ›Einfallstor‹ für die Warschauer Paktarmeen zum Rhein ansah und daher mit Mittelstreckenraketen bestückte. Andreas Zumach vom Bonner Koordinationsausschuß der Friedensbewegung berichtete, daß ihre Informationen zu Kriegsgefahr, Rüstungspolitik und Abrüstungsmöglichkeit sich allenfalls als Beiträge in den Lokalteilen der Tageszeitung wiederfänden. Die überregionalen Medien hätten mit dem Thema atomare Bewaffnung seit der Nachrüstung scheinbar abgeschlossen.

Obwohl die Journalisten die mangelnde Mithilfe der Kollegen beklagten und von mehr Zensurfällen berichteten, als erwartet worden war, bestand optimistische Einigkeit, daß die ›Verschwörung des Schweigens‹ gebrochen werden müßte.

»Die Überlebenden werden die Toten beneiden.«

›Die Hamburger Krankheit‹ hieß Ende der siebziger Jahre ein Film von Peter Fleischmann, in dem eine hübsche junge Frau aus der Hansestadt vor einer geheimnisvollen Krankheit floh. Im Landkreis, irgendwo, wo heute radioaktiver Atom-Müll ›zwischen-gelagert‹ wird, wurde sie von einer ABC-Truppe kalt geduscht, dekontaminiert.

Ärzte kamen kaum in dem Film vor, und er wurde auch nicht besonders beachtet.

Das wäre Anfang der achtziger Jahre anders gewesen: Die ›Initiative Ärzte warnen vor dem Atomkrieg‹ veranstaltete vielbeachtete Kongresse zu Gefahren der Rüstungspolitik, die auf die

---

* ›Initiative Journalisten warnen vor dem Atomkrieg‹, c/o Peter Paul Kubitz, Fraenkelufer 36, 1000 Berlin 36, Tel. (030) 65 24 44

gesellschaftliche Rolle der ›Katastrophenmedizin‹ aufmerksam machten.

Anders als Beamte – waren sie im Bauamt, dem Verwaltungsdezernat oder der Rechtsabteilung, der Zivilschutzabteilung, der Polizei oder Feuerwehr auch für den ›Zivilschutz‹ tätig – verweigerten Ärzte zunehmend jede Vorbereitung auf Versorgung für den ›Ernstfall‹.

Seit dem Jahrzehntwechsel wurden sie in Kursen der berufsständischen Organisationen immer wieder zur Übung von Katastrophen aufgefordert, zur massenhaften Behandlung von brandverletzten, strahlenverseuchten, verblutenden, geschockten Menschen.

Der Eid des Hippokrates, ethische Grundlage auch der heutigen technisierten Medizin, gebot diese Hilfe der Hilfsbedürftigen.

Doch die Ärzte waren besorgt über die Änderung der Anforderungen: Führte beispielsweise die Hamburger Ärztekammer 1963 noch Kurse in Unfallmedizin durch, so waren es 1981 ›Triagekurse‹. Die Ärzte sollten lernen ›auszusondern‹, französisch ›triage‹. Weil wenig Ärzte vielen Verletzten gegenüberständen, sollten diese nach ökonomischen Kriterien behandeln: bei wem ›lohnte‹ die Behandlung noch nicht und bei wem nicht mehr.

Doch ebenso wie die potentiellen Patienten verteilt werden sollten, spaltete sich die Ärzteschaft wie keine andere Berufsgruppe an der Atomkriegsgefahr: 1980 wurde die ›Deutsche Gesellschaft für Katastrophenmedizin‹ gegründet; im selben Jahr erschien das Lehrbuch ›Wehrmedizin – Ein kurzes Handbuch mit Beiträgen zur Katastrophenmedizin‹. Herausgeber war Prof. Rebentisch, Vorsitzender des Arbeitskreises ›Katastrophenmedizin‹ bei der Bundesärztekammer und vorher ranghöchster Wehrmediziner der Bundesrepublik als ›Generaloberstabsarzt‹ und ›Inspekteur des Sanitäts- und Gesundheitswesens‹. Wie sehr mit dem Engagement von Wehrmedizinern in der bundesdeutschen Ärzteschaft die vorher behaupteten Grenzen zwischen Katastrophen- und Kriegsmedizin verschwammen, zeigte der Beitrag des Oberstabsarztes Prof. Messerschmidt in dem Reader ›Wehrmedizin‹ – er war 1979 als Vortrag vor der Bayrischen Ärztekammer gehalten worden: Damals war von ›Soldaten‹ die Rede, in der sonst textgleichen Buchveröffentlichung aber entweder von ›Menschen‹ oder ›Kranken und Verwundeten‹. Entsprechend wurde auch der Anlaß für die ärztliche Hilfe neutraler beschrieben:»Wie auch bei anderen Kriegsverletzungen kann es bei einem sehr großen Anfall an Strahlengeschädigten notwendig werden, Sichtungsmaßnahmen durchzuführen.«

Auf der anderen Seite wollten sich immer mehr Mediziner erst die Bedingungen besehen, die dahin führten und unter denen tatsächlich behandelt werden müßte.

Diese Selbstvergewisserung der eigenen Rolle in einem möglichen Atomkrieg brachte immer mehr Ärzte zu der Einsicht, daß Hilfe nicht möglich sei und die ›Überlebenden die Toten beneiden‹ würden.[*] Inzwischen, so meldete die ›Süddeutsche Zeitung‹, sei die Hälfte der Ärzteschaft dafür, vorbeugend die Diskussion um die atomare Bedrohung zu führen, statt ein Herumdoktern an den Folgen zu üben.

In Hamburg würden nach den Erfahrungen von Hiroshima – wo von 150 Ärzten 65 sofort tot und ein Großteil der Überlebenden schwer verwundet waren – beispielsweise bei der Explosion einer Zwei-Megatonnen-Bombe voraussichtlich von siebentausend Ärzten vielleicht zweitausend überleben, die sich jeder um dreitausend Schwerverletzte und Strahlenkranke zu kümmern hätten. Für jeden Patienten blieben alle zwei Wochen ganze fünf Minuten Behandlungszeit, obwohl die Schwerverletzten Operationen, Bluttransfusionen und der gesamten heute möglichen Medizintechnik bedürften. Doch es gäbe allenfalls noch das unterirdische Hilfskrankenhaus Wedel mit geringer Bettenkapazität, in den wenigen Bunkerräumen sind so gut wie keine Sanitätsmittel eingelagert, beispielsweise ›40 Brandwunden-Verbandpäckchen nach TBK‹ oder ›4 Augenklappen, beidseitig verwendbar mit Bindeband‹ in ›Mehrzweckanlagen mit 4000 Schutzplätzen‹. Die Behandlung im Freien mit Feuern und Fall-Out ist das genaue Gegenteil dessen, was in den meisten Fällen in Betracht käme: die

---

[*] Hamburger Ärzteinitiative gegen Atomenergie (Hg.), Die Überlebenden werden die Toten beneiden. c/o Ingeburg Peters-Parow, Arminstr. 9, 2 Hamburg 52

220

Versorgung in ›life islands‹, von der Außenwelt völlig abgeschirmter Sauerstoffzelte mit Intensivmedizin.

Im März 1982 veröffentlichte die Weltgesundheitsorganisation (WHO) einen Kommissionsbericht zu den ›Auswirkungen eines Atomkrieges auf Gesundheit und Gesundheitsversorgung‹. Drei Szenarien waren darin untersucht worden: eine 1-Megatonnen-Bombe auf London würde über 1,5 Millionen Menschen töten und ebenso viele verletzen; ein Krieg mit ›kleinen‹ taktischen Waffen von insgesamt zwanzig Megatonnen Sprengkraft, der sich ausschließlich auf militärische Ziele in Mitteleuropa beschränkte, würde ungefähr neun Millionen Tote fordern – acht Millionen davon wären ›Zivilisten‹; ein weltweiter Krieg mit zehntausend Megatonnen atomarer Explosionskraft, gerade die Hälfte der gelagerten Over-Kill-Kapazität, würde voraussichtlich 1,15 Milliarden Tote und 1,1 Milliarden Verletzte zurücklassen – die Hälfte der Erdbevölkerung wäre also sofort tot, selbst wenn der Krieg vornehmlich in Europa, Asien und Nordamerika stattfände.

Die Experten teilten die Voraussicht der Mediziner, daß bereits die Versorgung der durch Druck, Hitze und Strahlung von nur einer Ein-Megatonnen-Bombe Verletzten die medizinischen Hilfsmittel eines jeden Landes überfordern würde.

Die WHO kam zu dem Schluß, »daß es auf der Erde kein Gesundheitsversorgungssystem gibt, das ausgerüstet oder in der Lage wäre, für die Verletzten oder Sterbenden zu sorgen«.

Doch die damalige bundesrepublikanische Gesundheitsministerin Anke Fuchs (SPD) nahm zwei Monate später erst auf Druck der ›Ärzte warnen vor dem Atomkrieg‹ und ihrer Öffentlichkeitskampagne ein ›Gesundheitssicherstellungsgesetz‹ zurück, das unter anderem eine Registrierungs- und Dienstpflicht für medizinisches Personal vorsah.

Die bundesdeutschen ›Ärzte warnen vor dem Atomkrieg‹ konnten zwar auf ihrem ›2. Medizinischen Kongreß zur Verhinderung des Atomkrieges‹* im November 1982 feststellen, daß Pläne zur Befehlsgewalt über die Humanität in einer unmenschlichen Nach-

---

* Ärzte warnen vor dem Atomkrieg, Medizin und Atomkrieg – hilflos?, Verlag Gesundheit mbH, Gneisenaustr. 2, 1 Berlin 61, 1983

kriegssituation vorerst vom Tisch waren. Die schon seit 1960 organisierten zwanzigtausend nordamerikanischen Ärzte ermutigten sie durch ihren Delegierten Prof. Dr. H. Jack Geiger, sich auch künftig nicht nur um die Medizin, sondern um die Politik zu kümmern: »Ich möchte einen Arzt zitieren, der mein Held war, als ich noch studierte – Rudolf Virchow. Er sagte, daß der Arzt der natürliche Advokat der Armen sei. Das können wir auch heute für uns anwenden und sagen: Der Arzt ist der Verteidiger der Verteidigungslosen. Und verteidigungslos sind wir alle angesichts dieser Bedrohung – die ganze Menschheit.«

Seither sind die Fronten in der Frage des Zivilschutzes zwischen den Ärzten und unter den Politikern in einem Stellungskrieg wechselnd.

Am 6. 12. 1983 teilte beispielsweise der Hamburger Senat mit, was für Ärzte längst feststand[*]: »Eine medizinische Versorgung der Bevölkerung, so auch in Hamburg, ist im Falle eines Atomkrieges nicht mehr möglich. (...) Angesichts der Ergebnisse der WHO-Studie, die durch eine Reihe weiterer Untersuchungen bestätigt werden, muß nach Auffassung des Senats alles vermieden werden, was möglicherweise den Anschein erwecken könnte, die Auswirkungen eines Atomkrieges seien durch medizinische Vorbereitungsmaßnahmen erträglich zu gestalten.«

Doch dieses Zugeständnis an den durch ärztliche Nachfrage eingeleiteten öffentlichen Bewußtseinsprozeß schränkte der Senat kurz darauf nach dem bekannten Muster ein: »Der Senat hält unberührt von den oben gemachten Aussagen zum medizinischen Zivilschutz, der in den Zuständigkeitsbereich des Bundes fällt, einen effektiven Katastrophenschutz, dessen Regelung jeweils den einzelnen Bundesländern obliegt, für sinnvoll und unbedingt notwendig. So ist eine gute Vorsorge etwa bei Naturkatastrophen und großen Unglücksfällen erforderlich. In Hamburg stehen bei einer Katastrophe die verschiedensten Rettungsmittel sowie die große Anzahl der medizinischen Einrichtungen, insbesondere die

---

[*] Unter vielen Szenarien sei hier die Studie des Arztes Till Bastian über Mainz genannt: Till Bastian, ›Katastrophenmedizin‹ oder die Endlösung der Menschheitsfrage. Oberbaum-Verlag, Berlin 1982

222

Krankenhäuser mit ihren rund um die Uhr ständig bereiten Notfallaufnahmen, zur Verfügung. Darüber hinaus hält der Senat die Erprobung der organisatorischen Vorbereitungsmaßnahmen des medizinischen Katastrophenschutzes für äußerst wichtig und führt deshalb unter Beteiligung verschiedener Behörden sowie sonstiger Institutionen entsprechende Übungen durch, um insbesondere das Zusammenwirken aller Beteiligten zu erproben und, wo erforderlich, weiter zu verbessern.«

Als der Hamburger Senat dies im Landesparlament erklärte, schloß sich die CDU-Opposition in derselben Sitzung mit zweckgerechten Anträgen an: Der Senat solle sich für ein ›Norddeutsches Zentrum für Schwerbrandverletzte‹ einsetzen, da nicht genügend Betten in Hamburg vorhanden seien. Im Rahmen einer Dienstanweisung der Gesundheitsbehörde sollten die an den Krankenhäusern tätigen Chirurgen und Anästhesisten ›schrittweise‹ im ›Fach Katastrophenmedizin‹ aus- und fortgebildet werden, das ›verbindlich in den Lehr- und Prüfungskatalog des Medizinstudiums einzusetzen‹ sei. Ärzte und Pflegepersonal sollten unverzüglich über ›Notwendigkeit, Sinn und Aufgabe der medizinischen Katastrophenvorsorge informiert‹ werden.

Daß die Auffassung des Senats, man solle die Bevölkerung nicht über einen Schutz in einem Atomkrieg täuschen, durchaus auch für den angestrebten medizinischen Katastrophenschutz zu problematisieren wäre, offenbarte im März 1984 eine Nachfrage der gesundheitspolitischen Sprecherin der Grün-Alternativen Liste (GAL), Regula Schmidt-Bott. Der Abgeordneten antwortete der Senat auf die Frage, warum er als Vorsorge für Strahlenverletzte nach Kernkraftwerksunfällen lediglich die 13 000 Hamburger Krankenhausbetten angegeben habe, es sei »davon auszugehen, daß für die überwiegende Zahl von Strahlengeschädigten, die Hamburg nach einem Störfall im Kernkraftwerk Krümmel zu versorgen hätte, eine ambulante Behandlung in Frage kommt«.

Wollte man die Aussage des Hamburger Senats zum Zivilschutz konsequent auf den Katastrophenschutz ausdehnen, so müßte politisch eingeräumt werden, daß der Katastrophenschutz die Risiken der ›friedlichen‹ Nutzung von Atomspaltung verharmlost – eine These, die zunehmend in der Ärzteschaft diskutiert wird.

Im April 1984 trat der Präsident der Bundesärztekammer, Karsten Vilmar, nach ähnlichem Muster vor den inzwischen ›4. Medizinischen Kongreß zur Verhinderung eines Atomkrieges‹. Er entwaffnete seine heftigen Kritiker mit der Feststellung, bei einer atomaren Auseinandersetzung sei eine organisierte Hilfe nicht mehr möglich, wahrscheinlich sei sie nicht einmal mehr nötig – doch ›vorstellbar‹ seien Naturkatastrophen, Reaktorunfälle oder Explosionen. Der ehemalige Vizepräsident der Landesärztekammer Berlin, Helmut Becker, warf ihm daraufhin ›Doppelzüngigkeit‹ vor: zwischen Deklamationen und Handeln der Standesvertretung bestehe nach wie vor eine große Diskrepanz. Trotz entsprechender Entschließungen des Deutschen Ärztetages habe die Bundesärztekammer eine umfassende Aufklärung der Bevölkerung über die Gefahren des Atomkrieges versäumt.

Der Tübinger Rhetorikprofessor Walter Jens nannte in seiner Rede vor den fünftausend Kongreßteilnehmern mit dem Titel ›Hippokrates und Holocaust‹ die Herausbildung einer ›verbindlichen wissenschaftlichen Ethik unabdingbar‹ angesichts der weltweiten Bedrohung und einer ›militärischen Mentalität als gefährlichster Geisteskrankheit unserer Zeit‹.

Am 10. Mai 1984 veröffentlichten sowjetische Mediziner eine besorgte Studie und Resolution gegen die Atomkriegsgefahr, die Thesen und Folgerungen der westlichen Kollegen im wesentlichen bestätigt, jedoch politisches Gewicht auf die Geißelung der NATO-Nachrüstung legt, die seit dem November 1983 stattfand.[*]

Nur ein halbes Jahr nach dem Nachrüstungsbeschluß des Deutschen Bundestages, am 22. November 1983, lag im Bundesinnenministerium der Referentenentwurf eines neuen ›Zivilschutzgesetzes‹ vor – konsequent: Nach Rüstung kommt Zivilschutz.

Waren die Katastrophenschützer – trotz ihrer ›zivil‹ aufgefaßten Übungen – schon vor dem ›Verteidigungsfall‹ der ›Zivilen Verteidigung‹ unterstellt, was Hamburger Senat und Ärztepräsident vergaßen, so werden die Vorsätze, die Verharmlosung der Kriegs-

---

[*] Jewgeni Tschasow, Leonid Iljin, Angelina Guskowa, Nuklearkrieg: Medizinisch-biologische Folgen – Standpunkt der sowjetischen Mediziner. Verlag Presseagentur Nowosti, Moskau 1984

gefahren auch nicht organisatorisch zu betreiben, durch den Referentenentwurf vom 5. Juni 1984 vollends desavouiert.

Die ›Maßnahmen im Gesundheitswesen‹ (§§ 26–32 EZSG) sehen umfassend bereits im Friedensfall eine Mitwirkungspflicht der Standesorganisationen (§ 26 Abs. 4) bei Planung und Vorbereitung der Kriegsmedizin vor, etwa beim ›Personalbedarf‹ nach § 29 Abs. 2 bzw. der Erfassung auch nicht-berufstätiger Angehöriger der Gesundheitsberufe (Meldepflicht nach § 29 Abs. 4) zur späteren Dienstverpflichtung.

Die Erläuterungen zum Gesetzentwurf lauten:

»Entsprechend der Grundtendenz des Gesetzentwurfs, die zahlreichen auf verschiedene Gesetze verteilten Materien des Zivilschutzes zusammenzufassen, sind auch die Regelungen des gesundheitlichen Zivilschutzes in die Gesamtregelung einbezogen worden. Es handelt sich um Vorschriften, die die bisherigen Regelungen insoweit ergänzen, als sich aufgrund der langjährigen Diskussion um eine ausreichende gesundheitliche Versorgung bei einem Massenanfall von Personen mit schweren Gesundheitsschäden in einem Verteidigungsfall vom Augenblick der Bergung an über den Transport bis zur Unterbringung in der geeigneten Einrichtung eine Einheit darstellt, bei der es in hohem Maße für die Wirksamkeit auf ein Höchstmaß an Abstimmung und Koordinierung ankommt. Schwerpunkt dieses Abschnittes ist die Übertragung von Planungsaufgaben auf die Länder, um auf der Grundlage der vorhandenen Einrichtungen und vorhandenen Personals für den Verteidigungsfall eine kurzfristige Umstellung der gesundheitlichen Versorgung auf die veränderten Aufgaben zu ermöglichen. Die Regelungen gehen davon aus, daß diese Planungen auf den Maßnahmen aufbauen können, die von den Ländern zur Bewältigung eines Massenanfalls von Verletzten oder Erkrankten in einer friedensmäßigen Katastrophe getroffen worden sind oder noch getroffen werden.«

Die Waffe unter der Woll-Robe

Auch das Selbstverständnis von Juristen wurde 1984 auf den Prüfstand der Atomkriegsvorbereitung gestellt. Im April veröffentlichte der Bielefelder Richter Ulrich Vultejus[*], daß vier Referentenentwürfe zur Einrichtung einer Wehrgerichtsbarkeit aus den Jahren 1975, 1976 und zwei aus 1977 keineswegs einfach in Schubladen des Bundesjustizministeriums verschwunden waren. Schon seit 1962 und verstärkt seit 1975 hatten Kriegsgerichte – ohne gesetzliche Grundlage, aber mit Unterstützung der jeweiligen christ- oder sozialdemokratischen und liberalen Justizminister – den ›Ernstfall‹ geübt. Die freiwilligen Juristen flogen zu Lehrgängen nach Sardinien und Korsika. Monatlich erhielten sie eine ›Aufwandsentschädigung‹ von sechzig Mark, die kein Haushaltsausschuß eines Parlamentes irgendwann einmal beraten hätte. 1981 wurde eine Verwaltungsvorschrift für die angemessene Betuchung der Kriegsrichter erlassen: »Der Besatz an der Amtsrobe besteht für Wehrstrafrichter, Wehranwälte und Beamte des gehobenen Wehrjustizdienstes aus Wollstoff.«

Im Zweiten Weltkrieg hatten deutsche Kriegsrichter 20 000 Todesurteile gesprochen wegen ›Ungehorsam‹, ›Fahnenflucht‹, ›Heimtücke‹, ›Feigheit vor dem Feind‹, ›Diebstahl‹ und Kritik am Führer, alle gefällt zur ›Aufrechterhaltung der Manneszucht‹ für den Endsieg – die Sondergerichte standen Freislers Volksgerichtshof in nichts nach.

Das Grundgesetz von 1949 hatte aus dieser Erfahrung die Kriegsgerichtsbarkeit verboten. Aber die ehemaligen Kriegsrichter waren zu Dutzenden längst Landgerichtsdirektoren und Erste Staatsanwälte geworden, sie wurden Gerichtspräsidenten und Bundesrichter, Stadtdirektoren wie in Göttingen und Northeim oder Ministerpräsident wie Hans Karl Filbinger. Einer, Kriegsrichter Matthias Hoogen, der 1944 einen Vater von fünf Kindern für die Flucht aus einer ›Feldstrafgefangenenabteilung‹ zum Tode verurteilte, wurde Vorsitzender des Rechtsausschusses im Deutschen Bundestag und schließlich 1964 dessen ›Wehrbeauftragter‹.

---

[*] Ulrich Vultejus, Kampfanzug unter der Robe – Kriegsgerichtsbarkeit des Zweiten und Dritten Weltkrieges. Buntbuch-Verlag, Hamburg 1984

Bei dieser Restauration des Rechtswesens war es 1956 nach der Wiederbewaffnung und dem Beitritt zur NATO nur konsequent, daß in das Grundgesetz ein Artikel 96 Abs. 2 Satz 2 eingefügt wurde, der die Möglichkeit zur Einsetzung von Kriegsgerichten ermöglichte.

Doch hatte seither kein Bundestag diese Möglichkeit beraten, geschweige denn eine gesetzliche Grundlage dazu beschlossen. Die Justizminister Jahn (SPD) und Hans-Jochen Vogel, heute Fraktionsführer und Kanzlerkandidat der SPD, unter deren Federführung die letzten bis zum April 1984 praktizierten Referentenentwürfe erarbeitet wurden, hatten es gar ›ausdrücklich abgelehnt‹, sie dem Bundestag vorzulegen, da eine Mehrheit in der SPD dafür nicht zu bekommen sei.

Es ging auch anders und wäre im ›Verteidigungsfall‹ kein Problem gewesen. Dann hätte dem ›Notparlament‹ der Notstandsgesetze im Grundgesetz unter dem Druck der Dinge ein Entwurf zum Beschluß vorgelegt werden können, und die Wehrgerichtsbarkeit hätte bereits funktioniert. Für die Kriegsrichter gab es vorsorglich bereits zwei Ausweise des Justizministeriums: einen für die illegal übenden Kriegsrichter und den anderen für die Zeit, wenn es Recht wäre, was die Juristen da taten – für Kriegsrichter mit internationalem ›Kombattantenstatus‹, als vollwertige, waffentragende Mitglieder der Bundeswehr in Wollrobe.

Einstweilen wurden schon mal Übungsangeklagte abgeurteilt, etwa für ›Dienstpflichtverletzung aus Furcht‹ im Dritten Weltkrieg, die im Dritten Reich noch ganz unbürokratisch ›Feigheit vor dem Feind‹ hieß. Zehn Jahre bis lebenslänglich bekam, ›wer es unternimmt, sich mit einer ihm unterstellten Einheit zu ergeben, (...) und dadurch seine Pflicht verletzt, den Kampf fortzuführen‹. Dem Endsieg-Ideal nutzte auch die fünfjährige Haft für den, der ›eigenmächtig seine Truppe verläßt und vorsätzlich oder fahrlässig länger als einen vollen Kalendertag abwesend ist‹. Auch sonst hat der ›Staatsbürger in Uniform‹ vor der Wehrgerichtsbarkeit mancherlei Prüfung zu bestehen, Kritik an den Kriegszielen könnte leicht als ›Wehrkraftzersetzung‹ abgeurteilt werden oder ›Ungehorsamkeit im Felde‹ oder gar ›Meuterei im Felde‹ – Berufung oder Revision gegen Wehrgerichtsurteile wären für den Soldaten nur vor dem unerreichbaren Bundesgerichtshof möglich. Auch sonst war in der illegalen ›Wehrstrafgerichtsordnung‹ nicht mehr viel von der heutigen Rechtsstaatsmöglichkeit zu spüren. Richter durften die Verteidigerpost und -gespräche überwachen. Über Befangenheitsanträge durften sie notfalls selbst entscheiden. Beweisanträge konnten abgelehnt werden, wenn ihre Berücksichtigung zu einer ›wesentlichen Verzögerung‹ führen würde. Als Schöffen wurden Soldaten vom Kommandeur zugewiesen. Die Verteidiger, die ›zur Verfügung stehen‹, konnten einfache Soldaten über dem 21. Lebensjahr sein, es sei denn, ihre Vorgesetzten untersagten ihnen dies.

Nur die Todesstrafe fehlte bei den geheimen Kriegsübungen in der Bundesrepublik – doch die wäre schnell durch einen Beschluß des Gemeinsamen Ausschusses, des Notparlaments, im Kriegsfall wiedereinführbar. Vorerst mußten sich die Kriegsrichter damit begnügen, daß der Justizminister nach dem Referentenentwurf ermächtigt sein sollte, ›für den Vollzug durch die Behörden der Bundeswehr anzuordnen, daß Vollzugseinheiten gebildet werden und bei diesen Einheiten militärischer Dienst ... geleistet wird‹. In einem Armeebefehl des Dritten Reichs hieß es zum selben Thema: »Die Strafverbüßung erfolgt unmittelbar in der vorderen Linie. Der Strafvollzug besteht in der Ausführung beschwerlichster und gefahrvoller Arbeiten wie Minenräumen, Leichenbestatten, Bauen von Knüppeldämmen usw. unter Feindeinwirkung, Artilleriefeuer etc. etc.«

Doch der Richter Vultejus machte mobil gegen seine Kollegen, die heimlich dem Rechtsstaat die Tür vor der Nase zuschlugen und sich die Robe des Dritten Weltkriegs überzogen. Binnen kurzem hatten selbst sonst eher rückwärts geneigte Standesorganisationen der Juristen beklagt, daß diese Übungen eine Katastrophe für die Demokratie seien.

Die Referentenentwürfe blieben in den Schubladen, in denen sie waren, und die Übungen wurden eingestellt.

Der Referentenentwurf des Zivilschutzgesetzes vom 5. Juni 1984 bringt unter dem Innenminister Friedrich Zimmermann (CSU) erstmals neben einer Erweiterung des Kataloges an zu ahndenden Ordnungswidrigkeiten gegenüber dem Gesetzesinhalt auch Strafvorschriften in den Zusammenhang der Katastrophenschutzgesetze.

Wer als ›herangezogener Helfer‹ nach § 38 eine ›dienstliche Anordnung nicht befolgt, nachdem diese wiederholt worden ist‹, oder ›eigenmächtig den angeordneten Dienst im Zivilschutz verläßt oder ihm fernbleibt und vorsätzlich oder fahrlässig länger als drei volle Kalendertage abwesend ist‹, wird nach § 51 mit Freiheitsstrafe bis zu drei Jahren bestraft.

Welcher Staatsanwalt in einem Atomkrieg von wo aus, vor welchem Gericht solche Gehorsamspflicht erzwingen soll, sagt das geplante Gesetz nicht. Die Erläuterungen zum § 51 weisen lediglich dessen zentrale Bedeutung für das neu konzipierte Recht aus: »Die Vorschrift ist geboten, um die Durchsetzbarkeit der Zivilschutzdienstpflicht im Spannungs- und im Verteidigungsfall zu gewährleisten.«

Da die Bonner Regierungskoalition aus CDU/CSU und F.D.P. wohl kaum ein nicht gegenüber dem Bürger mit Zwangsmitteln ›durchsetzbares‹ Gesetz ›in Kraft‹ sehen möchte und die abschreckende Wirkung der Strafen nur bei unmittelbarem Eintritt gegeben ist, nicht erst nach einem Kriegsende, muß eine urteilende Instanz bedacht worden sein – und eine vollziehende. Doch welcher Schrecken liegt für Überlebende in Bunkern darin, eingesperrt zu werden?

Vultejus folgerte zu den Referentenentwürfen der Wehrstrafgerichtsbarkeit, daß ihre innere Logik nur mit der nachträglichen Einführung der Todesstrafe zu vollstrecken sei, eine »geradezu ›ideale‹ militärische Strafe, denn sie verbindet einen größtmöglichen Abschreckungseffekt mit ungewöhnlicher Wirtschaftlichkeit und einem denkbar geringen Ausfall kämpfender Soldaten«, die sonst die Überwachung der Delinquenten leisten müßten.

Oben war schon unten

Oben war Hamburg. Oben waren wackere Journalisten, die sich der Information der Öffentlichkeit verpflichtet sahen. Oben waren Beamte, die solche Information für inhuman hielten. Oben waren Ärzte, die der Humanität dienten. Oben war Leben. Oben wurde zu Gericht gesessen, was recht war.

Oben war schon unten.

Je mehr ich in der so friedlich scheinenden Gegenwart, dem Oben, suchte, wie eine Zukunft unten aussehen könnte, desto mehr erschrak ich, wie real die Fiktion war, wie gegenwärtig oder schon wirklich die Organisation und Macht dessen war, was das Oben nach unten kehren würde. Es gab kaum noch etwas, was nicht schon die Welt des Krieges in sich trug, kühl, sachlich, berechnet, verwaltet, organisiert, geprobt.

Das Über-Leben war eine menschliche Komponente des Over-Kill.

Die Detonation des Daseins
Endliches

Der Zug war abgefahren. Ich stand auf dem Bahnsteig und sah in die Richtung, aus der er gekommen, dann dorthin, wo er verschwunden war. Entlang der Gleise war es still. Ein kühler Wind kam die Treppen zur Bahnhofsvorhalle herab. Es wurde Winter. Ich setzte mich auf eine Bank und schlug den Kragen hoch, um keinen steifen Nacken zu bekommen. Am Ende des Bahnsteigs lag auf einer Bank zusammengesunken ein Mann. Er schlief.

Was würden sich die Menschen an den langen Abenden eines nuklearen Winters erzählen, der nach einem Atomkrieg für Wochen, Monate oder Jahre durch eine Stratosphärenschicht aus detoniertem Dasein das Licht der Sonne nicht mehr auf die Erde kommen ließe? Unter dem Boden, der sonst der Bestattung der Toten vorbehalten ist, würden sie sitzen und warten.

Bett an Bett ständen auf dem Bahnsteig, drei Züge hätten ihre Endstation, voll mit Fahrgästen, die zur Arbeit, nach Hause, zum Einkauf oder Tanz wollten.

Unten gab es nichts. Die tote Heimat aus endlos aneinandergereihten grünen, blauen, orangen, roten, grauen, hellen kalten Kacheln, aus Dutzenden rechter Winkel, bruchsicheren Spiegeln, Decken aus undurchdringlichem Beton hätte nichts von der Welt, die oben gewesen wäre. Nicht einmal die Zeit. Hier würde sie vergehen, ohne Vergangenes zum Erinnern zu lassen.

Was würden sie erzählen? Daß sie nicht glauben konnten, daß es die Wirklichkeit nicht mehr gab, die ihnen alle ihre Maßstäbe bedeutet hatte. Sie war zerblitzt in lichtschnelle, fortgedrückt im Überschalltempo und schließlich in nicht enden wollenden Wolken niedergeregnet.

231

Ich war bloß Bahn gefahren. Von hier nach da und hängengeblieben, in der Erinnerung an eine Zukunftsvision, die mir seit Wochen folgte. Die Strecke stand in keinem Fahrplan, es gab noch keine Ankunftszeiten, und doch war der Bahnhof dafür gebaut worden, sich einmal als ›Mehrzweckanlage‹ von der Durchgangsstation zum Lebensraum zu wandeln, zum Über-Leben, dem nicht nur im Präfix gleichen Gegenstück zum Over-Kill. Das Kursbuch kannte kaum einer.

Ich hatte meinen Bunker gesucht und einen Bahnhof gefunden, durch den ich manchmal mehrmals täglich ging, fuhr, in dem ich stand und wartete – wartete, daß der Zug käme, der mich aus dem künstlichen Licht der riesigen Röhren brachte.

Es war einsam geworden, seit ich wußte, daß der Bahnhof Endstation für die werden könnte, die sich zufällig im Zug oder auf dem Markt, dem Rathaus oder Karstadt befanden. Das Schicksal entschied dann: Glückspilz oder Atompilz. Daran mußte ich denken, wenn ich auf dem Bahnsteig jemanden sah, der hier noch nicht angekommen war, nämlich nicht wußte, welche Umstände eines Tages sein Leben bestimmen würden, die er nicht gekannt hatte und als Schicksal, als hereinbrechende Katastrophe, würde erdulden müssen.

»Im allgemeinen sprachen sie wenig über ihre Vergangenheit, sie erzählten nicht gern und bemühten sich, wie es schien, nicht an das Frühere zu denken«, schrieb Dostojewski in ›Aus einem Totenhaus‹.

Ich erlebte den Bahnhof als etwas Besonderes, in ihm war der Atomkrieg zum Alltag geworden, den ich sonst hinter dem Verkehr nicht gesehen hatte. Der Bahnhof war für mich Bild einer nicht vorgestellten, weil als unvorstellbar zurückgedrängten Realität der Rüstung geworden, die nicht in irgendwelchen Sprengköpfen von irgendwo aus irgendwohin den millionenfachen Tod tragen würden. Das Sterben blieb nicht länger anonym und abstrakt. Es hieß beispielsweise Bahnhof ›Harburg-Rathaus‹ und betraf mich und alle die, die mit mir im selben Zug saßen. Der Einstieg in die Bahn konnte der Einstieg in den Atomkrieg sein.

Das nannten die Bauherren solcher Bunker in Zweckform Zivilschutz, der nur nicht einmal drei Prozent der Menschen auf den Straßen nützen würde und in der Öffentlichkeit als Mangel zum Anlaß genommen wurde, die Verbunkerung der Bundesrepublik in Eigeninitiative zu propagieren.

Ich war eines Tages ausgezogen, mich vor dem Atomtod zu schützen, zu erfahren, was mit mir geschehen würde, wenn der ›Ernstfall‹ käme – es war schon längst soweit. Der Bahnhofsbunker war eine wichtige Station, die Welt, die mir andere lassen wollten, wenn sie den Frieden nicht mehr verteidigen könnten.

Ich hatte in Behörden erfahren, welche detaillierten und doch so fern scheinenden Pläne vollzogen wurden. Politiker hatten die Notwendigkeit des Zivilschutzes unterstrichen, auch wenn er nicht mir oder überhaupt nur wenigen nütze, er sei zwar in sich nicht glaubwürdig, mache aber die Abschreckung glaubwürdig, indem Bunkerbau Verteidigungsbereitschaft demonstriere. Den Verantwortlichen vorzuwerfen, daß es zuwenig Fluchtinseln gab – die vorzeigbare Restgröße Humanität in einer perfekt durchkonstruierten Tötungsmaschinerie – oder zu viele Bunker, die die Flucht in den Krieg provozierten, war mir als Verdacht entgegengeschlagen bei meiner Frage, wie ich geschützt sei. Ich suchte und geriet dabei unversehens auf feindliches Gebiet.

Die Auskunft wurde nicht gerne gegeben, es gab nichts zu erzählen, oder wenn doch, war es banal oder belehrend, nie aber hatte es etwas mit mir zu tun, mit meinem Leben und dem Anspruch, daß ich es bestimmen könne, der mir streitig gemacht wurde. Was ich schlimmer fand als die Tatsache, daß Bunker gebaut wurden, die Bomben nie standhalten würden, oder ein Menschenleben gegen die Kosten und den Nutzen eines Schutzraumes aufgerechnet wurden, war die fehlende Nachfrage: nicht daß es mehr Bunker bedürfte, um alle Menschen in diesem Land vor einem Atomkrieg zu schützen, sondern das stille und oft auch resignierte Arbeiten von Beamten, die Konsequenzen ihres Tuns am Schreibtisch nicht überschauen konnten und mit DIN-Normen, Bauvorschriften, Steuerparagraphen und Notstandsgesetzen Vorbereitungen für eine Welt trafen, die sie sich nie vorgestellt hatten, nach der nie gefragt worden war, für die es nur trockene und verstreute Bauanleitungen gab.

Wenn irgendwo die landläufige resignierte Volksweisheit ›Aus der Not eine Tugend machen‹ angebracht war, dann als wörtlich zu nehmende Maxime des Zivilschutzes. Die Naturgewalten wurden um die ›Katastrophe Krieg‹ erweitert und der Verwaltung und dem Selbstschutz der Bürger überantwortet, als sei es dasselbe, sich gegen einen Blitzeinschlag zu versichern und auf ein bißchen Frieden in der Welt zu singen.

Das planmäßig vorbereitete Verschwinden des Menschen von der Erdoberfläche, sei es in Bunker oder für immer, mußte erst als Realität von einer nie dagewesenen Radikalität wahrgenommen werden, denn die Bombe beendet die ›Wirklichkeit‹, wie sie Menschen in Hiroshima und Nagasaki lebten.

Meine Wohnung hatte ich in mich aufgesogen, als würde ich sie das letzte Mal betreten, den Alltag hatte ich beobachtet, als müßte ich eine dauernde Krankheit und Bettlägerigkeit fürchten, die Liebe zu Antje beruhigte mich, als hätte es nie ein Leben ohne sie gegeben. Ich fing an, die Welt in oben und unten zu trennen. Oben war das Dasein, das Jetzt, aber auch eine bedrohte Wirklichkeit, die Gegenwartsbeschreibungen in Vergangenheitsform denkbar oder gar wahrscheinlich werden ließ wie ›Oben war Hamburg‹. Unten war demgegenüber die tote Heimat – sterilisierte, bis in jede Handbewegung verplante, stigmatisierte Szenerie in einem Stück mit lauter Komparsen.

»Der Chronist, welcher die Ereignisse hererzählt, ohne große und kleine zu unterscheiden, trägt damit der Wahrheit Rechnung, daß nichts, was sich jemals ereignet hat, für die Geschichte verloren zu geben ist«, hat Walter Benjamin geschrieben. Doch während ich den Verlauf meiner Suche unablässig protokollierte, wurde ich das Gefühl nicht los, er könnte sich für eine Zukunft unten geirrt haben: alles wäre für die Geschichte verloren. Und gleichwohl bekam daraus die Unterscheidung zwischen großen und kleinen Wichtigkeiten eine nicht mehr rekapitulierende, sondern projizierende Bedeutung: Es war mir bei meiner Selbstvergewisserung, wie mein Leben und das der anderen war, das da atomar angeblich verteidigt werden sollte, deutlich geworden, daß nicht Beobachtetes, zusammengefaßt, für mich wichtig war, sondern daß sich mit der Beobachtung auch der Blick änderte zu einem Bewußtwerdungsinstrument – ich dachte nicht mehr nur, was ich sah, sondern ich war in der Lage, als Realität zu sehen, was ich dachte. Es war für mich durchaus vorstellbar, was sonst als unvorstellbar verdrängt wurde. Durch die Nachfrage kam ich im wörtlichen Sinne der sonst unterschlagenen zeitlichen Dimension zu einer Ver-Gegenwärtigung.

Welche Freiheit war es, die mit Abschreckung und nötigenfalls auch mit Atombomben verteidigt werden sollte? Die Freiheit des Flick-Konzerns, Geld zu spenden, die Freiheit zwischen vierzig Satellitenfernsehprogrammen die immer selben Wiederholungen zu sehen oder die freie Fahrt für freie Bürger auf der Autobahn? Jedenfalls waren es, das hatte die Nachfrage gezeigt, nicht die Freiheiten des Grundgesetzes, die bei der Verteidigung bereits aufgegeben wurden. Sie wären auch in einem Krieg tatsächlich nicht zu verteidigen, denn dazu ist der Frieden da: sie müßten – anders als die Zivilverteidigung – öffentlich und ohne abschreckende Berührungsängste gestaltet werden, die Beteiligung von Bürgern an allen politischen Vorgängen, seine Berufsbildung nach eigener Wahl, seine Gewissensfreiheit und seine Würde. Doch für den inneren Frieden fehlt es an der moralischen Grundlage, die für die Zivilverteidigung, unbegründet, reklamiert wird. In seiner beispielhaften Art hat Helmut Kohl dies in der ›Quick‹ im Mai 1975 verdeutlicht:»Was nützt die beste Sozialpolitik, wenn die Kosaken kommen?«

Die Zeit nach Hiroshima markiert Jahr für Jahr die Endphase der menschlichen Selbstentfremdung, die in einer extremen Arbeitsteilung – bei der deutsche Beamte und Minister immer noch etwas tun können, von dem sie nicht wissen, welche tödlich perfiden Konsequenzen es eines Tages haben könnte – eine Totalität hervorbringt, die in der Abschreckung nach außen die Identität vorgeblich verteidigt, in der Selbst-Abschreckung sie jedoch bereits nach innen bricht und schließlich ›im Ernstfall‹ die Identität physisch vernichtet, nach dem unausgesprochenen Motto: Lieber tot, als sich mit Menschen über menschliches Leben auseinanderzusetzen, die man von der einen Seite der Bombe als Feind und von der anderen als Zivilist zu sehen gewohnt ist.

Vor dieser Totalität gibt es kein Entfliehen, nur das Infragestellen, das mit Nachfragen beginnt. Nichts hat der Gesetzgeber mit seinen Initiativen zum Zivilschutz mehr zu bannen gesucht als den, wörtlich, mündigen Bürger, der fragt. Nach Rüstung kommt Zivilschutz – für die Zivil-militärische Zusammenarbeit, deren Korpsgeist die Über-Lebenden, ganz vordergründig, beim Aufmarsch von Truppen oder Heranführung von technischem Gerät im Wege stehen könnten.

Doch nach Nach-Rüstung sollte Nach-Frage von ›Zivilisten‹ kommen, die sich in den Weg stellen mit Fragen nach ihrem Schicksal oder dem ihrer Nachbarn.

Während das Grundgesetz die Möglichkeit gibt, den Kriegsdienst mit der Waffe aus Gewissensgründen zu verweigern, gibt es bei der Zivilschutzdienstverpflichtung kein Gewissen mehr. Der Bürger ist dem Zivilschutz vorher wie nachher zum Opfer gefallen.

Am Zivilschutz ist nicht das Bauen von Bunkern kriegsfördernd, sondern die Politik, die zum Bau von Bunkern führt. Während bei den Diskussionen um die Einrichtungen von ›Atomwaffenfreien Zonen‹ die Bannung der Bombe als Mittel der Politik thematisiert wurde, fehlt eine Diskussion der Folgen nuklearer Rüstungspolitik durch die Nachfrage der am Ende Betroffenen.

Ich wartete, bis eine Tanzschulklasse vor mir gickelnd, stupsend und mit Schwung ins Abteil eingestiegen war. Der Mann auf der Bank wurde von einem Bahnpolizisten geweckt. Die Türen schlossen automatisch, die Fahrt war noch nicht freigegeben.

Ängste müssen ausgesprochen werden, die dem Nachfragenden in einer Art unterschoben werden, als seien sie nicht real. Und die Selbsttäuschung muß aufhören, man könne der Bombe nicht entgehen oder auch gerade, man habe mit dem allem nichts zu tun oder auch gar nicht um die Zusammenhänge gewußt.

Die Fahrt dauerte eine Minute. Die Achsen schliffen die Schienen beim Bremsen. Für zehn Sekunden ging die Tür auf. Ich hastete die Treppen hoch, während die Rolltreppe schwerfällig anlief. Es war friedlich in Heimfeld. Ich war alarmiert.

Nachwort

von Horst-Eberhard Richter

Das ist also die Geschichte von einem, der auszog, weil er das Fürchten gelernt hatte. In verständlicher Besorgnis hat er ernst genommen, was uns die Politiker sagen: Wenn das Schlimme passiert, wozu wir um der Verteidigung der Freiheit willen entschlossen sein müssen, wird es einen Zivilschutz geben. – Also ist es doch das Normalste von der Welt, sich persönlich zu vergewissern: Wo ist da für mich persönlich vorgesorgt? Wo kann ich hingehen, was muß ich wissen oder üben, um diese angebliche Vorsorge gegebenenfalls für mich zu nutzen?

So gründlich und geduldig wie Rainer B. Jogschies hat wohl noch keiner nachgefragt bei allen zuständigen regionalen und überregionalen Dezernenten, Amtsleitern, Parteibeauftragten, Abgeordneten bis Ministern. Ergebnis: ein Stück makabrer Satire, die den Autor, hätte er das Ganze erfunden, als böswilligen Panikmacher bezichtigen ließe.

»Sie können doch nichts mit einem Bunker anfangen!« (zuständiger Verwaltungsdezernent)

»Der Bunker wäre nicht weit. Aber ich würde mir das überlegen wollen!« (Zivilschutzbeauftragter der Polizei)

Sich im Bunker zu verkriechen, sei niemandem zu raten: »Wir können die Bunker nicht 800 m tief bauen, erst dann wären sie sicher.« (zuständiger Beamter der Innenbehörde)

»Insgesamt haben wir ja nur für 3,5 % der Bevölkerung Luftschutzräume. Ich weiß nicht, ob man darüber glücklich sein kann.« (Bunker-Beauftragter)

Dann endlich einmal praktische Ratschläge, aber welche: Im Ernstfall helle Kleidung tragen, die reflektiert Hitze!

Fenster mit Zeitungspapier gegen Hitze und fall-out isolieren! Auf freiem Feld quer zum Wind laufen! (Referent des Bundesverbandes für den Selbstschutz)

Schon als Leser fühlt man sich gelegentlich erschlagen durch das Gemisch von Hilflosigkeit, Apathie, Resignation der offiziellen Zivilschützer. Um so mehr imponiert die zähe Durchhaltefähigkeit des in einem fort frustrierten Fragestellers. Aber eines macht er sich und uns durch seine nimmermüde Nachforschung klar: Das ganze Programm ist nicht deswegen nur ein Potemkinsches Dorf, ein symbolisches Ritual, weil die individuellen Beauftragten insuffizient sind. Sondern die einzelnen Vertreter scheitern an der Widersprüchlichkeit ihres Auftrages. Indirekt bestätigen sie den Verteidigungsminister, der in seinem Brief dem Autor praktisch sagt: Zivilverteidigung ist gar nicht primär zu deinem Schutz gedacht. Vielmehr ist es ihre erste Aufgabe, Staat, Regierung und Verwaltung im Ernstfall funktionsfähig zu erhalten. Also eine Ergänzung des Notstandsgesetzes, Zivilschutzgesetz als Disziplinierungsinstrument. An zweiter Stelle begründet der Verteidigungsminister Zivilschutz als flankierende Maßnahme im Rahmen des militärischen Bedrohungssystems. Sprachlich geschönt, liest sich das als Stärkung der Glaubwürdigkeit der Abschreckung. Die Russen sollen also nicht nur durch die hiesigen Raketen, sondern zugleich durch die zivilgerüsteten Bürger eingeschüchtert werden. Entscheidend ist also hier nicht der Hilfeeffekt für die Menschen, sondern die Wirkung der Demonstration auf den Feind.

Die Dokumentation bringt stellenweise zum Lachen, wo man genausogut heulen könnte. Die Realität selbst enthüllt sich mitunter als banale Satire.

Am Tage, bevor ich dieses Buch las, bereitete ich gemeinsam mit einigen Ärzten ein Kabarett vor, das wir im Rahmen des diesjährigen 5. Kongresses ›Ärzte warnen vor dem Atomkrieg‹ spielen möchten. Wir meinen, daß wir auf den Veranstaltungen der ärztlichen und der übrigen Friedensbewegung nicht immer nur Tod, Vernichtung, Verstrahlung, nuklearen Winter und ähnlich Grausiges bereden wollen, was uns in Verzweiflung und Ohnmachtsgefühlen versacken lassen könnte. In der absurden Logik des Raketen- und des Zivilschutz-Militarismus läßt sich vieles nur be-

238

harrlich anschauen und durchdenken, wenn man sich auch Witz und Ironie gönnt, wo die politische Aufführung selbst zur Groteske geraten ist.

Ich finde dieses Buch ein exzellent gelungenes Beispiel dafür, in mikrogesellschaftlichen Szenarien die Verrücktheit oder Pseudologie in der Infrastruktur des Militarisierungsprozesses auch bis zur Lächerlichkeit deutlich zu machen. Zugleich hat mich das Buch aus einem anderen Grunde sehr erfreut: Es zeigt, wieviel sich einer von der politischen Wirklichkeit erschließen kann, wenn er die von den politisch Verantwortlichen unablässig für sich beanspruchte Glaubwürdigkeit einmal unerschrocken an den Maßnahmen überprüft, die ihn konkret betreffen.

Hinweise

Wer wissen möchte, ob und wo ein öffentlicher Bunker für ihn bereitsteht, erfährt dies beim Bundesinnenminister oder seinem zuständigen Landesinnenminister:

Bundesminister des Innern (BMI)
Graurheindorfer Straße 198
5300 Bonn 1

Innenministerium des Landes Baden-Württemberg
Dorotheenstraße 6
7000 Stuttgart 1

Bayerisches Staatsministerium des Innern
Odeonsplatz 3
8000 München 22

Senator für Inneres
Fehrbelliner Platz 2
1000 Berlin 31

Senator für Inneres der Freien Hansestadt Bremen
Contrescarpe 22–24
2800 Bremen 1

Behörde für Inneres der Freien und Hansestadt Hamburg
Johanniswall 4
2000 Hamburg 1

Hessischer Minister des Innern
Friedrich-Ebert-Allee 12
6200 Wiesbaden 1

Niedersächsischer Minister des Innern
Lavesallee 6
3000 Hannover 1

Innenminister des Landes Nordrhein-Westfalen
Haroldstraße 5
4000 Düsseldorf 1

Ministerium des Innern und für Sport des Landes Rheinland-Pfalz
Schillerplatz 5
6500 Mainz 1

Minister des Innern des Saarlandes
Hindenburgstraße 21
6600 Saarbrücken 1

Innenminister des Landes Schleswig-Holstein
Düsternbrooker Weg 70–90
2300 Kiel

Fragen Sie dabei gleichzeitig, ob ein genannter Bunker auch einsetzbar ist – denen im Kriegsfall können Sie auf den Schutz vor Atomraketen nicht viel geben; tritt jedoch im Friedensfall beispielsweise ein Brand und Explosion einer atomaren Mittelstreckenrakete vom Typ Pershing II auf, so haben Sie keine Zeit zu verlieren, bis Ihre zuständige Behörde den Bunker ›aktiviert‹, etwa mit Lebensmitteln und dergleichen ausrüstet.

Private Bunker in Ihrer Nachbarschaft kennt Ihr zuständiges örtliches Bauamt, weil es die Pläne genehmigt. Wird Ihnen die Auskunft verweigert, weisen Sie auf die steuerliche Bezuschussung von Bunkern hin: Sie haben ein Recht zu erfahren, wenn ein Nachbar gegenüber dem Fiskus mit Ihnen gerechnet hat.

Praktische und weniger sinnvolle Ratschläge für atomare Bedrohung, die nach Hiroshima beinahe zynisch, aber nach Harrisburg brauchbar klingen, gibt die Zentrale des BVS oder seine örtlichen Dienststellen:

Bundesverband für den Selbstschutz
Bundeshauptstelle
Eupener Straße 74, 5000 Köln 41,
Ruf 02 21 / 49 88-1
Auskunft in Schutzbauangelegenheiten: Durchwahl 49 88-250 und 49 88-252

Schleswig-Holstein

BVS-Landesstelle:
Uhlenkrog 40,
2300 Kiel 1, Ruf 04 31 / 68 80 04 / 5

BVS-Dienststellen:
Flensburg
Flugplatz, Lecker Chaussee 129,
2390 Flensburg, Ruf 04 61 / 91 11 11

Itzehoe
Sandberg 49–51, 2210 Itzehoe,
Ruf 04 8 21 / 59 23

Lübeck
Meesenring 16, Meesenkaserne,
2400 Lübeck, Ruf 04 51 / 66 64 4

Neumünster
Gartenstr. 28, 2350 Neumünster,
Ruf 04 3 21 / 47 4 66

Hamburg

BVS-Landesstelle,
zugl. Dst. Hbg.-Nord:
Hinschenfelder Str. 20
2000 Hamburg 70
Ruf 040 / 6 95 66 11 u. 6 95 66 22

BVS-Dienststelle:
Hamburg-Süd
Wilstorfer Str. 31, 2100 Hamburg 90,
Ruf 040 / 77 61 27

Niedersachsen

BVS-Landesstelle,
zugl. Dst. Hannover:
Heinrichstr. 37
3000 Hannover 1, Ruf 05 11 / 34 18 18

BVS-Dienststellen:
Braunschweig
Humboldtstr. 30, 3300 Braunschweig,
Ruf 05 31 / 33 88 12

Cuxhaven
Altenwalder Chaussee 2a (ZS-Haus),
2190 Cuxhaven, Ruf 04 7 21 / 23 3 24

Göttingen
Groner Landstr. 7, 3400 Göttingen,
Ruf 05 51 / 7 70 17 70

Hildesheim
V.-Voigts.-Rhetz-Str. 29,
3200 Hildesheim, Ruf 05 1 21 / 12 6 27

Lüneburg
Untere Schrangenstr. 6
2120 Lüneburg, Ruf 04 1 31 / 4 14 40

Nienburg
Goetheplatz 6, 3070 Nienburg,
Ruf 05 0 21 / 34 05

Oldenburg
Würzburger Str. 14,
2900 Oldenburg / Old., Ruf 04 41 / 8 81 81

Osnabrück
Petersburger Wall 4–6,
4500 Osnabrück,
Ruf 05 41 / 58 66 46

Wilhelmshaven
Peterstr. 146, 2940 Wilhelmshaven,
Ruf 04 4 21 / 7 30 20

Bremen

BVS-Landesstelle, zugl. Dst. Bremen:
Bürgermeister-Smidt-Str. 49–51,
2800 Bremen 1, Ruf 0421/313356

Nordrhein-Westfalen

BVS-Landesstelle:
Löhrhof 2, 4350 Recklinghausen,
Ruf 02361/59067

BVS-Dienststellen:
Aachen
Monheimallee 11, 5100 Aachen,
Ruf 0241/32522

Arnsberg
Europaplatz 3, 5760 Arnsberg 2,
Ruf 02931/10194

Bochum
Mauritiusstr. 7, 4630 Bochum,
Ruf 0234/335181

Bonn
Konrad-Adenauer-Platz 26,
5300 Bonn-Beuel, Ruf 0228/474860

Coesfeld
Borkener Str. 13, 4420 Coesfeld,
Ruf 02541/72223

Dortmund
Rheinlanddamm 6, 4600 Dortmund 1
Ruf 0231/433866

Düren
Goethestr. 12, 5160 Düren,
Ruf 02421/42990

Düsseldorf
Posener Str. 171–183,
4000 Düsseldorf, Ruf 0211/222338

Essen
Seumannstr. 15, 4300 Essen 12,
Ruf 0201/312537

Gelsenkirchen
Adenauerallee 100,
Katastrophenschutzzentrum
Block 6, 4650 Gelsenkirchen 2,
Ruf 0209/771997

Hagen
Lange Str. 17, 5800 Hagen 1,
Ruf 02331/334333

Herford
Bruchstr. 2, 4900 Herford,
Ruf 05221/82808

Köln
Eupener Str. 74, 5000 Köln 41,
Ruf 0221/4988-1

Leverkusen
Schlangenhecke 3, 5090 Leverkusen 3,
Ruf 02171/80282

Münster
Katastrophenschutzzentrum
Weißenburgstr. 64, 4400 Münster,
Ruf 0251/793022

Oberhausen
Marktstr. 190, 4200 Oberhausen,
Ruf 0208/808460

Olpe
Westfälische Str. 3, 5960 Olpe,
Ruf 02761/3435

Paderborn
Paderwall 15 III, 4790 Paderborn,
Ruf 05251/21094

Recklinghausen
Löhrhof 6, 4350 Recklinghausen,
Ruf 02361/59060

Unna
Bahnhofstr. 33, 4750 Unna,
Ruf 02303/12293

Viersen
Hochstr. 79–81, 4060 Viersen 12,
Ruf 02162/8383

Wesel
Am Lippeglacis 1, 4230 Wesel,
Ruf 0281/21555

Wuppertal
Holzer Str. 33, 5600 Wuppertal 11,
Ruf 0202/426903

Hessen

BVS-Landesstelle,
zugl. Dst. Wiesbaden:
Langgasse 35,
6200 Wiesbaden,
Ruf 06121/39474-75

BVS-Dienststellen:
Darmstadt
Platz der Deutschen Einheit Nr. 25,
6100 Darmstadt, Ruf 06151/81955

Frankfurt
Gallusanlage 2, 6000 Frankfurt 1,
Ruf 069/266318

Friedberg
Weideweg 7, 6360 Friedberg,
Ruf 06031/5876

Fulda
Vor dem Peterstor 9, 6400 Fulda,
Ruf 0661/73649

Kassel
Bosestr. 2, 3500 Kassel,
Ruf 0561/22579

Wetzlar
Barfüßer Str. 6, 6330 Wetzlar 1,
Ruf 06441/42008

Rheinland-Pfalz

BVS-Landesstelle, zugl. Dst. Mainz:
Wallaustr. 113,
6500 Mainz, Ruf 06131/674034-35

BVS-Dienststellen:
Kaiserslautern
Mühlstr. 25, 6750 Kaiserslautern,
Ruf 0631/72497

Koblenz
Löhrstr. 123 1. OG., 5400 Koblenz,
Ruf 0261/36797

Ludwigshafen
Ludwigstr. 54c, 6700 Ludwigshafen,
Ruf 0621/513782

Trier
Nordallee 12, 5500 Trier,
Ruf 0651/72847

Baden-Württemberg

BVS-Landesstelle, zugl. Dst. Stuttgart:
Stuttgarter Str. 82,
7000 Stuttgart 30,
Ruf 0711/812039/855508

BVS-Dienststellen:
Freiburg
Luisenstr. 5, 7800 Freiburg,
Ruf 0761/39714

Heilbronn
Schaeuffelenstr. 13, 7100 Heilbronn,
Ruf 07131/162120

Karlsruhe
Moltkestr. 153, 7500 Karlsruhe 21,
Ruf 0721/594247

Ludwigsburg
Alter See 19,
7140 Ludwigsburg-Grünbühl,
Ruf 07141/83333

Mannheim
U 6 12a (Friedrichsring), 6800 Mannheim, Ruf 0621/26564

Offenburg
Hauptstr. 34c, 7600 Offenburg,
Ruf 0781/74500

Ravensburg
Gartenstr. 18, 7980 Ravensburg,
Ruf 0751/26950

Reutlingen
Oskar-Kalbfell-Platz 8,
7410 Reutlingen 1, Ruf 07121/23611

Rottweil
Zimmerner Str. 28, 7210 Rottweil,
Ruf 0741/8750

Schwäbisch Hall
Zollhüttengasse 15,
7170 Schwäbisch Hall, Ruf 0791/7431

Ulm
Hafenbad 25, 7900 Ulm,
Ruf 0731/68988

Bayern

BVS-Landesstelle,
zugl. Dst. München:
Helene-Mayer-Ring 14,
8000 München 40,
Ruf 089/3512061/3511551

BVS-Dienststellen:
Ansbach
Mozartstr. 25, 8800 Ansbach,
Ruf 0981/16370

Aschaffenburg
Platanenallee 15/II,
8750 Aschaffenburg,
Ruf 06021/23119

Augsburg
Gögginger Str. 99, 8900 Augsburg 22,
Ruf 0821/573430

Bayreuth
Carl-Schüller-Str. 10, 8580 Bayreuth,
Ruf 0921/22901

Deggendorf
Bahnhofstr. 33, 8360 Deggendorf,
Ruf 0991/1971

Hof
Sonnenplatz 2, 8670 Hof,
Ruf 09281/85858

Kaufbeuren
Am Obstmarkt 2, 8950 Kaufbeuren,
Ruf 08341/4520

Landshut
Obere Freyung 618, 8300 Landshut,
Ruf 0871/25396

Nürnberg
Allersberger Str. 99, 8500 Nürnberg 40,
Ruf 0911/467242

Regensburg
Landshuter Str. 19, 8400 Regensburg,
Ruf 0941/560924

Rosenheim
Prinzregentenstr. 3, 8200 Rosenheim,
Ruf 08031/31107

Starnberg
Dreibuschstr. 8, 8130 Tutzing,
Ruf 08158/3666

Weiden
Ketteler Str. 1, 8480 Weiden i. Opf.,
Ruf 0961/31752

Würzburg
Am Exerzierplatz 3, 8700 Würzburg,
Ruf 0931/74372

Saarland

BVS-Landesstelle,
zugl. Dst. Saarlouis:
Saaruferstr. 17,
6600 Saarbrücken 1,
Ruf 0681/55095-96

BVS-Dienststelle:
Neunkirchen
Oberer Markt (Rathaus),
6680 Neunkirchen,
Ruf 06821/202492

Bundesverband für den Selbstschutz, Bundesschule

in der Katastrophenschutzschule
des Bundes
Ramersbacher Str. 95,
5483 Bad Neuenahr-Ahrweiler,
Ruf 02641/3811

BVS-Schule
Voldagsen 1, 3256 Coppenbrügge,
Ruf 05156/8619

BVS-Schule
Schloß Körtlinghausen, 4784 Rüthen,
Ruf 02902/2353

BVS-Schule
Dambacher Straße, 6588 Birkenfeld,
Ruf 06782/2138

BVS-Schule
Sudetenstr. 81, 8192 Geretsried,
Ruf 08171/31873

Was einzelne Verbände für Ihren Schutz oder Sie selber tun können, durch Lehrgänge etwa, erfahren Sie beim BVS oder den Hilfsdiensten:

Arbeiter-Samariter-Bund (ASB)
Sülzburgstr. 146
5000 Köln 41

Deutsches Rotes Kreuz
– Generalsekretariat –
Friedrich-Ebert-Allee 71
5300 Bonn 1

Johanniter-Unfall-Hilfe (JUH)
– Bundesgeschäftsführung –
Sträßchensweg 14
5300 Bonn 1

Malteser-Hilfsdienst (MHD)
– Generalsekretariat –
Hauptstraße 24
5000 Köln 50

Deutsche Lebens-Rettungs-Gesellschaft (DLRG)
Alfredstraße 73
4300 Essen 1

Deutscher Feuerwehrverband (DFV)
– Generalsekretariat –
Koblenzer Straße 133
5300 Bonn 2

Bundesanstalt Technisches Hilfswerk (THW)
im Bundesamt für Zivilschutz
Deutschherrenstraße 93
5300 Bonn 2

In grundsätzlichen Fragen zur Zivilschutzpolitik sollten Sie sich unmittelbar an den Bundesinnenminister Friedrich Zimmermann (CSU) oder seinen Mann aus der Praxis, den BVS-Präsidenten Oskar Lafontaine (SPD) wenden:
Bundesinnenminister, Abt. Zivilschutz 0228/6811431
Oskar Lafontaine, Rathaus Saarbrücken 0681/3001-600 od. SPD Saar 0681/51033/34
Auch der Führungsstab III des Bundesverteidigungsministers ist für Ihren Zivilschutz zuständig: 0228/129055.
Für die theoretische Aufarbeitung des Zivilschutzes in all seinen Facetten geben Ihnen diese beiden Einrichtungen Broschüren und bedingt Auskunft:

Bundesamt für Zivilschutz (BZS)
Deutschherrenstraße 93
5300 Bonn 2

Akademie für zivile Verteidigung
(AkzV)
Deutschherrenstraße 93
5300 Bonn 2

Die theologischen Implikationen des Zivilschutzes erklärt Ihnen:
Das Evangelische Kirchenamt für die Bundeswehr
Godesberger Allee 107a
5300 Bonn 2

Wer sich über die Wirkung von Atombomben informieren möchte, sollte folgende eindrucksvolle Bücher lesen:
Die UNO-Studie, Kernwaffen, Verlag C. H. Beck
John Hersey, Hiroshima, Verlag Autoren Edition
Hiroshima – Menschen nach dem Krieg. Zeugnisse, Berichte, Folgerungen, Verlag dtv
Jonathan Schell, Das Schicksal der Erde, Verlag Piper

Welche Probleme das Überleben nach einem Atomkrieg hat, schildern:
Ärzte warnen vor dem Atomkrieg, Medizin und Atomkrieg – hilflos?, Verlag Gesundheit mbH, Berlin
Jewgeni Tschasow, Leonid Iljin, Angelina Guskowa, Nuklearkrieg: Medizinisch-Biologische Folgen – Standpunkt der sowjetischen Mediziner, Verlag Presseagentur Nowosti

KABEL-BIOGRAFIE

Große Biografien bei Kabel: